
Über dieses Buch Der geradezu zwanghafte Wunsch mancher Frauen, »perfekt« zu sein, ist nach Ansicht von Colette Dowling, der Autorin des internationalen Bestsellers »Der Cinderella-Komplex«, als Folge eines leicht irritierbaren Selbstwertgefühls anzusehen. Der »Perfektionsdrang« befalle mit Vorliebe erfolgreiche Frauen, sei im übrigen aber unabhängig vom sozialen Status oder intellektuellen Niveau der betroffenen Frauen. Häufig verberge sich hinter dem »Perfektionssyndrom« eine heikle Mutter-Tochter-Beziehung, die als eine Art Vehikel ein tradiertes Bild weiblichen Wohlverhaltens von einer Generation zur nächsten transportiere. Es sei höchste Zeit, diesen Teufelskreis zu durchbrechen und das »falsche Selbst« endlich aufzugeben.

Die Autorin Colette Dowling lebt und arbeitet seit 1958 in New York, zunächst als Redakteurin für eine Frauen-Zeitschrift, heute als freie Autorin. Sie beschäftigt sich seit Jahren mit den psychischen Dispositionen weiblicher Abhängigkeit. Ihr Bestseller »Der Cinderella-Komplex« erschien 1981 bei S. Fischer (Fischer Taschenbuch 3068). Als Taschenbuch ebenfalls lieferbar »Der Ehe-Komplex« (Bd. 3542).

Colette Dowling

Perfekte Frauen

Die Flucht in die Selbstdarstellung

Aus dem Amerikanischen von
Heidi Fehlhaber

Fischer
Taschenbuch
Verlag

Ungekürzte Ausgabe
Veröffentlicht im Fischer Taschenbuch Verlag GmbH,
Frankfurt am Main, Mai 1992

Lizenzausgabe mit freundlicher Genehmigung des
S. Fischer Verlags GmbH, Frankfurt am Main

Umschlaggestaltung: Buchholz/Hinsch/Hensinger
Umschlagfoto: *BRIGITTE*/Ch. March
Druck und Bindung: Clausen & Bosse, Leck
Printed in Germany 1992
ISBN 3-596-11190-0

Inhalt

Einführung

Die Tochter auf der Suche nach ihrem Selbst

Manchmal taucht aus den Materialien, die man bei den Recherchen für ein Buch gesammelt hat, ein kleines Detail auf, das allem anderen eine feste Form gibt. Als ich an *Perfekte Frauen* schrieb, war ich überrascht, welche Vignette diese Funktion für mich bekam, denn zuerst war sie mir nur als Stereotyp für »Weiblichkeit« aufgefallen. Es war das Bild – in einer psychoanalytischen Zeitschrift – von der kleinen Catherine, einer »gesunden Zweijährigen«, die in den Schuhen ihrer Mutter vor dem Spiegel stand und ausrief: »Schön!« »Diese Freiheit, diese Freude, zu sein, wie man ist«, meinte die beobachtende Analytikerin dazu, »das ist es, was wir bei einem Kind vorfinden möchten.«

Im weiteren Verlauf meiner Arbeit begriff ich schließlich, daß Catherines Fähigkeit, sich selbst zu *gefallen*, wie sie da in den Schuhen ihrer Mutter stand, eine natürliche geschlechtliche Identifizierung reflektiert – eine, die bei Mädchen leicht aus dem Gleis geraten kann, wenn sie zu entdecken beginnen, welche Geringschätzung die Gesellschaft ihnen entgegenbringt. Wenn wir sehr junge Mädchen beobachten, wie sie sich glücklich im Spiegel betrachten, dann mögen wir uns fragen, was wohl aus ihnen werden wird, wenn sie heranwachsen. Wird ihre Empfindung dann immer noch »schön!« sein, wenn sie in den Spiegel schauen? Die meisten Frauen erleben dies allzu selten. Selbst die, die schön sind, leiden tendenziell unter dem Gefühl, nicht gut genug, nicht aufregend genug, nicht schön genug zu sein.

Es ist wenig ausschlaggebend, wie kompetent wir äußerlich sind, wie »bombig« unser Erfolg in der Welt ist; wenn wir mit

unserem Spiegelbild unzufrieden sind, wirkt sich das auf *alles* aus – auf unsere Beziehungen, auf unsere Fähigkeit zur Befriedigung durch die Arbeit, die wir tun, auf unser Vermögen, schöpferisch und ausdrucksvoll zu sein. Ich wollte sondieren, was sich unter der Oberfläche des weiblichen Interesses für die äußere Erscheinung befindet, und herausfinden, was es für unser Selbstwertgefühl bedeutet. Welche Rolle spielen Mütter bei der Entwicklung des Selbstwertgefühls ihrer Töchter und welche Rolle spielt die Kultur? Und wenn in der Zeit des Heranwachsens die Umwelt Schaden angerichtet und die Selbstwahrnehmung des Mädchens verzerrt hat, ist es ihm dann im späteren Leben möglich, jenen Einfluß zu korrigieren und sein Selbstwertgefühl doch noch zu entfalten?
Im Lauf meiner Untersuchung habe ich hundert Frauen interviewt – Collegestudentinnen und berufstätige Frauen mit Fachausbildung im Alter zwischen 19 und 60 Jahren. Wir diskutierten über ihre Ambitionen, Ziele, Frustrationen und Enttäuschungen. Wir erforschten ihre Beziehungen zu ihren Müttern und gegebenenfalls zu ihren Töchtern. Ich lernte, daß trotz beeindruckenden oberflächlichen Funktionierens viele Frauen immer noch an kraftraubenden Gefühlen von Unzulänglichkeit leiden. Das führt oft zu süchtigem Verhalten, zu obsessiver Beschäftigung mit Körper und Körperbild, zu einem fast unersättlichen Wunsch, Dinge zu kaufen, zu sammeln, zu essen. *Ist es möglich, begann ich mich zu fragen, daß die meisten von uns Frauen unter ihrem nach Perfektion strebenden Äußeren immer noch mit fundamentalen Minderwertigkeitsgefühlen kämpfen?*

Die Präokkupation der Frauen mit Äußerlichem und damit, »gesehen« zu werden, ist ein verständlicher Schutz in einer Welt, die den eigentlichen Wert von Weiblichkeit immer noch nicht erkennt. Untersuchungen zeigen, daß Mädchen immer noch nicht die Unterstützung bekommen, die sie brauchen. Schule, Eltern und die Gesellschaft im allgemeinen hindern sie nicht nur, sie selbst zu sein, sondern sie ermutigen sie zu dem, was die Psychologen ein »falsches Selbst« nennen. Je stärker Mädchen danach streben, zu gefallen und Erfolg zu haben, desto stärker versuchen sie, das Gefühl, sie seien »weiblich«, zu simulieren, desto weiter werden sie von ihrer eigenen psychischen Wahrheit abgelenkt. Narzißtisches Posieren dient der Kompensation, ist Ersatz. Es ist Teil einer totalen Inszenierung (wenn auch einer unbewußten), die die Chance der Frauen, ein authentisches Selbst zu entwickeln, ernsthaft gefährdet.

In meinem Buch *Perfekte Frauen* untersuche ich, wie sich das Selbstwertgefühl (oder der gesunde Narzißmus) während der kindlichen Entwicklung aufbaut und wie dies Gefühl bei Mädchen häufig aus der Bahn gerät durch die Beziehung zu einer Person, deren Narzißmus ebenfalls beschädigt ist: der Mutter. (Wenn die kleine Catherine sich am Ende über ihr Spiegelbild freut, so kann das nur sein, weil die *Mutter* findet, daß *sie* schön ist – schön in einem Sinn, der weiblich, wirklich und vollständig bedeutet.) Ich untersuche den Wunsch bei Frauen, von anderen gesehen zu werden, und ebenso ihr legitimes Bedürfnis, sich selbst auszudrücken und zu entfalten. Frauen haben Schwierigkeiten, sich selbst zu erkennen, weil sie es niemals wirklich fertig bringen, außerhalb zu stehen und ihre Mütter zu sehen – oder von ihnen gesehen zu werden. Der zweiseitige Spiegel zwischen Müttern und Töchtern scheint eher zu verzerren als zu reflektieren. Außerstande, die »Spiegelung« zu erlangen, die wir von unseren Müttern brauchen, verbringen wir unser Leben damit, sie anderswo zu suchen.

Die ungespiegelte Frau hält nach Anzeichen in den Augen anderer Ausschau, um zu sehen, wie gut sie ist, und sogar, um zu sehen, wer sie ist.

Sie sucht sich Menschen aus – Freunde, Liebhaber, Chefs –, die ihrer Erwartung nach das Bild widerspiegeln, das sie nach außen präsentiert, und sie meidet diejenigen, die dies nicht tun.

Sie inszeniert, weil das der gesellschaftlich anerkannte Weg zu der Bewunderung ist, die, so hofft sie, ihr Auftrieb geben wird.

Das Bedürfnis zu inszenieren

Karriere machen, mehr Geld verdienen, weniger Zeit mit Familie und Freunden verbringen – um all das geht es bei der »neuen Frau«. Die Tatsache, daß dieses neue Bild mit der heutigen Auffassung von Erfolg übereinstimmt, macht es schwerer für uns zu erkennen, daß unsere wahnwitzige Aktivität symptomatisch ist, ein Versuch, das Gefühl geringen Selbstwerts zu verdrängen oder zu leugnen. Das Selbstgefühl der Frau hat sich nicht ihren Leistungen entsprechend entwikkelt. Tatsächlich ist es allzu oft von Leistung *abhängig*. Darin liegt, wie wir sehen werden, der Grund für das Gehetztsein, das so viele von uns empfinden. Auf die eine oder andere Art und Weise eröffneten die von mir interviewten Frauen immer wieder, daß ihr unbezwingbares Bedürfnis, geschäftig, »produktiv« zu sein, wenig damit zu tun habe, daß sie zu viele Rollen spielen müßten. Es schien vielmehr mit Gefühlen von innerer Leere zusammenzuhängen.
Viele Frauen versuchen immer noch, zu einer Definition ihrer selbst zu kommen, indem sie sich mit dem Ziel in Szene setzen, zu gefallen und akzeptiert zu werden. Das Spiel ist natürlich größer geworden und die Einsätze höher. Nun spielen wir mit, zusammen mit den großen Jungs, und spielen um alles, was wir wert sind. Aber was *sind* wir wert? Das ist eine Frage, die zu beantworten uns aus vielen Gründen schwer fällt. Statt dessen produzieren wir uns in der Hoffnung, daß, wenn wir uns genügend anstrengen, die Streitfrage nach unserem Selbstwertgefühl, die uns seit frühesten Zeiten quält, sich irgendwie von selbst lösen wird.

Es ist eine besondere Ironie, daß die verbesserten Chancen der letzten zwei Jahrzehnte die Selbstsuche der Frauen in mancher Hinsicht untergraben haben. Indem neue Ventile fürs Handeln geschaffen wurden und damit neue Quellen für äußere Bestätigung, hat die »Ethik nach der Befreiung« die Illusion genährt, den Frauen werde es gut gehen, solange sie hinreichend *viel* hinreichend *gut* tun. Ich selbst fand dies auf ziemlich dramatische Weise heraus. Erst *nachdem* ich eine erfolgreiche Schriftstellerin geworden war, bemerkte ich meine eigenen Selbstwertprobleme.

Ich hatte immer gedacht, daß ein großer Erfolg die Dinge ein für allemal regeln würde, daß mein wackliges Selbstbild sich stabilisieren und ich nie wieder Angst haben würde. Dann ereignete sich *Der Cinderella-Komplex* (so empfand ich es mehr oder weniger), und plötzlich war ich die Autorin eines Bestsellers, der in 17 Sprachen übersetzt und publiziert wurde. Fast über Nacht wurde ich zu einer Weltreisenden, zu einer, die Lesungen und Vorträge hielt, zu einer Autorität in Sachen weibliche Probleme mit der Abhängigkeit. Aber unter der Oberfläche des Erfolgs blieben die alten Zweifel bestehen! Das Gehetztsein wich nicht, so wenig wie die Unbeständigkeit meiner Selbstachtung. Durch den Erfolg verband sich alles mit der bohrenden Frage: »Kann ich es wiederholen?«

Die unvermittelte Berühmtheit durch den *Cinderella-Komplex* setzte mich einem Vorstellungssystem aus, von dem ich nie gewußt hatte, daß es meines war: Glücklichsein bestehe darin, daß man der Vollkommenheit näher rückt. Diese Idee war offenkundig etwas, woran ich mein Leben lang geglaubt, wofür ich gekämpft und worauf ich mich verlassen hatte. Es war für mich gleichbedeutend mit Erlösung geworden.

Natürlich mußte ich weitere psychische Hausarbeit verrichten. Wie tief waren meine Gefühle von Unzulänglichkeit eingegraben und warum? Und was für ein unbewußtes Schema hatte ich während meines ganzen Lebens entwickelt, um diese Gefühle zu verbergen?

Ein Erbe des Selbstzweifels

Ich mußte das Erbe des Selbstzweifels untersuchen, das meine Mutter an mich weitergegeben hatte und ihre Mutter an sie. Ich mußte mich auch damit konfrontieren, auf welche Weise ich meinerseits meine Selbstprobleme an meine Töchter weitergegeben hatte. Mutter und Tochter, Tochter und Mutter – als wäre alles Teil einer abgepackten, nahtlosen Einheit, deren Merkmale von irgend jemandem in grauer Vorzeit festgelegt worden waren. Es entwickelt sich eine unbewußte Knechtschaft, in der Mütter und Töchter sich in ihrer Identität zu schwerwiegend aufeinander verlassen. Wir wußten nicht, wie die Freiheit, wir selbst zu sein, zu erlangen war.

Diese Knechtschaft ist sicher nicht einzigartig für meine Familie, wie ein großer Teil der laufenden Forschungen zur Mutter-Tochter-Beziehung zeigt. Mütter und Töchter fesseln sich gegenseitig. Die Aufgabe, vor der wir stehen, sagt die Schriftstellerin Vivian Gornick, ist die gleiche wie in allen Liebesbeziehungen: »Wie sich an jemanden binden, ohne zu versinken, wie auf den anderen eingehen, ohne absorbiert zu werden, wie sich lösen, ohne sich zu entziehen«.[1]

Die Arbeit an diesem Buch hat mir geholfen herauszufinden, was ich mit meiner Mutter und mit meinen Töchtern gemeinsam habe, was uns in diese gehetzte, »selbstmindernde« Existenz gebracht hat. Und es half zu erkennen, auf welche Weise andere Frauen diesen ausgepowerten Zustand teilen. Schließlich habe ich mich in den letzten Jahren selbst gefragt: Ist es möglich, mit dem Inszenieren aufzuhören und endlich zum Eigenen zu kommen als Frau, die eine wirkliche Beziehung zu ihrem Selbst hat und dieses Selbst achtet?

Ich meine, es ist möglich. Die Untersuchung unserer Beziehung zu unseren Müttern und im gegebenen Fall zu unseren Töchtern kann uns zu neuem Verstehen und Akzeptieren des weiblichen Bedürfnisses, »gesehen« zu werden, führen. Und das kann uns helfen, im psychischen Sinn separat zu werden. Wenn wir das erreicht haben, wenn wir separat genug sind, um uns wirklich *selbst zu sehen*, können wir dem Inszenieren entgehen und Frauen werden, die voller Freude und eigener Ausdruckskraft sind.

1. Kapitel

Mütter und Töchter: eine gemeinsame Störung

Eine bestimmte Vorstellung dessen, was wir sind, kann uns jahrelang begleiten, bis eines Tages eine Öffnung, ein Durchbruch in der Illusionsfabrik sich ereignet und wir etwas sehen, das uns bis dahin verborgen war. Bei mir war es die Vision meiner eigenen Grandiosität: ein Bedürfnis, mich aufzublähen – meine Wichtigkeit, meine Begabungen, meine allgemeine Kompetenz –, so daß ich im Stillen tatsächlich glaubte, besser zu sein als andere. Diese schockierende Einsicht schlug der Vorstellung, die ich immer von mir gehabt hatte, sozusagen ins Gesicht: der warmen, liebenswerten Erdenmutter, die nur die besten Absichten gegenüber der übrigen Welt hatte. Unter der Oberfläche dieses freundlichen Bildes, so fand ich heraus, war eine bestimmte Arroganz am Werk, und sie trieb mich unnachgiebig zur Perfektion.

Wie und wann hatte das begonnen? Von klein auf empfand ich das Bedürfnis, mich die Sprossen der Leiter hochzuarbeiten, und ich hoffte, es würde mir ein Gefühl von Selbstwert bescheren. Ängstlich und hartnäckig hangelte ich mich Hand über Hand höher, wie ein Bergsteiger, der den nächsten Halt für seinen Fuß nicht kennt und nur höllisch hofft, es werde einer da sein. Viele Jahre lang war dieser Aufstieg Schwerpunkt meines Lebens. Dazu gehörte auch das besessene Neuschreiben meiner Texte, besessenes Kochen für Gäste, besessene Beschäftigung mit Fußbodenbelägen und Tapeten. Aber für wen? Für mich? Für meine Mutter?

Wie viele Frauen war ich in dem Zwang gefangen, mich auf der Leiter höher, als ich am Tag vorher gewesen war, hinaufzuarbeiten. Ich war überzeugt, daß ich ohne das immerwährende Bemühen, mich hervorzutun, keine Hoffnung hatte, mich auch nur einigermaßen gut zu fühlen. Gleichmäßig und ohne Steigerung war ich minderwertiges Zeug. Aber als Kind – und das war ausschlaggebend für meine neue Einsicht – hatte ich mich nie einfach wertlos gefühlt. Während ich mich als »nicht gut genug« empfand, hatte ich doch zugleich das Gefühl, die Größte zu sein – eine Starschülerin in ihrer hölzernen Schulbank im Ziegelbau der katholischen Schule. Ich war die Jüngste in der Klasse, die Schlaueste, die Aggressivste in meinem Verlangen nach Bewunderung. Meine Hand fuhr allzeit in die Luft in der Hoffnung, daß der Lehrer mich aufrufen und mir erlauben würde, mit meinen Antworten die anderen nach Luft schnappen zu lassen.

Ich war fast 40, ehe die Wirklichkeit meines Verlangens sich mir eröffnete. Und es war meine Tochter Gabrielle, die die Dinge wirklich klar machte. Als sie in die Pubertät eintrat, begannen einige meiner eigenen, tief vergrabenen Geheimnisse augenfällig zu werden – *durch sie!* Da sie bei meiner geliebten Tochter sichtbar wurden, konnte ich die fundamentalen Unsicherheiten nicht länger ignorieren – ebensowenig die Antriebe und Ambitionen, die dazu dienten, sie zu verbergen – das alles existierte auch in mir. Von der Zeit an, da sie etwa 16 Jahre alt war, begann Gaby immer unglücklicher zu werden; sie war in einer Schlinge gefangen, die ich schließlich als typisch weibliche Kondition begreifen lernte: *Sie war von dem zwanghaften Bedürfnis absorbiert, sich zu steigern, aber sie empfand eine beständige Wut, weil sie nicht so, wie sie gerade war, als gut genug akzeptiert wurde.*
Jetzt im Rückblick sehe ich, daß eine einzige paradoxe Frage – die ins Innerste dessen zielt, was es bedeutet, eine Frau zu sein – sich ihren Weg durch die uns beide bedeckenden Schichten des Selbstschutzes gefressen hatte: Wie kommt es, daß ich gleichzeitig gut genug und nicht gut genug sein kann?
Oder grundsätzlicher formuliert: *Wie kommt es, daß ich als Person anerkannt und auf seltsame Weise zugleich überhaupt nicht anerkannt werde?*

Das Gewicht dieser Frage, ihre Macht bei der Gestaltung unseres Lebens als Frauen wurde mir erst offenbar, als ich bestimmte kritische Punkte im Zusammenhang mit meiner Fähigkeit, für mich selbst zu sorgen, geklärt hatte. Es war fast so, als könnte ich mich nicht um die subtileren und schädlicheren Einflüsse auf mein Selbstgefühl kümmern, ehe ich mich nicht mit Problemen, die offenkundiger waren, konfrontiert hatte. Als ich am *Cinderella-Komplex* schrieb, hatte ich jahrelang Arbeitsstörungen und war abhängig von Lowell, dem Mann, mit dem ich zusammenlebe. Ich konnte die Dinge schließlich für mich klären, nachdem ich mich meinen inneren Ängsten vor der Unabhängigkeit gestellt hatte. Wenigstens waren meine finanziellen Angelegenheiten in Ordnung, und ich nahm meine Arbeit ernst. Aber erst dann eröffnete sich mir der seelische Raum, um allmählich zu bemerken, was mit meiner Tochter geschah. Ein weiterer Vorhang mußte aufgezogen werden, einer, der mein mütterliches Begriffsvermögen verdunkelte. Es ereigneten sich Dinge in Gabrielles Leben – und zwischen uns beiden –, für die ich ziemlich blind gewesen war.

Sie war damals 16 und half mir, das Manuskript für den *Cinderella-Komplex* zu tippen. Ich fühlte mich von ihrer Intelligenz, ihrem offenen Geist und ihrer Schnelligkeit fasziniert. Sie konnte sogar redigieren! Aber wenn ich auch den editorischen Grips meiner Tochter schätzte, so zeigte unser Arrangement doch nur die Oberfläche unserer Beziehung. Am heftigsten – das fand ich später heraus – wollte ich Gabrielles Einlassung mit *mir*. Ich konnte meine Tochter anschauen und genau das Bild sehen, das ich gern von mir selbst gehabt hätte: hübsch, wendig und mit einer gewissen über ihr Alter hinausgehenden Klugheit. Ich konnte meine Ideen mit ihr diskutieren, und sie war voller Bewunderung. Ich konnte mich mit ihr über Probleme mit »den Kindern« (ihren beiden nur wenig jüngeren Geschwistern) beraten, und sie war mir hilfreich. Es war nicht so, daß ich keinen Lebenspartner hatte – ich lebte schon seit einiger Zeit mit Lowell zusammen. Dennoch schien gerade meine Tochter in meinem Kampf um mein verlorenes Selbst von größter Bedeutung zu sein. Sie war mein kleines Echo, mein »Spiegel«, die Antwort auf die Träume einer Mutter.

Die »spiegelnde« Tochter

Töchter können leicht zu Spiegeln werden, die deren Ruhm auf die Mütter zurückwerfen. Ich brauchte Gabrielles Leistungen, um mein eigenes Selbstwertgefühl zu erhöhen. *Ihre* Leistungen wurden *meine* Leistungen. Mit 17 machte Gabrielle ihren Highschool-Abschluß als Klassenbeste. Ihre Punktwerte waren hoch. Sie war die beste Spielerin in den Spiel- und Sportmannschaften. Sie konnte gut schreiben. Sie konnte kochen. Sie bekam von einem Chefkoch Unterricht als Gegenleistung dafür, daß sie seinen Schülern Essen gemacht hatte, und lernte kochen nach Szechuan-Art. Blätterteigbacken lernte sie allein. War es also für irgendeinen von uns verwunderlich, daß Harvard ihr ein sehr großzügiges Stipendium anbot?
Gerade die Abwesenheit von Überraschung – mein selbstverständliches »Aber natürlich« – hätte für mich der Schlüssel dazu sein sollen, daß es in meiner Beziehung zu meiner Tochter ein Problem gab. Sie bereitete sich ihr Essen für die Schule selbst zu, seit sie fünf war, wusch ihre Wäsche selbst, seit sie acht war, kaufte sich ihre Kleidung selbst, seit sie zwölf war. Sie schien selbständig, aber was ging in ihrem Innern vor? Tatsache ist, daß sie, soweit wir alle uns erinnern konnten, sich verhielt, als wäre sie ihre eigene Mutter. Und jeder – ich, ihr Vater, ihre Großeltern, ihre Lehrer – fanden das einfach toll. »Gabrielle ist so reif«, sagten alle, seit sie drei Jahre alt war, als wäre Reife das Beste, was ein kleines Mädchen für sich verbuchen kann.
Mit Sicherheit kann diese »Reife« ihr Bild bei den Eltern auf-

werten. Ich brauchte meine Tochter nie aufzufordern, gute Noten nach Hause zu bringen oder Freunde zu gewinnen oder sich selbst zu außerordentlicher körperlicher Fitneß zu trainieren. Daß Gabrielles Wille, hervorragend zu sein, etwas mit meinen Einstellungen – zu ihr, zu mir selbst, zu *Frauen* – zu tun haben könnte, dämmerte mir einfach nicht.
Natürlich verschworen sich auch andere Familienangehörige, die Tochter Nr. 1 zu idealisieren. Lowell fand, sie sei so geschickt mit Zahlen, daß sie sicher eine Art Finanzgenie werde. Ihre jüngere Schwester fand sie unglaublich schön. Ihr Vater hatte ihr, bevor er starb, auf einer seiner letzten Postkarten vorausgesagt: »Du wirst nach Harvard gehen und von dort nach Oxford.«

Ich aber war auf eine besonders abträgliche Weise in der Vorstellung von Gabrielles Größe gefangen, denn sie hatte mit unserer gemeinsamen Identität als Frauen zu tun. Vom Tag ihrer Geburt an war meine innere Sicherheit eng mit der Tatsache verbunden, daß ich diese Tochter hatte, über die jeder nur positiv sprach. »Ah, bella!« murmelten die puertoricanischen Mütter und Väter in unserer Westside-Nachbarschaft, wenn meine blonde Prinzessin in ihrem Kinderwagen vorbeigeschoben wurde. »Ja, *bella*«, dachte ich mit einem kleinen inneren Lächeln. *»Natürlich bella.«* Nicht nur *bella*, vollkommen!

Wer Gabrielle war, meine Vorstellung davon, wie andere über sie dachten, all die Schmeicheleien wegen ihrer Besonderheit gaben ohne Umwege meinem eigenen Bedürfnis nach Erhöhung Nahrung. Was für ein Glück, dachte ich, dieses wundervolle Kind zu haben! Nur hatte ich damals natürlich kein Verständnis dafür, wozu mir die *Vorstellung* von der Größe meiner Tochter diente. Oder dafür, wie unerträglich ihr mein Bedürfnis, eine außergewöhnliche Tochter zu haben, werden würde.

Die Weigerung

Während Gabrielles steigende Leistungen im Lauf der Jahre immer weniger überraschend erschienen, geschah doch etwas, auf das wir absolut nicht vorbereitet waren: Drei Monate nach Studienbeginn teilte sie uns mit, sie hasse Harvard und könne die Vorstellung, dort zu bleiben, nicht ertragen. Die Professoren seien gegen die Existenz von Studienanfängern verschlossen, sagte sie. Die Studentinnen seien pathologisch konkurrent, die Jungen sexistisch und sexbesessen. Sie fühlte sich rundum miserabel. Ich bat sie, noch ein Semester durchzuhalten, aber sie war unerbittlich. Eine Woche vor ihrem 18. Geburtstag packte sie ihre Sachen, verließ das Studentenwohnheim in Cambridge und kehrte in unsere Stadt im Norden des Staates New York zurück. Sie wolle sich in einem nahegelegenen College einschreiben, sagte sie, und Teilzeit arbeiten.

Es war nicht das, was ich mir für sie wünschte, noch, was ich je vorausgesagt hätte, aber ich machte bei dem Vorhaben mit. Denn zu der Zeit hatte mein Leben eine dramatische Wendung genommen, die es wichtiger als je zuvor für mich machte zu glauben, daß Gabrielle die Dinge im Griff habe. *Der Cinderella-Komplex* war in diesem Land fast zu einer Sensation geworden und stand im Begriff, auch im Ausland in weitem Umfang publiziert zu werden. In dem Jahr nach Gabrielles Abschied von Harvard reiste ich durch die Vereinigten Staaten, um über das Buch zu sprechen, und später stellte ich es in Europa, Australien, Japan und Südamerika vor. Ich genoß dies neue Leben, das mich in die Selbständigkeit wirbelte, fern von der Familie und den Freunden und all den alten Ankern und Tröstungen, von denen ich so lange abhängig gewesen war. Zum erstenmal hatte ich das Gefühl, eine selbständige Frau zu sein, und es gefiel mir.

Gabrielle hatte unterdessen Schwierigkeiten. Zwei Wochen, nachdem sie damit angefangen hatte, hörte sie auf, an ihrer neuen Schule Kurse zu besuchen, wovon ich monatelang nichts erfuhr. Sie erzählte mir tatsächlich kaum noch etwas. Lowell und ich und meine jüngere Tochter Rachel waren zurück nach New York gezogen (mein Sohn Conor war auf dem College), aber Gabrielle wollte weiter in unserem Haus auf dem Land leben. Sie wolle arbeiten gehen, sagte sie. Das College sei, jedenfalls im Augenblick, erledigt; sie sagte, es sei nicht »relevant«.

»Relevant? Natürlich ist es relevant«, sagte ich und dachte vor allem an ihre Zukunft als Anwältin für Zivilrecht, ein weiblicher Ralph Nader* zuallermindest. Aber mit all dem war sie fertig. Denn jetzt, sagte sie, wolle sie die verfeinerten Pressionen der höheren Schule hinter sich lassen und in der alltäglichen Arbeitswelt leben.

Wie die Dinge sich entwickelten, arbeitete sie aber nicht, zumindest nicht sehr regelmäßig. Sie blieb abends lange mit ihren Freunden fort. Sie mied es, allein zu Hause zu sein, als Gesellschaft nur den Hund der Familie – wenigstens erschien es uns so, wenn wir etwa einmal im Monat zu einem Besuch in unser Landhaus kamen. Das Haus sah jedesmal wie ein Schlachtfeld aus – in der Küche ein Durcheinander alter Mahlzeiten, Unordnung überall. Einmal blies der Wind die Hintertür auf, und sie blieb so lange offen – im Winter –, bis die Rohre in der Küche eingefroren waren. Da sie immer so verantwortungsvoll gewesen war, war ich wie betäubt von Gabrielles Verhalten. Es hätte meine Illusionen über sie zerstört anzunehmen, ein dreistöckiges Haus, eine Scheune, ein Auto, ein alter Hund und eine junge Katze könnten tatsächlich *zuviel* Verantwortung für ein Mädchen bedeuten, das gerade 18 geworden war.

Freilich war irgend etwas verkehrt, aber ich schien es nicht in den Griff zu kriegen. Gabrielle fühlte sich überwältigt und mißverstanden und sprach nicht. Mich selbst mitzuteilen, gelang

* Ralph Nader, amerikanischer Rechtsanwalt, der durch seine Kampagnen für den Verbraucher-Schutz bekannt geworden ist. Anm. d. Red.

mir nicht besonders gut, da ich außer meinen alten Rückhalten – Selbstgerechtigkeit und mütterliches Sondieren – wenig hatte, worauf ich mich verlassen konnte. Jedes saubere Stück Psychologisierens, das ich ihr anbot und mit dem ich ihr gewissenhaft ihre eigene Person erklärte, schien sie wütend zu machen. (Warum *liebt* sie nicht die Tatsache, daß ich so viel über sie weiß? fragte ich mich.) Im Herbst darauf schloß Gabrielle mich endgültig aus. Ein Nachbar befestigte Zettel an der Hintertür unseres Hauses, auf denen er sie bat, uns anzurufen. Sie tat es nicht. Wochen vergingen. Thanksgiving kam und ging vorüber. Thanksgiving – und mein kleines Echo ließ sich zum Essen nicht blicken! Wer hätte das je gedacht?

Gekränkt und wütend fuhren Lowell und ich schließlich aufs Land und nahmen Gabrielle die Autoschlüssel fort. Das ließ sie als Fußgängerin in einer Provinzstadt zurück, und das Haus befand sich eine Meile außerhalb. »Wenn sie ihre Freunde abends in der Kneipe treffen will«, sagte Lowell, »kann sie verdammt nochmal zu Fuß gehen.« »Verdammt richtig«, stimmte ich matt zu. In Wahrheit hatte ich Angst, das Auto in ihrem Besitz zu lassen, weil ich fürchtete, sie könnte in dem Zustand, in dem sie sich befand, einen Unfall machen. Aber ich hatte auch Angst vor der Wut, die in mir brodelte, vor der Hilflosigkeit, der sehnsüchtigen Liebe und dem Verlust. Ihre Weigerung, mit mir zu sprechen, war wie das Zuschlagen einer Tür – es schien so rachsüchtig und, nach meiner Befürchtung, so endgültig.

Ich befand mich in einem seelischen Aufruhr, seit Gabrielle angekündigt hatte, die Schule zu verlassen. Was ist los? fragte ich mich und warf mich nachts im Bett von einer Seite auf die andere. Was mochte passiert sein? Etwas Schicksalhaftes mußte sich in Harvard ereignet haben ... Aber ich wußte auch, daß es Probleme in unserer Beziehung gab. Zum erstenmal fühlte ich mich als Mutter völlig aufgeschmissen. Ich konnte nicht einschätzen, wie erwachsen meine Tochter wirklich war. Ich wußte nicht, wie weit ich in sie dringen oder mich zurückhalten sollte. *Was für Rechte hatte ich hier?* Ich sehnte mich verzweifelt nach einer Instanz, an die ich mich hätte wenden können, nach einem unerschütterlichen Wissen, wie man einen Teenager bemuttert, einem Wissen, das die zu unternehmenden Schritte für mich klar und unzweideutig machen würde. Ich war wütend auf Gabrielle, weil sie mich ängstigte, und auch enttäuscht. Und ich haßte mich selbst für das, was ich empfand.

In den folgenden Jahren begriff ich durch Gespräche mit Psychologen und durch Vergleiche mit Äußerungen von anderen Frauen, daß ich immer eine Menge investiert hatte, um die perfekte, unantastbare Mutter zu sein. Die Mutter, die ihre Kinder besser kannte als irgend jemand sonst. Die Mutter, die allem gewachsen war. Jetzt, wo es Schwierigkeiten gab – vor allem Schwierigkeiten, die auch mich zu betreffen schienen –, wünschte ich mir mehr als alles andere, es hinter mich zu bringen. Warum mußte ich wegen meines Kindes solche Angst aushalten? *»Werde erwachsen!« dachte ich in einem fort. »Ich sollte all diese Dinge mit dir nicht mehr durchmachen müssen. Es ist Zeit für mich, frei zu sein.«*

Heute glaube ich, daß Gabrielle mich mit Macht zurückzog. Sie hatte eine Situation geschaffen, in der ich sie weiterhin bemuttern mußte – und ich mußte es in der Tat besser hinkriegen als früher über eine lange Zeit.

Es schien wichtig zu sein, daß sie bei uns war. Wir vermieteten unser Landhaus, und sie kam nach New York. Sie bekam im selben Haus wie wir ein Studio-Apartment, das ihr so viel Unabhängigkeit gab, wie sie wollte – obwohl sie auch ein bißchen Zeit mit mir verbrachte. Sie schloß einen Vertrag mit einer Agentur für Zeitarbeit und begann als Sekretärin in verschiedenen New Yorker Büros zu arbeiten. Ihr Leben schien beständiger, als es auf dem Land gewesen war, aber sie war noch immer weit davon entfernt, glücklich zu sein. Ich fand sie oft streitsüchtig und bei jeder Gelegenheit auf Widerspruch erpicht. Aber ich begann zu erkennen, daß dieser neue Konfron-

tationskurs für ihr Wachstum unerläßlich war. Es war notwendig für sie, Vorstellungen zu haben, die sich von meinen unterschieden, und diese Vorstellungen ungehemmt aussprechen zu können. Als sie sich aufgrund dieses Unterschieds allmählich wohler fühlte, begann ihre Widerborstigkeit nachzulassen.
Und ich hatte begonnen wahrzunehmen, daß meine Verwirrung von zutiefst verzerrten Vorstellungen herrührte, die ich von meiner Tochter und von meiner Rolle als Mutter hatte.

Wie kommt man dahin, ein Mädchen zu verstehen, dessen Leben aus der Bahn geraten ist? Oder noch genauer: Wie baut man, um dieser neuen Wirklichkeit gerecht zu werden, seine Vorstellung von sich selbst neu auf? Nichts Geringeres nämlich war erforderlich, wenn ich eine andere Art von Beziehung zu meiner Tochter herstellen wollte. Ich mußte uns beide notwendigerweise in menschlicheren Zusammenhängen sehen. Nun begannen die Fragen, die in ihren Implikationen so schmerzlich für mich waren, auf mich einzuprasseln. Wußte ich wirklich, was für Gabrielle das Beste war? Würde ihr Leben mißlingen, wenn sie nicht aufs College ging? Brauchte sie jetzt meine Bemutterung, weil sie als Kind nicht genug oder nicht die richtige Art Bemutterung bekommen hatte?
Schließlich mußte ich mich fragen, ob in dem schleichenden Groll, den ich empfand, nicht etwas zutiefst Unreifes steckte. Es wurde Zeit, daß ich aufhörte, so viel über mich selbst nachzudenken, und daß ich anfing, über sie nachzudenken. Erst da begann die Wahrheit ans Licht zu kommen: Meine Beziehung zu meiner älteren Tochter war stark von meinen eigenen Selbstproblemen durchdrungen. Ich hatte zu oft von ihr erwartet, daß sie meine Bedürfnisse stillte, daß sie die süße Kompensation für eine Leere sei, der ich mich nicht stellen konnte.

Die Forderung

»Ich will, daß du auf mich zurückstrahlst«, ist eine Forderung, die Eltern seit Menschengedenken an ihre Kinder stellen. Es scheint tatsächlich so sehr ein elterliches »Recht« zu sein, daß wir selten fragen, was es mit diesem »Zurückstrahlen« eigentlich auf sich hat. Dieser Forderung liegt als Motivation unser narzißtisches Bedürfnis zugrunde, uns selbst zu übersteigern. Wenn unsere Kinder gut aussehen, sehen *wir* gut aus.

Mary Mulhern, Vizepräsidentin der Abteilung für Verkauf und Marketing bei einer großen New Yorker Bank, steht jeden Morgen um halb fünf auf und weckt ihre 13jährige Tochter Gannon, damit sie vor dem Frühstück »die Jane-Fonda-Kassette durchmachen« können. Mary sagt über Gannon: »Sie soll unbedingt auf eine Eliteschule gehen. Ich hätte gern, daß sie nach Harvard geht. Warum nicht? Ich habe ihr gesagt, sie sollte immer das Beste anstreben. Ich weiß, ich erwarte von ihr, daß sie es noch besser macht als ich. Ich kriege es hin, aber es wird mich sehr unglücklich machen, wenn Gannon nicht erfolgreich ist.«

»Wenn ich eine Tochter bekommen sollte, werde ich sie vollkommen machen«, sagte eine Frau aus Manhattan kurz vor der Geburt ihres Kindes zu ihrer Freundin. Und siehe da, das Kind war ein Mädchen. 21 Jahre später kam das Mädchen zu Esther Menaker, einer New Yorker Psychiaterin, weil es Hilfe brauchte. Lisa war, so sagte ihre Ärztin, »ein junges, attraktives und hochintelligentes Mädchen«, war gerade mit dem College fertig und kehrte nach New York zurück, um bei ihren perfektionistischen Eltern zu leben. Aber die Verwirrung und das Unglücklichsein, die während ihrer Collegezeit zugenommen hatten, trieben sie dazu, eine Behandlung zu suchen. Sie war deprimiert und stolperte durchs Leben, ohne zu wissen, was sie mit dem nächsten Tag anfangen würde, geschweige denn mit ihrem übrigen Leben. Sie war begabt, aber sie hatte wenig Gefühl für sich selbst. Der Grund dafür sei, so Dr. Menaker, daß

Lisa als »Vehikel für die Befriedigung der narzißtischen Bedürfnisse ihrer Mutter« benutzt worden war. Sie hatte das Gefühl, der perfektionistischen Auffassung, die ihre Mutter von ihr hatte, zu entsprechen, sei die einzige Möglichkeit, ihre Liebe zu sichern. »Die Persönlichkeit der Mutter, die die Tochter beherrschte, verzehrte das Ich des Mädchens und machte es machtlos.«[1]

Mit 21 stand Lisa vor der Aufgabe, zwischen den Forderungen ihrer perfektionistischen Mutter und ihren ureigenen Fähigkeiten zu wählen, zu entscheiden, zu kämpfen. Ein »unerbittliches inneres Sich-Messen« quälte sie. Konnte sie ihr eigenes Leben meistern oder nicht? War sie hinreißend oder langweilig? Hübsch oder nicht hübsch? Begabt oder ein Reinfall?

Lisas Unsicherheit manifestierte sich oft in quälender Konkurrenz. Vor allem Freundinnen weckten ihre Selbstzweifel. War ihr Freund so gut wie der Marjories? Bewunderte er sie genauso sehr? Schlief er ebenso oft mit ihr? War ihr sexuelles Erleben genauso befriedigend wie das der Freundin? Ihr Zwang, sich mit anderen zu vergleichen, wurde immer störender für sie und führte schließlich zu einer Unfähigkeit, »sich auf Erfahrungen einzulassen«, so Dr. Menaker. Im Augenblick zu leben, war praktisch unmöglich geworden, da sie sich entweder auf vergangene Mißerfolge konzentrierte oder von künftigen Triumphen träumte.

Obwohl das Problem durch die Art und Weise hervorgebracht worden war, wie ihre Familie mit ihr umging, als sie heranwuchs, so lag es jetzt, wie Lisa schließlich erkannte, doch bei *ihr*. In der Therapie gelangte sie zu der bestürzenden Erkenntnis, daß sie sich ausschließlich im Sinne ihres eigenen Selbst auf andere bezog. Wie schnitten sie im Vergleich zu ihr ab? Welches waren *ihre* Vorzüge? Und welche *Lisas*? Je mehr sie sich mit anderen verglich, desto mehr fürchtete sie, auf der Verliererseite zu sein. In der Tat war ihr tägliches Leben von einem Gefühl des Verlustes durchdrungen. Die Angst, nicht gut genug zu sein, tauchte auf, wann immer sie einer Konkurrenz ausgesetzt war. Oder wenn sie mit ihrem Freund schlafen wollte und er nicht darauf einging. Verlust, Verlassenheit, ein durchdringendes Gefühl von Unzulänglichkeit – das waren die Empfindungen, die sich bei Lisa hinter ihrer strahlenden Aura der Intelligenz verbargen.[2]

Lisas Geschichte erinnerte mich an die von Gabrielle. Aber auch an meine eigene. Als ihre Schwierigkeiten offenbar wurden, suchte ich eine Analytikerin auf, wie ich es schon einmal für mehrere Jahre getan hatte. Die Zeit war gekommen, unter der Oberfläche der »perfekten« Beziehung zu meiner Tochter zu graben und sich das Ausmaß vor Augen zu führen, in dem ich sie für meine eigenen neurotischen Zwecke benutzt hatte: durch den Anspruch, daß sie meine Helferin sein sollte (vor allem in den Jahren, als ich alleinerziehend war), der Anspruch, daß sie in der Schule die Beste sein sollte, daß sie alle meine Illusionen über sie, über mich, über die Familie stützen sollte.

Diese Zeit, in der ich mit meinem Kontrollbedürfnis konfrontiert wurde, war sehr schwierig. Aber ich erkannte, daß es nicht darum ging, sich schuldig zu fühlen, sondern sich zu ändern. Das einzige, was ich tun konnte, war, es zu versuchen. Letztlich hatte ich keine wirkliche Macht, irgend etwas zu verändern – außer vielleicht mein Verhalten. Es war notwendig, daß ich meine bequeme Rolle als »Autorität« aufgab und mehr wirkliche Einfühlung für meine Tochter zeigte. Das bedeutete unter anderem, daß ich ihr helfen mußte, mit dem, was *sie* dachte und fühlte, was *sie* in ihrem Leben eigentlich wollte, von vorn anzufangen.

Nachdem ich einmal die Vorstellung, »Mutter weiß es am besten«, aufgegeben hatte, begann ich zu erkennen, daß ich meine Tochter nicht besonders gut verstand. Schlimmer noch: ich begann zu vermuten, daß meine Ich-weiß-alles-Miene sie nicht täuschte; sie *wußte* – und das war sehr traurig –, daß ich sie nicht wirklich kannte.

Die Herausforderung, meine alte Rolle aufzugeben und fast ganz von vorn anzufangen, um Gabrielle kennenzulernen, war sehr beängstigend für mich. Ich war entschlossen, mich zu den Risiken zu zwingen, die mit der Anerkennung meiner Tochter als einer eigenen Person verbunden waren – als einer Person, die das Recht hat, mich nicht zu mögen.
Aber von Töchtern wird erwartet, daß sie ihre Mütter mögen, jedenfalls der konventionellen Weisheit zufolge.
Aber das ist nicht zwangsläufig so. Es hängt ganz davon ab, wie die Mütter ihre Töchter behandeln.

Deprivation und der Drang zu kompensieren

Eineinhalb Jahre, nachdem sie die Schule verlassen hatte, als wir uns beide in unserer Beziehung zueinander besser akzeptieren konnten, wenn es auch noch immer schwierig war, erzählte mir Gabrielle schließlich, daß sie an Bulimie leide, seit sie 15 war. Seit vier Jahren hatte sie große Mengen Essen verschlungen und wieder erbrochen, verzehrt in einem Kampf, der ihre Konzentration fast ausschließlich auf Essens- und Gewichtsfragen und auf den Versuch, beides zu kontrollieren, gelenkt hatte. Ich könnte sagen, ich sei über diese Entdeckung schokkiert gewesen, aber das würde nicht ganz stimmen. Heute glaube ich, daß ich mich vor dem Wissen über Gabrielles Eßstörungen so lange schützte, bis ich mir über meine eigenen Probleme klarer geworden war. In meinem Innern mußte ich erkennen – wie meines Erachtens alle Mütter von Töchtern mit Eßstörungen –, daß das, was sie durchmachte, etwas mit mir zu tun hatte.
Ich wollte einfach, daß sie makellos war. In jener Zeit konnte ich das nicht erkennen, und es hätte mich sehr erbost, wenn jemand ebendies behauptet hätte. Alles, was ich mir für sie wünschte, war, daß sie ihr Leben furchtlos anging und daß sie brillant war. Vielleicht würde sie eine Wissenschaftlerin, viel-

leicht eine Dichterin, Tänzerin oder Diplomatin. Welchen Weg sie auch immer einschlagen würde (und ich glaubte tatsächlich, daß ich mich hinsichtlich ihrer Entscheidung emotional nicht engagierte) –, sie würde schön und entschieden sein und allermindestens drei Sprachen sprechen. Schließlich war sie *mein*.

Nun, es ist deutlich zu sehen, welche Selbstbezogenheit der Argumentation sich hier entfaltet. Mein erstgeborenes Kind, ein Mädchen, sollte Glanz auf mich zurückstrahlen. Wenn sie wunderbar wäre, würde das irgendwie bedeuten, daß ich wunderbar bin. Wenn sie wirklich kolossal wäre, würde das die Kette von Unsicherheit und Zweifel und Selbstverachtung durchbrechen, die in unserer Familie von einer Frauengeneration auf die nächste weitergegeben worden war. Die Gefühle von Unsicherheit bei meiner Mutter und ihr Kampf, sie zu leugnen, mein eigener Kampf mit Gefühlen von Schwäche, der meiner Großmutter – alles würde Sinn erhalten durch Gabrielle. Meine erstgeborene Tochter sollte nicht weniger sein als ein weiblicher Messias!

Wenn ich einen wahrhaftigeren Sinn für die Realität meiner Beziehung zu Gabrielle bekommen wollte, mußte ich die »Geschichte« aufgeben, die ich mir darüber, wer sie und wer ich war, zurechtgelegt hatte. Ich mußte die Illusionen, nach denen ich süchtig geworden war, aufgeben: daß Gaby mein vollkommenes, selbstgenügsames Echo und ich ihr vollkommenes, selbstgenügsames Vorbild sei. Meiner Tochter zu erlauben, wirklich zu werden, bedeutete, daß ich in die trübe Tiefe meiner eigenen Konflikte tauchen mußte. Es bedeutete, daß ich anfangen mußte, meine eigenen Defekte zu sehen – und zu akzeptieren.

Minderwertigkeitsgefühle: ein gemeinsames Syndrom

Kaum einer, der im Bereich seelische Gesundheit arbeitet, würde bestreiten, daß Frauen heute in einer schwierigen Lage sind, wie wir im nächsten Kapitel sehen werden. Mütter neigen noch immer dazu, das, was mit ihren Töchtern – und mit ihnen selbst – geschieht, zu leugnen. Meistens nimmt es eine besondere Wendung – manchmal eine tragische –, ehe wir mit unseren Gefühlen von Unzulänglichkeit und mit der Tatsache klarkommen, daß wir möglicherweise dabei sind, unsere Unsicherheiten an unsere Töchter weiterzugeben.
Für mich hatte die Wendung zwei Aspekte. Der eine war, daß weltliche Leistung – die Berühmtheit und die neue Freiheit, die sich einstellten, als ich mein Buch geschrieben hatte, das von Frauen auf der ganzen Welt gelesen wurde – keine wirkliche »Heilung« für meine Selbstprobleme bedeutete. Der Erfolg vom *Cinderella-Komplex* hätte mir Freude bereiten sollen. Statt dessen fühlte ich mich viele Monate lang isoliert, deprimiert und voller Angst, ob meine künftige Arbeit »gut genug« sein würde.
Die zweite Entdeckung war, daß Gabrielles Drang, hervorragend zu sein, meinem glich. Der ganze weltliche Erfolg, den man sich nur erhoffen mochte, hatte die grundsätzliche Strenge, die wir uns selbst gegenüber empfanden, nicht wirklich gemildert – unser Erfolg wurde faktisch von der Strenge *angetrieben*.
Der Unterschied zwischen uns war, daß ich meinen Illusionen für lange Zeit anhing. Ihre zeigten Zeichen von Brüchigkeit, als sie etwa 16 Jahre alt war.

Viele der neueren Studien über Mutter-Tochter-Beziehungen sind durch die Tatsache veranlaßt worden, daß junge Frauen heute Symptome schwerer psychischer Gefährdung zeigen. »Hier bei uns sind die Mädchen in Schwierigkeiten«, sagte mir eine Frau aus Norman, Oklahoma, am Telefon, als wir über

den Vortrag sprachen, den ich 1986 auf der Jahrestagung der »Oklahoma Women in Educational Administration« halten sollte.
»Was meinen Sie mit Schwierigkeiten?« fragte ich.
»Alles«, sagte sie. »Die Phobien, die Eßstörungen, den Alkoholismus und Drogenprobleme. Es ist deprimierend, Ihnen das zu sagen, aber Oklahoma hat bei Schwangerschaften Jugendlicher und bei Suizid die höchsten Raten von allen Bundesstaaten der Nation.«
»Es gibt heute soviel Streß im Leben unserer Mädchen«, erwiderte ich. »Meine Tochter litt vier Jahre lang an Bulimie. Gott sei Dank, sie hat es hinter sich gebracht.«
Die Frau stimmte mir zu, was den Streß betraf. »Wir hoffen auf unserer diesjährigen Tagung wirklich über diese Dinge zu reden«, sagte sie. »Wir meinen, daß Frauen in der Schulverwaltung mehr tun könnten, um diesen Mädchen zu helfen.«
Aber etwas erzählte sie mir nicht. Erst als ich dorthin geflogen war und meinen Vortrag gehalten hatte, erfuhr ich, daß die Tochter dieser Frau Alkoholikerin und Bulimikerin gewesen war, bis sie vor einem Jahr mit Anfang 20 starb.

Heute sind Mädchen von den Widersprüchen im Leben ihrer Mütter und von der Diskrepanz zwischen dem, was die Mutter *sagt*, und dem, was sie *tut*, verwirrt. Mütter vermitteln doppelte Botschaften, und die meisten Töchter sind noch ziemlich jung, wenn sie zum erstenmal wahrnehmen, daß Mutter trotz aller Verbeugungen vor dem Feminismus weit davon entfernt ist, frei zu sein. Viel eher ist sie ängstlich, selbstversunken und häufig vom Vater eingeschüchtert.
Zugleich bemerkt die Tochter, daß die Mutter bestimmte Züge von »Überlegenheit« hat. Die Wirklichkeit des Lebens ihrer Mutter zu sehen, kann sie ängstigen und bestürzen. Wenn sie die Schwäche ihrer Mutter entdeckt, kann sie es empfinden, als würde *sie* ertappt. »Meine Mutter ist meine beste Freundin, aber sie ist wie ein Kind«, gestand mir eine Studentin im fortge-

schrittenen Semester der Morehead-Universität in Kentucky auf eine Weise, als würde sie sich irgendwie schämen. »Am Wochenende wartet sie darauf, daß ich von der Universität nach Hause komme, um mit ihr ins Einkaufszentrum zu gehen.«
Das Medien-Bild der Neuen Frau paßt nicht zu Mutters Kaufrausch im *Mall*. Die Diskrepanz zwischen dem, was sie einerseits im Fernsehen und andererseits in der Küche sehen, verwirrt die jungen Frauen heute. Geraldine Ferraro im Disput mit George Bush läßt Mutter in ihren Auseinandersetzungen mit Vater wie gehackte Leber aussehen. Wo, so fragen sich die Töchter, ist Mutters Selbstvertrauen, ihre Aggressivität, ihre Stärke?

Nachdem ich mit sehr vielen Frauen von Anfang 20 gesprochen hatte, erkannte ich, daß diese Generation in der Beziehung zu ihren Müttern verwirrt ist, und zwar auf tiefe, schmerzhafte Weise. Fast immer spiegeln ihre Gefühle eine sehnsuchtsvolle Kombination aus Stolz und Enttäuschung wider: Stolz, weil sie die Anstrengungen ihrer Mutter, das Schneckenhaus zu verlassen, *wirklich* sehen, und Enttäuschung, weil die Mutter ungeachtet aller Anstrengungen nicht so »befreit« ist, wie sie sich selbst darstellt. »Handle, wie ich rede, nicht, wie ich handle«, ist die Botschaft heutiger Mütter, genau wie bei ihren weniger befreiten Vorgängerinnen.

Wenn Frauen damit beschäftigt sind, ihre eigenen Entwicklungsprobleme aufzuarbeiten, sind sie für ihre kleinen Töchter nicht immer verfügbar, nicht immer warm, zärtlich und frei von dem Gefühl der Bedrohung durch die verwirrten Bemühungen der Tochter heranzuwachsen. Oft ist es leichter für uns, unsere Töchter zu drängen als uns selbst. Aber das ist eine Strategie, die zum Scheitern verurteilt ist. »Nur wenn eine Mutter phantasievoll und schöpferisch für sich selbst leben kann, kann sie dieses Erbe an ihre Tochter weitergeben«, sagte Peggy Papp, Familientherapeutin am Ackerman-Institut, 1981 in New York auf einer Konferenz über Mütter und Töchter.[3] Um ein brauchbares Rollenvorbild für ihre Tochter zu sein, muß eine

Mutter mit ihren eigenen verborgenen Minderwertigkeitsgefühlen umgehen können.

Als ich in den späten siebziger Jahren für den *Cinderella-Komplex* recherchierte, stellte ich fest, daß diese verborgene Abhängigkeit die Frauen bremste. Obwohl Frauen heute weniger offensichtlich abhängig sind als früher, sind sie sich ihrer selbst immer noch unsicher. Ihr Selbstwertgefühl bleibt oft trotz im positiven Sinn verblüffender Leistungen gefährlich niedrig. Sie beklagen sich über zu viel Arbeit und zu wenig Befriedigung. *Wo ist die Freude bei all dem? Warum fühle ich mich immer noch unsicher? Warum ist keine Menge Anerkennung je genug?* Diese Fragen hörte ich im Laufe meiner Untersuchungen wieder und wieder. Mit dieser Klage ging das immerwährende Gefühl einher, irgendwie bloßgestellt zu sein, einfach weil wir Frauen sind. Auch wenn sie selten den Zusammenhang sahen, fühlten sich die Frauen zugleich überbeansprucht und unterbewertet.

Frauen sind in ihrer Fähigkeit, sich selbst zu lieben und zu akzeptieren, behindert. Wir tanzen auf einem Seil zwischen zwei Polen, immer unsicher in unserer Beziehung zur Welt, immer im Kampf um das empfindliche Gleichgewicht zwischen unseren Wünschen und unseren Ängsten. Wir *wollen* alles. Wir sehnen uns danach, zu schweben, zu fliegen, alles zu haben. Aber in unseren Träumen ist eine verborgene Grandiosität, die uns Angst macht. Wir wissen nicht, ob das, wonach es uns verlangt, wirklich ist oder ob es eine kindische Allmachtsphantasie ist, für die man uns gleich zum Schweigen bringen wird. Wir sind unfähig, uns auf einem stabilen Selbstwertniveau zu halten. Gute Gefühle sind an Leistung gebunden – und nur an Leistung. Viele von uns haben keine Vorstellung davon, wie es ist, sich beständig gut zu fühlen. Wir steigen auf und ab. Bei dem Versuch, uns hochzubringen, brauchen wir äußere Dinge – unsere eigenen Leistungen, die Leistungen unserer Kinder, die Leistungen unserer Männer und Freunde. Belohnung, Bestätigung, Bewunderung – das sind die Bestandteile eines magischen Tranks, mit dem wir unsere innere Leere zu heilen versuchen. Wenn das, was wir bei anderen suchen, nicht auftaucht, schelten wir uns selbst, nicht »gut« genug, nicht »interessant« genug, nicht »attraktiv« genug zu sein. Wir schämen uns, daß wir sind, wer wir sind (oder wer wir zu sein glauben), und werden depressiv.

Trotz der allmählich zunehmenden Stärke von Frauen auf der ganzen Welt fühlen wir uns als Personen immer noch klein. Dieses Gefühl von Kleinheit ist es, das uns treibt und nicht innehalten läßt. Da ist ein Zwang, hervorragend zu sein, ein Zwang, in allen Lebensbereichen kompetent zu erscheinen. Die inneren Forderungen, die wir spüren, machen es uns unmöglich, auf unsere eigene Stimme zu hören. Außer Reichweite unserer selbst, sind wir absorbiert von Geld, Status und dem extremen Engagement, gut auszusehen. Diese künstlichen Symbole sind das geworden, worauf wir uns verlassen, um unsere Minderwertigkeitsgefühle zu verleugnen – und zu kompensieren.

2. Kapitel

Der Drang zur Selbstdarstellung

Meine Mutter kommt aus einer großen Farmersfamilie in Nebraska. Von der erstaunlichen Anzahl von sechzehn Kindern war sie das vierzehnte. Zu Beginn ihrer Pubertät war ihr Vater gezwungen, die schlechtgehende Farm zu verlassen und in Nebraska herumzureisen, um Batterien zu verkaufen. Meine Mutter war 16 Jahre alt, als sie von zu Hause fortging und zu ihren älteren Schwestern zog, um in der Stadt als festangestellte Sekretärin zu arbeiten und die Highschool zu beenden. Mit 20 zog sie in die Gegend östlich von Washington, wo sie als Sekretärin im Staatsdienst ihren Lebensunterhalt verdiente und abends aufs College ging. Sie begegnete meinem Vater und heiratete mit 25. Fünf Jahre später brachte sie mich zur Welt.

Gewiß zeigte sie in Anbetracht dessen, wie man damals das Leben einer Frau verstand, Stärke und Unabhängigkeit. Aber ich glaube, daß meine Mutter, wie viele Frauen ihrer Generation, damals, als sie heiratete, eigentlich ihre Eltern noch brauchte. Es gab Dinge, die ihr fehlten. Sie hatte zu früh erwachsen werden müssen.

Mein Vater arbeitete tagsüber in New York und ging abends zur Graduate School, um zu promovieren. Meine Mutter blieb mit den Kindern allein in unserem Haus auf Long Island. Sie war Mutter und Vater, Haushälterin, Kindermädchen und Vorschullehrerin. Sie kochte, backte, bezahlte die Rechnungen und lehrte mich lesen, bevor ich fünf Jahre alt war.

Manchmal schien es mir, als hätte ich von sehr klein auf meinen Vater so gut wie nie gesehen – bis er seine Promotion beendete; da war ich neun Jahre alt, und wir zogen nach Baltimore, wo er seine Lehrtätigkeit an der Johns-Hopkins-Universität aufnahm. Er war so lange nur am Wochenende sichtbar gewesen, daß es jetzt befremdlich erschien, ihn abends zur Essenszeit zur Haustür hereinkommen zu sehen. Ich romantisierte meinen Vater – den Smarten, den Weltgewandten, den lange Zeit nicht Verfügbaren. Mit ihm verband ich herbstliche Sonntage, eine alte Wildlederjacke, die er immer trug, und die Fahrten auf seinem großen Motorrad, zu denen er mich gelegentlich mitnahm.

Obwohl meine Mutter mir immer zur Verfügung stand, schien sie mir weniger nah als mein Vater. Bei der Hausarbeit war sie organisiert und methodisch. Dennoch trug ihre Kompetenz wenig dazu bei, ihre strenge Meinung über sich selbst zu mildern. Sie war ängstlich mit Leuten, und sie erzählte mir, als ich in der Pubertät war, daß sie Probleme mit ihrem Selbstwertgefühl habe. Sie sagte mir auch, daß ihre Eltern die Farm hätten in Betrieb halten können, wenn sie weniger Mädchen und mehr Jungen zur Welt gebracht hätten. Meine Mutter glaubte, daß ihr Vater den wirtschaftlichen Druck der Depression zum Teil deswegen nicht habe überstehen können, weil sie so viele Mädchen waren.

Der Druck, sich zu »verbessern«

Meine Mutter war neun Jahre alt, als die Familie die Farm verlor und ins nahegelegene Kimball zog. Als mein Großvater sich von dort als Handelsreisender auf den Weg machte, übernahm meine Großmutter die Zügel. »Sie sorgte dafür, daß wir ein Dach über dem Kopf hatten, indem sie eine Pension eröffnete«, schrieb meine Mutter in einem Text, den der *Western Nebraska Observer* im selben Monat veröffentlichte, in dem sie 80 wurde. »Ich glaube, den Drang, mein Leistungsvermögen voll auszuschöpfen, kann man auf ihren Einfluß zurückführen.«

Dieser Einfluß hatte offenbar schon früh begonnen, sich bemerkbar zu machen. Als sie die Dorfschule verlassen hatte und auf die weiterführende Schule in der Stadt ging, schrieb meine Mutter, daß der Lehrer ihr gesagt habe: »Wenn ich meine Multiplikationstabellen nicht lernte, müßte ich zurück in die zweite Klasse. Am Abend nahm ich das Buch mit nach Hause und lernte sie alle. Es wäre in der Familie Stearly undenkbar gewesen, ›zurückgestuft‹ zu werden.«

Mir war das Leistungsbedürfnis meiner Mutter wohl bewußt, als ich heranwuchs. Sie bestellte den Garten, sie machte Obst und Gemüse ein, sie nähte. Als sie nähen konnte, lernte sie schneidern. Seit meiner frühesten Jugend trugen wir beide Wollkostüme mit passenden phantasievollen Garnituren und Hüten. In all den langen Stunden, als mein Vater nicht da war, nähte meine Mutter. Sie verlangte Perfektion, saubere Nähte und Säume und unsichtbare Stiche. Auch ich muß von der Idee infiziert gewesen sein, daß ich mich *vorzeigbarer* – ich glaube, das ist das richtige Wort – machen könnte, indem ich mich gewissermaßen aufwertete und mein Aussehen nach Möglichkeit »verbesserte«.
Als ich zur Highschool ging, kehrte meine Mutter aufs College zurück. Sie hatte in allen Kursen A-Noten und erhielt ihren B. A. in Geschichte eine Woche, bevor ich meinen Abschluß machte. Das Studium war für meine Mutter jahrelang der wichtigste Halt. Sie hatte immer Kurse in Musiktheorie oder Pädagogik oder Psychologie belegt. Noch heute, mit 80 Jahren, hat sie Klavierschüler, nimmt selbst Unterricht und spielt mit einer Gruppe Blockflöte. Man könnte nie sagen, daß meine Mutter ein untätiges Leben geführt habe; aber sie ist immer getrieben worden, voller Feindseligkeit gegen sich selbst in einem schwierigen Kampf, in dem das Gefühl, nicht gut genug zu sein, besiegt werden sollte. In jenen Jahren *mußte* meine Mutter diese A-Noten erreichen. Hätte sie nicht die allerbesten Noten bekommen, wäre sie hart über sich selbst hergefallen. Die guten Noten halfen ihr, den Kopf über Wasser zu halten.

Lange Zeit war ich wütend auf meine Mutter. Ihre Unsicherheiten störten mich, und ich wollte nichts davon wissen müssen. Als ich etwa 30 Jahre alt war, gelangte ich zu der Überzeugung, daß das, was mir beim Heranwachsen gefehlt hatte, ein starkes, robustes weibliches Rollenvorbild war, eine Frau, die sich an einem Samstagnachmittag ihren Weg bei Macy's durchboxen und in einer Krise meinem Vater zur Seite stehen konnte. Aber jetzt hatte ich begriffen, daß Robustheit für meine Mutter innerlich kein Thema war. Sie litt unter der Verleugnung ihrer emotionalen Bedürfnisse. Am Ende einer langen Reihe von Brüdern und Schwestern hatte meine Mutter zu früh lernen müssen, sich um sich selbst zu kümmern. Ein Foto, das aufgenommen wurde, als sie vier Jahre alt war, in einem weißen Kleid und Knopfstiefeln und mit langem schwarzem Haar, zeigt ein sehr ernstes kleines Mädchen. Zu ernst. »Reif« vor der Zeit.

Inneres Wachstum wird unvermeidlich gestört, wenn wir unsere emotionalen Bedürfnisse abtrennen und verleugnen. Wie und warum das geschieht, wird in den Kapiteln dieses Buches untersucht. Ein Gefühl emotionaler Verletzlichkeit empfinden viele Frauen als störend. Es ängstigt uns. Um die Angst zuzudecken, erschaffen wir eine glatte Oberfläche der »Reife« und begraben unser inneres Selbst. Aber wenn dieses Selbst uns erst einmal verloren ist, wird es fast unmöglich, irgendein Selbstwertgefühl zu behalten.

Zeichen und Symptome eines Zwangs

Frauen *schaffen* heutzutage, und sie schaffen sehr gut, aber vielen von uns macht es allmählich Schwierigkeiten, noch irgend etwas zu *fühlen*. Weit entfernt von unseren Gefühlen funktionieren wir. Und mehr und mehr konsumieren wir auch. Gier – der Zwang, sich zu *füllen*, der von innerer Leere herrührt – treibt die Frauen, zu kaufen und Konsumstreifzüge zu machen in dem Bemühen, »besser« zu erscheinen. Organisierter, besser gekleidet, dünner, reicher, sexier. Überlegen, könnte man sagen, und zwar in fast jeder denkbaren Weise. *Der Glaube an die Möglichkeit, vollkommen zu werden, ist die Hauptillusion, von der Frauen sich heute verführen lassen.* Und sie treibt uns dazu, uns wie Akrobaten auf einem Hochseil zu produzieren.

Die neue Frau ist ein Muster an Leistung. Sie ist stolz auf sich, wenn sie mit exekutiver Frostigkeit durch den Tag hetzt. Listen bedecken ihren Schreibtisch, ihr Armaturenbrett, die Tür ihres Kühlschranks. Energie ist entscheidend, und sie versucht, deren Quantität und Qualität zu kontrollieren. *Machen* gibt ihr das Gefühl, expansiv und stark zu sein. »Ich habe für morgen eine Liste, die man in meinen Grabstein meißeln könnte«, sagt eine Frau zu ihrer Freundin in einem Restaurant in Chicago, das sich um die Mittagszeit mit den Jungen und den Ehrgeizigen füllt.

»Ich weiß, was du meinst«, kommt die flinke Antwort. »Der beste Schritt, den ich je gemacht habe, war, meinen Analytiker aufzugeben und einen Buchhalter einzustellen.«

Unter diesem brüchigen neuen Stolz brodelt die unbehagliche Überzeugung, daß, wenn wir nicht arbeiten, arbeiten, arbeiten, um alles zusammenzuhalten, das Innerste keinen Bestand haben wird. Um mehr Zeit zu »schaffen«, lassen wir Mahlzeiten aus, verkürzen wir unseren Schlaf. Wir trainieren, wir gehen überall zu Fuß hin und erlegen uns auf, noch diätetischer zu leben. Aber das Gefühl von Leistung, das für uns so wichtig geworden ist, bleibt uns nicht lange erhalten. Körperliche Beschwerden stellen sich ein, Entzündungen der Schienbeinmuskeln, Sehnenentzündungen, das unbestimmte, aber allzeitige Nagen in der Magengrube. »Ich bin ausgebrannt«, tönt es heute in den Umkleideräumen von Frauen. »Irgend etwas muß ich aufgeben.«

Aber die Wahrheit ist: *Keine von uns hat die geringste Absicht, irgend etwas aufzugeben.* Und keine von uns weiß, wozu all dies

Los, Los, Los gut ist. Wir verwechseln es mit Fortschritt, und trotz der Streßsignale – Schlaflosigkeit, blutendes Zahnfleisch, kaputte, unversöhnliche Sehnen – bleiben wir davon überzeugt. Leiden nicht alle Gewinner bei ihrer Suche nach Ruhm? Ohne Fleiß kein Preis.

Zwei Frauen über 30 in einem Lokal irgendwo im Staat New York. Die eine, blond und in einem mintgrünen Top, das ihr von der einen Schulter rutscht, »haut sich tierisch den Bauch voll«, wie sie sagt, mit Büffelschulter und geeisten Daiquiris. Die andere, mit Punkhaarschnitt und teurer Lederjacke, trinkt Scotch. Die Blonde erzählt, daß sie vor zwei Jahren in einem Gesundheitsclub in Kingston angefangen habe zu trainieren und daß sie bald »süchtig« geworden sei. Dann habe der Clubleiter sie gefragt, ob sie Kurse geben wolle. »Es dauerte nicht lange und ich gab 13 Kurse pro Woche«, sagte sie. »Ich war 25 Pfund leichter als jetzt, mager und abgezehrt, und es ging mir nicht so toll. Aber ich guckte jeden Tag in den Spiegel und sagte mir: ›Du bist immer noch zu dick. Du *wirst* es noch los.‹«
Die Frau in der Lederjacke nickt. »Ich war den ganzen letzten Winter ausgeflippt. Ich setzte die Gewichte und die Stundenzahl immer höher, ich zog mir weiter alle möglichen Verletzungen zu. Mein Arzt sagte mir, daß ich aufhören soll, aber ich tat es nicht. Heute fühlte ich mich auch nicht besonders und ging trotzdem raus, um zu laufen. Ich sagte mir, daß ich nur ein paar Meilen laufen würde, aber dann fing ich an, mir selbst zuzureden: ›Du schaffst noch mehr.‹«
Sie schüttelt den Kopf. Sie verhält sich wie eine Süchtige, und sie weiß es, aber da ist etwas so Absorbierendes, so Gebanntes in ihrem Training. Es ist wie eine Droge; sie *braucht* es. Und wenn sie es wirklich nicht schafft, wenn sie, sagen wir, wirklich verletzt ist und nichts tun *kann*, dann beginnt sie sich unsicher und ruhelos zu fühlen. Ihr Gewicht geht wieder hoch, sie geht wieder zum Training – bevor ihr Körper wirklich bereit ist.

Nicht lange, und ein Knie oder ein Gelenk muß bandagiert werden, und sie humpelt herum und versucht, den Schmerz zu ignorieren.

Der Zwang zu trainieren ist bei Berufstätigen der Mittelschicht zu einem ernsten Problem geworden; »sie mißbrauchen das sozial anerkannte Trainieren wie andere Drogen, Lebensmittel oder Alkohol«, ist in einem Bericht des *Wall Street Journal* zu lesen. Viele, die exzessiv trainieren, suchen das Hochgefühl, das extensive Körperübung hervorbringen kann, »und viele nennen dieselben Entzugssymptome, wenn sie nicht trainieren, wie Alkoholiker oder Drogenabhängige, wenn sie aufhören zu trinken oder Drogen zu nehmen: Depression, Nervosität und Schlaflosigkeit«, sagt Kenneth Cooper, Gründer des *Aerobic Fitness Center* in Dallas. »Wenn du viermal in der Woche mehr als zwei Meilen am Tag läufst, tust du es für etwas anderes als für Fitneß.«
Im ganzen Land spielt sich in den Gesundheitsclubs, Bädern und Fitneßzentren ein Drama ab. Frauen machen sich verrückt in dem Bemühen, ihren Körper umzubilden. Manche kaufen sich Kurzzeitmitgliedschaften, weil sie auf eine schnelle Erledigung hoffen. Sie treten dem Club erst bei, wenn sie andere Körper wahrnehmen, bessere Körper, Körper von Frauen, die seit fünf Jahren *ernsthaft* trainieren, die magere, muskulöse Glieder haben und deren Unterarme keine verräterische Schlaffheit enthüllen. Die neuen Frauen, die Novizinnen, sehen sich diese Frauen, die Profis, an und sind deprimiert. Die Profis sind genetisch überlegen, möchten die Novizinnen glauben. Sie sind prädisponiert, dünn und fest und hart zu sein. Sie sind *programmiert*, diese kleinen, spitzen Brüste und diese langen, wohlgeformten Oberschenkel zu haben. Die Novizinnen versuchen, ihre sich wölbenden Bäuche unter großen Sweatshirts zu verbergen und durch die Dünnen in ihren obszönen einteiligen Spandexanzügen, den rautenförmigen, kleinen Überhosen und den schmalen pinkfarbenen Gürteln *hindurch*zugucken. Min-

destens dreimal pro Woche werden sie schwitzen und ächzen und rote Gesichter bekommen. Und dann, nach fünf, sechs, acht Wochen Programm, vielleicht etwas mehr gebräunt, aber nicht weniger schwer auf der Waage, werden sie sagen: »Zum Teufel, ich will doch keine Besessenheit aus diesem Geschäft mit meinem Körper machen.« Und sie hören auf.

Die nächsten auf der Leiter der Verpflichtung sind die Gemäßigten, die, die für sechs Monate oder ein Jahr dabeibleiben, etwas Gewicht verlieren und ihre kardiovaskuläre Fitneß verbessern. Sie fangen an, sich besser zu fühlen, zum einen Teil, weil die Anstrengung sich allmählich bezahlt macht. Zu einem größeren Teil aber kommt der Auftrieb daher, daß sie sich mit den schlaffen Neuankömmlingen vergleichen.

Der kalte Wind des Vergleichens bläst in zwei Richtungen. *So sehr wir uns gratulieren, daß wir besser sind als die Schlaffen, so sehr leiden wir bei dem Vergleich mit den Dünnen.* Die Gemäßigten mögen innerlich darüber feixen, wie weit die Profis für eine schärfere Silhouette zu gehen bereit sind, aber sie fluchen, wenn sie selbst nackt keine gute Figur machen. Sie bräunen sich unter Apparaten, und sie machen es, wie alles andere, perfekt – kein Streifen oder Schatten, der vermuten ließe, daß sie an einem weniger erfreulichen Ort leben als im Garten Eden.

Aber einerlei, wo sie sich auf der Leiter der »Verpflichtungen« befinden – diejenigen, die den Drang zur Perfektion haben, stehen einer zentralen Frage gegenüber: Haben sie die Kontrolle über den Drang oder hat er die Kontrolle über sie?

Es ist deutlich, daß Frauen heute eine Menge Schwierigkeiten mit ihrer Selbstwertregulierung haben. Es macht uns Probleme, wann wir essen sollen und was und wieviel. Wir stürzen uns in Schwerarbeit, brechen mit einem spektakulären Zischen alle Rekorde und werden dann seltsam lethargisch. Wir trainieren wie die Verrückten und verbrauchen mehr Kalorien, als zu verlieren wir uns leisten können. Und häufig betreiben wir auf ebenso zwanghafte Weise Sex. »Frauen neigen weit mehr, als allgemein bekannt ist, zu sexueller Sucht«, sagt Patrick Carnes, Psychologe aus Minneapolis, der auf die verschiedenen Arten von Sucht spezialisiert ist.[1] Was diese Frauen treibt, ist das Bedürfnis, ihre Gefühle von Wertlosigkeit zu mildern, meint Dr. Carnes.

Drogenmißbrauch ist ein weiteres Symptom für mangelhaftes Selbstwertgefühl. Fünfzig Prozent von denen, die den nationalen Kokainnotruf beanspruchen, sind Frauen – und die große Zahl spiegelt nicht einfach nur die Tatsache wider, daß Frauen eher Hilfe suchen als Männer. »Frauen fangen früher und mit höheren Dosen an«, äußerte Dr. Ronald Dougherty, Direktor eines Rehabilitationsdienstes für Chemikalienmißbrauch im New Yorker Hinterland, gegenüber der *New York Times*.[2] Die meisten der Kokain konsumierenden Frauen kommen aus mittleren und höheren Einkommensklassen und sind jünger als 35, mit guter Ausbildung und ehrgeizigen, anspruchsvollen Stellungen. »Äußerlich erscheinen sie als unabhängige, auf Karriere eingestellte Macherinnen«, berichtet der *Times*-Artikel.

Aber wie unabhängig sind sie? Eine Umfrage hat gezeigt, daß die meisten Kokainkonsumentinnen den Stoff als »Geschenk« von Männern erhalten. Und die so sehr geschätzte Wirkung des Kokains besteht in einem Gefühl von Stärke, das sie nicht haben, wenn sie nüchtern sind. Susan, eine 33jährige Redakteurin, beschrieb es als »Sofort-Liebe«. »Es gab mir das Gefühl, offen und vertrauensvoll zu sein, die Person sein zu können, die ich immer sein wollte.«

Susans Konsum steigerte sich, als sie sich von ihrem Freund trennte. »Nach drei Jahren«, sagte sie, »benutzte ich es mehr oder weniger den ganzen Tag, jeden Tag. Ich konnte nicht aus dem Haus gehen ohne mein Make-up – und mein Kokain.«[3]

Rauschhaftes Kaufen ist eine weitere weibliche Sucht, die mit geringem Selbstwertgefühl zusammenhängt. Diejenigen, die süchtig sind, verlieren zuerst die eigene Kreditkarte und dann die ihrer Ehemänner; trotz wiederholter Versprechen, sich unter Kontrolle zu halten, kaufen sie die Geschäfte leer. »Ich habe so viele Kleider; es ist unmöglich, sie alle zu tragen!« ruft eine Malerin aus, eine Frau von Ende 30, der mehr als einmal wegen nicht bezahlter Rechnungen der Strom abgestellt wurde, der es aber nicht einfiele, den Grundbetrag für ihre Kreditkarte nicht zu bezahlen.

»Meine Mutter stattet den Bekleidungsgeschäften nicht solche Besuche ab, und sie versteht nicht, woher das bei mir kommt«, sagt diese Frau. Aber ihre Mutter, uninteressiert an Kleidung, weil sie sich ihres Körpers schämt, ist eine häusliche Käuferin, die dem Kaufrausch per Katalog erliegt. Ihre Beute besteht in Hausrat mit Markennamen: Bettwäsche von Ralph Lauren, Vorhänge von Laura Ashley, Gartengeräte von Smith & Hawken. Ihre Einkäufe sind so etwas wie eine Familienbelustigung geworden. Wer kann schon jemals zwei verschiedene Kantenspaten gebrauchen oder haben wollen oder ein Dutzend Votivkerzen in Cognacgläsern, gerade rechtzeitig zu den Sommerferien eingeschweißt und verschickt von William Sonoma? »Sie kosten nur 12 Dollar«, sagt ihre Mutter mit leicht traurigem, entschuldigendem Blick. Ihr Vater klagt routinemäßig über seine Frau und ihren haltlosen Umgang mit Geld.

In einem Artikel über die Probleme von Frauen beim Geldausgeben berichtet die Reporterin Kim Wright Wiley in der Zeitschrift *Savvy* von einer Bankfrau aus Charlotte, die einmal binnen 15 Minuten einen Nerzmantel kaufte. Obwohl sie 70 000 Dollar im Jahr verdiente, konnte sich diese Frau durch Kaufen finanziell so sehr in Bedrängnis bringen, daß sie gezwungen war, sich im Alltag einzuschränken, um wieder zurechtzukommen. Nach dem Nerzkaufrausch stellte sie die Heizung in ihrer Eigentumswohnung so niedrig, daß sie Trainingsanzüge und darüber den Nerz trug, um nicht zu frieren. Schließlich froren die Rohre ein, was eine 3000 Dollar teure Reparatur erforderte.[4]

Wiley bringt das »Kaufrausch-Verschleuder«-Syndrom, wie sie

es nennt, mit der weiblichen Neigung in Zusammenhang, Geld in einem Belohnungs- und Strafmodus zu verwenden. »Wenn wir unser Konto überzogen haben, also ›schlecht‹ waren, gehen wir zu unsinniger Selbstbestrafung über; wir sagen ärztliche Untersuchungen ab, gehen durch die übelsten Stadtteile zu Fuß nach Hause, um das Geld fürs Taxi zu sparen, und wenn die Kollegen zum Essen ausgehen, kauen wir verloren Karotten.«

Vor allem Ablehnung läßt Frauen in Kaufrausch verfallen – Ablehnung, Kritik oder Gefühle der Hilflosigkeit. An dem Tag, als ich erfuhr, daß ich eine Zyste am Eierstock hatte (die sich später als gutartig herausstellte), ging ich zu *Banana Republic* und verpulverte 500 Dollar. Mit Einkaufstüten beladen, verließ ich das Geschäft und empfand in einem triumphierenden Anfall »Stärke« anstelle der Hilflosigkeit bei meiner Ankunft. Ich dämpfte die auftauchenden Schuldgefühle, indem ich mir überlegte, daß das meiste von dem, was ich gekauft hatte, für meine Kinder war.

Ich glaube, daß dies Konsumieren mit Grundsätzlicherem als »Belohnung und Strafe« zu tun hat. Es ist eine Kompensation für ein tiefsitzendes Gefühl, außerhalb unserer selbst, nicht »genug« wir selbst, nicht bei uns zu sein. Es gibt Frauen, die beständig anderen etwas schenken, nicht weil sie so großzügige Seelen sind, sondern weil es ihnen all die Käufe zu tätigen erlaubt, die ihren Selbstwert erhöhen. Kaufen, sagt ein Freund von mir, ist ein weiblicher Macho-Akt.

Das ist es – oder ein Akt weiblicher Verzweiflung. *Wir konsumieren, um uns stark zu fühlen. Wir konsumieren, um nicht bei lebendigem Leib von unserer eigenen Enteignung aufgefressen zu werden, wir konsumieren, um die Mutter zu besiegen, die uns im Stich läßt und uns niederhält.*

Wie wir in diesem Buch sehen werden, ist es das Eingeschlossensein mit der kritisierenden Mutter, das unseren Drang zur Perfektion so stark macht und das dadurch hervorgerufene Verhalten so extrem.

Verhaßter Körper, verhaßtes Selbst

Als Sylvia Plath eines Wintermorgens – sie war gerade Anfang 20 – in ihr Tagebuch schrieb, sagte sie Dinge, die mit Sicherheit schon Millionen von Frauen insgeheim empfunden haben. »Es ist 11 Uhr morgens. Ich habe zwei Strickjacken gewaschen, den Fußboden im Badezimmer gewischt, Staub gewischt, das schmutzige Geschirr eines Tages abgewaschen, Betten gemacht, Wäsche zusammengelegt und mit Entsetzen mein eigenes Gesicht angestarrt: es ist ein vorzeitig gealtertes Gesicht...«

Dann geht sie ins Detail und zählt ihre »Mängel« auf, wie nur eine Frau es tun kann: »Die Nase unförmig wie eine geplatzte Wurst: große Poren voller Eiter und Dreck, rote Flecken, das seltsame braune Muttermal unten am Kinn, das ich gern entfernen lassen würde. Erinnerung an das Mädchen im Film in der Medical School mit dem kleinen schwarzen Schönheitsfleck, einer Warze, sie ist maligne, das Mädchen wird in einer Woche tot sein.« Plath stellt einen Zusammenhang zwischen ihrem Leistungsbedürfnis und ihrer Selbstentwertung her. »Ich muß einen Roman geschrieben haben, einen Gedichtband, eine Geschichte für *Ladies' Home Journal* oder für den *New Yorker* – und ich werde porenlos und strahlend sein. Mein Muttermal wird nicht maligne sein.«[5]

Sylvia Plaths Problem war – wie das vieler Frauen –, daß sie, einerlei, wieviel sie leistete, sich immer unzulänglich fühlte. Das Problem, das ihrem grenzenlosen, unbeantworteten Bedürfnis nach Aufmerksamkeit zugrunde lag, wurde nie gelöst. Wie wir in Kapitel 5 sehen werden, war Sylvia in einer erstikkenden Bindung an ihre Mutter gefangen, aus der sie nicht entkommen konnte. Sie hatte die Kritik ihrer Mutter an ihrer Person verinnerlicht, was sie außerordentlich verletzlich gegenüber den normalen Höhen und Tiefen des Selbstwertgefühls machte.

»Ich war sehr stark auf mich selbst konzentriert«, sagte Rachel, meine 21jährige Tochter, als sie die Krise beschrieb, die sie vor einigen Jahren beim Wechsel auf eine andere Highschool wegen ihrer Unzufriedenheit mit sich selbst erlebt hatte. »Ich stand immer vor dem Spiegel und wechselte die Kleider, eine Kombination nach der anderen, jeden Morgen, bevor ich zum Unterricht ging. Ich empfand meinen Körper so, als hätte meine Taille denselben Umfang wie meine Brüste, und ich haßte ihn.«

Sie erinnert sich, daß sie sich einsam und unzulänglich in der anspruchsvolleren neuen Schule gefühlt hatte. Dies Gefühl der Unzulänglichkeit geht zweifellos auf ein aus der Kindheit stammendes Gefühl zurück, von der Familie nicht ausreichend anerkannt worden zu sein. Das Erlebnis, unbekannt zu sein – die Neue in der Schule –, weckte aufs neue ihre Angst, nicht gesehen zu werden. »Ich hatte eine schwere Zeit, als ich neue Freunde suchte, und ich aß viel damals«, erinnert sie sich. »Ich sah in den Spiegel und hatte das Gefühl, nur häßlich zu sein. Diese gräßliche Neigung, an meinem Gesicht herumzupulen, habe ich immer noch.«

»Was machst du, wenn du pulst?« fragte ich sie einmal. »Was suchst du?«

»Ich suche nach Defekten«, sagte sie, »nach kleinen Makken.«

Das ist bei Frauen universell, dieses tiefe Gefühl, defekt zu sein. Wir können nicht aufhören zu gucken, zu pulen, Diät zu machen. Wir können uns selbst nicht in Ruhe lassen. Wir haben die *Erlaubnis*, negativ über uns selbst zu sprechen, die Aufmerksamkeit auf unsere Unzulänglichkeiten zu lenken. Vielleicht ist es das, wozu Frauen am meisten empfinden und etwas sagen: *»Ich hasse meinen Körper, Leute! Ich hasse meinen Körper!«* Nie ist die Sprache der Frauen so lebhaft, wie wenn sie einem davon erzählen, wie abstoßend sie aussehen. Ihre Schenkel sind wie »rollender Donner«, ihre Oberarme »wie Pelikanschnabelbeutel«. »Dicke Fettknoten tropften aus meinen

Oberschenkeln«, vertraute eine Frau einer anderen an, als sie ihren Zustand zu jenem Zeitpunkt beschrieb, als sie wegen Liposuktion dauernd zum plastischen Chirurgen rannte.
Diese Sprache des Selbsthasses ist die Sprache des Entsetzens – des Entsetzens über die Unzulänglichkeit des weiblichen Selbst. Kein Mann spricht so über sich.

Es ist Sommer 1984. Ich bin in Midland, Texas, während des Endstadiums eines Ölbooms und führe Interviews mit Frauen, die in der Ölindustrie arbeiten. An einem Nachmittag kommt eine Geologin auf mein Hotelzimmer, die ich über ihre Arbeit befragen will. Sie spricht sofort, praktisch beim Eintreten, über ihren Kampf mit dem Essen. Sie ist Anfang 30 und verdient mit der Suche nach »wilden« Quellen im Ölfeld 45000 Dollar im Jahr, eine Frau, die beruflich sicher erfolgreich ist, die aber ganz von ihrem widerspenstigen Körper vereinnahmt ist. Sie hat in fünf Jahren 50 Pfund zugenommen, sagt sie. Während sie einerseits Diät hält und sich verrückt macht und gegenüber ihrem Ehemann klagt, wie sehr sie sich hasse, empfindet sie es andererseits als Erleichterung, für die sexuellen Anspielungen ihrer männlichen Kollegen nicht auf der »Empfängerseite« zu sein. Aber zugleich ist es ihr peinlich, »wenn Männer, die ich von früher her kenne, als ich noch dünn und blond und attraktiv war«, sie nicht mehr erkennen, wenn sie ihnen auf der Straße begegnet. Es verwirrt sie.
Etwas scheint jedoch sicher: Diese Frau ist nicht imstande, ihren Nahrungskonsum zu regulieren, sie fühlt sich nicht gut in bezug auf sich selbst, und sie weiß nicht, warum das so ist. Sie ist in einem typisch weiblichen Syndrom gefangen – der geringen Selbsteinschätzung, dem Freßrausch und der Konfusion hinsichtlich ihres Selbstwerts. Frauen sind von der bloßen Möglichkeit, daß sie zunehmen könnten und was das in den Augen anderer für sie bedeuten könnte, präokkupiert. Eßstörungen treiben Frauen in eine enervierende Tretmühle: Je mehr sie essen, desto schlechter fühlen sie sich, desto mehr essen sie.

Die Angst, zu dick zu sein, ist bei Frauen so verbreitet, daß groteske Verzerrungen im Körperbild schließlich »normal« zu sein scheinen. »Immer wieder beklagen sich extrem dünne Studentinnen, daß sie ihre Oberschenkel oder ihren Bauch hassen...«, schreibt Susan Bordo in einem Artikel im *Philosophical Forum*, in dem es um die Trennung von Geist und Körper geht, die sie bei vielen ihrer Collegestudentinnen beobachtet hat. »Oft zeigen sie Betroffenheit und Wut darüber, daß ihre Freunde ihnen dauernd zusetzen: Janey, eine frühere Studentin, ist 1,78 groß und wiegt 120 Pfund. Aber ihr Freund nennt sie ›Fatso‹ oder ›Tonne‹ und beharrt darauf, daß sie 50 kg wiegen sollte, denn ›so viel wiegt Brooke Shields‹. Er nennt das ›konstruktive Kritik‹ und scheint extreme Angst zu haben, daß sie zunehmen könnte: ›Es stört sie, das kann man wohl sagen, aber ich ärgere sie weiter damit. Wahrscheinlich glaube ich, daß sich schneller etwas ändert, wenn ich sie dauernd daran erinnere.‹«[6]

Dr. Bordo meint, diese Art der Mann-Frau-Beziehung, bei der das Gewicht der Frau eine zentrale Rolle spielt, sei »keineswegs untypisch« für die Studenten des LeMoyne-College in Syracuse, wo sie unterrichtet.

In einer Umfrage bei 33 000 Leserinnen stellte das Magazin *Glamour* fest, daß nur 6 Prozent der Frauen ein eindeutig positives Gefühl gegenüber ihrem Körper haben. 75 Prozent meinten, sie seien zu dick, obwohl nur 25 Prozent von ihnen schwerer waren, als es die Richtlinien der Metropolitan-Lebensversicherung angaben. 30 Prozent von denen, die sich als übergewichtig bezeichneten, hatten tatsächlich Untergewicht.

Die *Glamour*-Studie wird durch die Ergebnisse einer Untersuchung mit Studentinnen der New Yorker Universität bestätigt. Fast alle Frauen – 91 Prozent, um genau zu sein – waren mit ihrem Körper unzufrieden. 63 Prozent überschätzten die eigene Größe. *Das heißt indirekt, daß sie sich ein Körpergewicht unterhalb des Durchschnitts wünschten!* Und der Wunsch, extrem dünn zu sein, ist offensichtlich nicht von dem diktiert, was nach Meinung der Frauen Männern gefällt. An der Universität von Pennsylvania hielten viele Frauen eine schlankere Figur als die, die ihres Erachtens Männer attraktiv finden, für »ideal«.[7]

Die meisten Frauen halten Diät, und das oft exzessiv. Joan Rivers, befragt, ob sie ständig Diät halten würde, um so dünn zu bleiben, antwortete einer Reporterin: »Ich halte Diät nicht als *Diät.* Ich nehme pro Tag etwa 800 Kalorien zu mir.« Rivers ist so extrem dünn, daß es mir schien, ihre Antwort könnte wörtlich wahr sein. Frauen haben heute eine von Grund auf gestörte Beziehung zu ihrem Körper. Untersuchungen zeigen, daß viele Frauen auch *ohne* zwanghafte Eßstörungen unter Verzerrungen ihres Körperbildes leiden. Frauen haben im allgemeinen eine stärkere Neigung als Männer, von einem bestimmten Körperteil (oder -teilen) präokkupiert zu sein in der Furcht, sie könnten mangelhaft oder häßlich sein.[8] Die starke Konzentration auf einen Körperteil kann ein Symptom der »Selbstfragmentierung« sein, eines zerbrechlichen seelischen Zustandes, bei dem das Selbst sich anfühlt, als hätte es keinen Zusammenhalt. Frauen, die von Gedanken an den Zustand ihrer Oberschenkel oder Bäuche oder Brüste besessen sind, leiden möglicherweise an einer unbewußten Unsicherheit hinsichtlich der Integrität ihres inneren Selbst.

Dieselbe Unsicherheit liegt der Angst jener Frauen zugrunde, die in den eigenen Augen nie genauso aussehen wie am Tag zuvor. Heute sind sie dick, morgen sind sie eher normal, und übermorgen erfüllt ein Blick in den Spiegel sie mit – ja, fast Entsetzen. In der Zwischenzeit ist natürlich kein Fältchen hinzugekommen, kein graues Haar und kein Gramm schlaffe Haut.

Frauen verzerren nicht einfach nur, was sie im Spiegel sehen – sie verzerren es negativ. Wenn der gesellschaftliche Standard besagt, daß Frauen dünn sein sollten, erscheinen sie sich selbst schwerer, als sie sind. Wenn die Gesellschaft beschließt, daß

die Frauen runder sein sollten, bekommen sie Angst, sie seien nicht nur »zu dünn«, sondern mager wie Kücken.
Männer tun das Gegenteil. Es ist nicht nur so, daß sie ihr Körperbild weniger verzerren. Wenn schon, *verzerren sie es positiv*. Das heißt, sie tendieren dazu, »die Vorlieben der Frauen in einer bestimmten Richtung zu verschieben, um sie mit ihrer eigenen aktuellen Figur in Einklang zu bringen«, wie eine Untersuchung der Universität von Pennsylvania feststellte.[9]
»Frauen *mögen* es, wenn Männer ein bißchen Bauch haben«, sagen sich wahrscheinlich die Männer.
Ach, Frauen sind nie so nachsichtig mit sich. Sie sehen jenes katastrophale Spiegelbild, einen Bauch, der dick ist, der hängt, der unerbittlich weiblich ist. *Was sie fürchten, wenn sie in den Spiegel schauen, ist die Ähnlichkeit mit ihren Müttern!*

Was, so könnten wir fragen, ist so entsetzlich daran, wie Mutter zu sein?
Es hat mit der Tatsache zu tun, daß es der Mutter Schwierigkeiten bereitet, ein gutes Selbstgefühl zu haben, da sie in einer Gesellschaft, die Frauen mit Geringschätzung begegnet, immer um ihre Selbstachtung kämpft. Heranwachsende Mädchen sind nicht blind gegenüber den Schwierigkeiten ihrer Mütter, noch sind sie, wenn sie größer werden und sich weiter entwikkeln, immun dagegen, wie erniedrigend die Gesellschaft *sie* behandelt.

Das entwertete weibliche Vorbild

Negative Einstellungen gegenüber Frauen kommen oft verdeckt zum Ausdruck und werden nicht nur von den Medien transportiert, sondern auch von Personen, die im Leben des kleinen Mädchens mächtig sind. Man stelle sich die Wirkung von Vorhersagen auf ein Kind vor, wie sie der Nachrichtenkorrespondent Richard Sandza für die Zukunft seiner Tochter machte: »Sie wird niemals ein NFL-Quarterback* sein«, schrieb er über seine kleine Tochter Annie. »Sie wird sich wohl darauf einstellen müssen, Cheerleader** zu werden, obwohl ich nicht sagen kann, ich möchte gern, daß sie ein Dallas-Cowboy-Cheerleader wird; es scheint mir nicht gerade... nun... förderlich. Sie kann auch nicht Geistliche werden, wenn mich das auch nicht wirklich stört. Und trotz der Vorstöße der heutigen Frauen stehen die Chancen doch sehr schlecht, daß sie einmal einen Sitz im Oval Office oder einen auf der Bank des Obersten Gerichtshofes der Vereinigten Staaten erringen wird.«

Das war 1987, und Richard Sandza schrieb dies in einer Männer-Kolumne der *New York Times*.[10] Er zog den Schluß, daß Annie »als sogenanntes schwaches Geschlecht geboren wurde, und es spielt tatsächlich keine Rolle, ob es das Ergebnis der gesellschaftlichen Vorurteile ist oder die Realität der weiblichen Architektur«.

Manche Väter würden dem zweifellos nicht zustimmen und vielleicht mit Sandza bei einem Bier im Squashclub darüber streiten. Tatsache aber ist, daß männliche Einstellungen wie die Sandzas immer noch allzu üblich sind. Als es den ersten zwei Frauen gelang, als Neulinge bei der New Yorker Müllabfuhr für 23000 Dollar pro Jahr angestellt zu werden, waren sie bei vielen ihrer männlichen Kollegen unerwünscht. Sie fürchteten, daß es ihren Arbeitsstil (wenn man es so nennen will) stören würde, und daß sie mehr arbeiten müßten, weil die Frauen nicht stark genug seien, zentnerschwere Müllsäcke zu heben. Ähnliche Geringschätzung galt den ersten Feuerwehrfrauen. Erst letztes Jahr berichtete die *Times*, daß Feuerwehrmänner die Ausrüstung der Frauen versteckten, in ihre Stiefel urinier-

* Quarterback = Begriff aus dem amerikanischen Fußball (Football). Spieler hinter dem Mittelstürmer, Abwehrspieler; Anm. d. Red.

** Cheerleader = Anführerin der Claque bei Sportveranstaltungen; Anm. d. Red.

ten und ihnen sagten, sie seien eine »Schande« für ihre Uniformen.[11]

Als ich kürzlich im New Yorker Hinterland mit dem Bus fuhr, hörte ich, wie einige Busfahrer sich über einen Kollegen lustig machten, der über Funk mitteilte, daß er später komme, weil er wegen seines kranken Kindes die ganze Nacht aufgeblieben sei. »Ich habe ihm gesagt, er soll erwachsen werden«, meinte ein Fahrer zum anderen. »Das nächstemal wird er nicht zur Arbeit kommen, weil er den Küchenboden wischen mußte.«

Frauenfeindliche Einstellungen bestehen nicht nur in der Arbeiterschicht fort. Auch in der Geschäftswelt halten Männer und Frauen gleichermaßen an dem Glauben fest, daß Frauen nie ganz anerkannt sein werden – so eine in der *Harvard Business Review* veröffentlichte Untersuchung. Die 1985 bei 900 Männern und Frauen in leitenden Positionen durchgeführte Umfrage führte zu der alarmierenden Information, daß die Hälfte der befragten Männer »sich nicht wohl fühlen würde«, wenn sie für eine Frau arbeiten müßte, und fast ein Fünftel meinte, Frauen seien »vom Temperament her fürs Management nicht geeignet«.[12]

Wenn Einstellungen wie diese auch in der Familie vermittelt werden, wachsen die Mädchen mit der Erwartung heran, daß die Männer, denen sie begegnen, sie herabsetzen werden. Väter wie Richard Sandza scheinen wenig Ahnung zu haben, daß die von ihnen ausgehenden Botschaften ihre Töchter verwirren – sie verwirren sie, machen sie traurig und verletzen sie schließlich im Innersten. Diese Verletzung wird bald durch andere männliche Personen in ihrer Umgebung vertieft. »Mädchen sind Nuckelbabies«, hört man kleine Jungen in der zweiten oder dritten Klasse sagen. Und die kleinen Mädchen fragen sich, was mit ihnen los ist. »Bin ich nur so oder sind alle Mädchen minderwertig?« Und schließlich merken sie: »Das ist nicht fair!«

»Für allzu viele Mädchen«, schreibt Nancy Chodorow, Sozialpsychologin an der Universität von Kalifornien, »bedeutet Identifizierung mit dem weiblichen Geschlecht Identifizierung mit einer entwerteten, passiven Mutter ... einer Mutter, deren eigenes Selbstwertgefühl niedrig ist«.[13] Tatsache ist, daß es für Mädchen eine schwierige und schmerzvolle Aufgabe ist, zu anderen Personen ihres Geschlechts ein gesundes Gefühl der Verwandtschaft zu entwickeln. Und *nie* schaffen sie es reibungslos. Um sich vor ihren schwachen Selbstwertgefühlen, die sie immer wieder aus der Fassung bringen, zu schützen, konstruieren Mädchen sich häufig eine private seelische »Korrektur« ihres ungenügenden Selbst. Kurz gesagt, sie machen sich »besser«.

Selbsterhöhung ist eine narzißtische Abwehr, eine Art, sich großartiger, massiver, mächtiger zu fühlen – eine Art, die Qual, ein kleines Mädchen zu sein, das von anderen mit Verachtung behandelt wird, zu überdecken. Um unser Selbstbild aufzupolieren, machen wir uns selbst »besser«, wo wir nur können. Wo ist die Frau, die sich bei der Kindererziehung und bei der Haushaltsführung nicht hervortut – in Bereichen, in denen »sie«, die Männer, nur funktional in Erscheinung treten? Wir sind Männern gesundheitlich überlegen (wir leben länger, oder?). Wir kleiden uns besser als »sie« und lassen sie das spüren, indem wir ihnen ständig Tips geben, wie sie sich besser zurechtmachen können (wie Mutter es immer mit uns gemacht hat). Wir verachten ihre gräßlichen körperlichen Angewohnheiten, ihre Abgedroschenheit, ihre pompöse Art in gesellschaftlichen Situationen.

Und nun, da wir begonnen haben, anständiges Geld zu verdienen und Zutritt zum Prestigeteil der Welt zu erlangen, sehen wir dafür, daß sie die Quelle ihrer Macht über uns verloren haben, mit Verachtung auf sie. »Zum erstenmal verdient er weniger als ich«, sagt die Leiterin eines Krankenhauses in East Lansing, Michigan, »und ich habe das Gefühl, daß er nie wieder so viel verdienen wird wie ich.« Sie datiert ihre ersten Gefühle von Unzufriedenheit mit ihrer Ehe auf den Zeitpunkt, als ihr Gehalt den gleichen Stand erreichte wie das ihres Mannes. Jetzt, wo sie sogar mehr verdient als er, fragt sie sich, ob es nicht irgendwo jemanden gibt, der vielleicht »besser« für sie wäre.

Beziehungen: Suche nach dem Spitzenmann

Unsere Gefühle gegenüber uns selbst betreffen auch die Art von Personen, zu denen wir uns hingezogen oder nicht hingezogen fühlen. »Was kann er für mich tun?« ist im Stillen die vorrangige Frage für Frauen, die sich unzulänglich fühlen. Wenn sie meint, daß er genug hat, um das, was ihr fehlt, zu kompensieren, mag die »Liebe« folgen.
»Ich fühlte mich nicht sofort von ihm angezogen, aber es gab Dinge an ihm, die mich sagen ließen: ›Das ist es, was ich mir bei einem Mann wünsche‹«, sagt eine 26jährige Frau aus Los Angeles. »Er ist brillant. Er ist ein Draufgänger. Er hat mit 25 Jahren tonnenweise Geld gemacht. Er hat Beziehungen. Er war so etwas wie ein Mentor für mich, als ich mit dem Stadtleben anfing.«[14]
Oberflächlich gesehen, erscheinen Beziehungen – jedenfalls bei den jungen Leuten – weniger wichtig als Geld und sozialer Status. »Wir denken so«, sagt einer, der 1984 sein Studium an der Universität von Texas abschloß, zum Reporter Bruce Weber zusammenfassend über den fanatischen Drang seiner Generation, etwas »Besseres« zu erwerben: »Hast du diesen Punkt erreicht, geh' weiter. Hast du jenen Punkt erreicht, geh' weiter. Anschaffen, anschaffen. Karriere, Karriere. Wir wagen es alle nicht, langsamer zu machen, aus Angst, daß wir etwas verpassen könnten. Das erstreckt sich auch auf das soziale Leben. Du gehst zu einer Verabredung und denkst: Ist jemand in Sicht, der noch besser für mich wäre? Ich weiß, wie schrecklich das klingt, aber es scheint mein Problem zu sein.

Die meisten meiner Altersgenossen sind in der gleichen Lage. Heutzutage geht es draußen hart her, das kann ich Ihnen sagen.«[15]
So hart, daß völlige Vermeidung klüger zu sein scheint. Mary Rodgers, leitende Angestellte einer Bekleidungsfirma, hat Schlafprobleme. Sie wacht mitten in der Nacht verängstigt und desorientiert auf. »Sie bringt ihre Alpträume mit einem zunehmenden Gefühl der Isolation in Zusammenhang«, berichtet das Magazin *New York* in einem Artikel mit der Überschrift »Single für immer«. »Trotz dreier Heiratsanträge war Rodgers nicht in der Lage, sich mit einem der Männer, mit denen sie sich in den letzten 15 Jahren getroffen hat, zu liieren.« »Zu traditionell«, urteilte Rodgers über einen Verehrer von der Highschool, der den Mittelwesten nicht verlassen wollte. »Zu sehr Blaumann«, lautete die Ablehnung einer Collegeliebschaft; er wollte seine Arbeit als Bauarbeiter nicht aufgeben. »Zu unbeständig«, urteilte sie über einen Unternehmer aus Kalifornien, der mit seinem Geld um sich warf. Er machte ihr vor sieben Jahren einen Antrag. Seitdem sind Marys Beziehungen kurzlebig und unbefriedigend. Ihre Unfähigkeit, sich zu liieren, wirkt sich auf ihr Selbstwertgefühl aus. »Ich fühle mich nicht mehr attraktiv«, sagt sie.[16]
Die Suche nach einem Spitzenmann, in den sie sich verlieben können, ist bei Frauen heutzutage epidemisch. Häufig geht damit eine zwanghafte Beschäftigung mit dem Äußeren einher. Jane, eine Frau über 30, *haßt* es, mit einem Mann auszugehen, der sich nicht zu ihr passend kleidet. Kürzlich wurde sie nachdrücklich mit ihrer Rigidität in diesem Punkt konfrontiert, als ihre Freundin Betty sich in jemanden verliebte, der die geforderte Spitzenqualität nicht besaß. Jim, so berichtet Jane ihrer Therapeutin Conalee Levine-Shneidman, ist »so ein kleiner, plump aussehender Kerl mittleren Alters mit ausgelatschten Schuhen – schwarz, Kreppsohle – und mit weißen Socken, die dauernd über die Ferse rutschen.«[17] Das Schlimmste, das absolut Unbegreifliche ist, daß Betty und Jim ganz verrückt nach

einander zu sein scheinen. Und Jane sagt: »Ich glaube nicht, daß ich an eine zweite Verabredung denken könnte mit einem Typ, der wie eine taube Nuß aussieht.«

»Warum ist es Ihnen so wichtig, wie der Mann in Ihrem Leben sich kleidet?« fragt ihre Therapeutin.

Ist es nicht offensichtlich? Jane überlegt. »Wenn ich mit jemandem gesehen werde, will ich, daß er gut aussieht. Ich will mich nicht schämen.«

»Aber warum schämen?« beharrt die Therapeutin.

»Ich nehme an, ich hätte das Gefühl, daß die Leute denken könnten, ich kriege nichts Besseres.«[18]

Jane befindet sich erst am Anfang der harten Arbeit, die Quelle ihrer Isolation zu identifizieren: ihre Angst vor Nähe. Viele Frauen leiden, ohne es zu wissen, an dieser Angst, gegen die sie den immer gleichen uneinnehmbaren Schutzwall errichtet haben: »Du bist nicht gut genug für mich.«

Der Wunsch nach einem perfekten Liebhaber hängt mit einem tiefen Minderwertigkeitsgefühl zusammen und mit dem Bedürfnis, dieses Gefühl zu kompensieren. Auch ein Mann kann seine Frau als Juwel betrachten, dessen Glanz sein Bild in der Welt aufwertet. Wenn aber eine Frau will, daß die Welt ihren Geliebten strahlend findet, sucht sie ihn doch zugleich als Verlängerung – oder Ergänzung – ihres Selbst. Die narzißtische Frau erlebt sich selbst als unvollständig, schreibt Dr. Glen O. Gabbard im *Journal of the American Psychoanalytic Society*. »Die narzißtische Aufgabe besteht darin, die Ganzheit und das Wonnegefühl herzustellen, die für das Stadium des primären Narzißmus charakteristisch sind«, womit die ursprüngliche, Sicherheit gewährende Einheit mit der Mutter gemeint ist. »Nur durch diese Einheit«, fährt Gabbard fort, »kann sich die narzißtische Persönlichkeit vollständig fühlen und ein angemessenes Selbstwertniveau aufrechterhalten.«[19]

Wenn eine narzißtische Frau je eine Verpflichtung eingeht, kann sie dies nur mit jemandem, von dem sie annimmt, daß er ihr perfektes seelisches Pendant ist – ein Mann, der sie »spiegeln« wird, der ihr gewissermaßen ein vollständiges Bild ihrer selbst geben wird. Das ist natürlich viel verlangt und versetzt die Frau psychisch in eine furchtbar verletzliche Lage. Um sich gegen diese Verletzlichkeit zu schützen, versucht sie sich selbst zu überzeugen, daß sie eigentlich *niemanden* so arg braucht.

»Wir sind alt genug, um zu wissen, welches Maß an Nähe wir in einer Beziehung nötig haben«, behauptet eine 37jährige Redakteurin, die normalerweise lange arbeitet und die verbleibende freie Zeit damit verbringt, sich an den Nautilusmaschinen in der »härtesten Trainingsschule der Stadt« abzurackern. Die meisten Männer »draußen«, sagt sie, sind nicht so ausgestattet, daß sie ihr und ihren Freundinnen das Niveau an Intimität geben könnten, das sie verlangen. Die Schlußfolgerung? »Frauen wie ich müssen feststellen, daß sie allein sind.«[20]
Frauen wie sie, sagt die Redakteurin, haben das Gefühl, es sei besser, niemanden zu haben, als sich mit jemandem, der »zweitklassig« ist, behelfen zu müssen. Zum Teil, weil sie heute in der Lage sind, sich selbst zu ernähren, können Frauen zu der majestätischen Rationalisierung Zuflucht nehmen, »daß es ›draußen‹ nicht so sehr viele gute Männer gibt«. Das bekam ich oft zu hören, wenn ich einen Vortrag hielt. Unweigerlich sagte eine Frau aus dem Publikum: »Aber es gibt nicht so sehr viele Männer wie Lowell.« Lowell, der Mann, den sie total idealisiert, weil ich im *Cinderella-Komplex* einige positive Dinge über ihn gesagt habe. Sofort erhebt sich im Saal zustimmendes Geraune von seiten der Frauen, die – jedenfalls für den Augenblick – überzeugt sind, ihr einziges Problem im Leben sei Gottes einseitige Menschheitsformel: Frauen hat Er großartig gemacht, Männer erschuf Er als Ekel. »Bist du verrückt?« antwortete ich der Frau. »Lowell ist nicht vollkommen. Aber er *ist* ein guter Mann. Es gibt eine Menge Männer, denen Frauen wirklich wichtig sind.«
Allzu oft sehe ich in den Gesichtern dieser Frauen, die aus dem Publikum zu mir aufsehen, einen gewissen dem Selbstschutz

dienenden Unglauben. *Wir sind besser. Und wir werden besser sein bis ins Grab. Und es ist besser, besser zu sein – selbst wenn es bedeutet, daß wir allein bis ins Grab gehen.*

Verlust: ein Gefühl des inneren Selbst

Wir haben Schwierigkeiten damit, uns beständig gut zu fühlen, weil wir keine Gelegenheit hatten, ein starkes Selbstgefühl zu entwickeln. Wenn irgend etwas passiert, das uns aus der Fassung bringt, und wir nicht die innere Fähigkeit haben, uns selbst zu beruhigen, fallen wir Stimmungsextremen, Gelüsten und Begierden zum Opfer. Wir stellen fest, daß unsere euphorischen Höhen immer in bedrohliche Tiefen abkippen. Wir versuchen, die Höhen zu halten und uns so zu stabilisieren. Wir *müssen* vorankommen. Wir *können nicht* durchschnittlich sein. Unsere Stellung muß perfekt, anspruchsvoll und von hohem Prestigewert sein. Der *Mann* muß perfekt, anspruchsvoll und von hohem Prestigewert sein. Und wir müssen nicht nur die Arbeit und den Mann, sondern überhaupt alles perfekt hinkriegen.

Der Drang, noch besser zu werden, ist ein Zwang, eine Forderung ohne Ende nach äußerer Bestätigung, weil nichts uns von innen wärmt. Für die Frau, die sich selbst geringschätzen gelernt hat, besteht die größte Angst darin, daß es nichts Schätzenswertes an ihr geben könnte. Nicht aufgrund eines bestimmten Traumas oder eines »bösen« Menschen in ihrer Kindheit ist sie an diesem Punkt angelangt, sondern aufgrund der besonderen Akkumulation ihrer Beziehungen zu anderen. Ein Teil dieser Beziehungen hat sie daran gehindert, ein »echtes Selbst« zu entwickeln. Statt dessen ist ihr eine Art Maske, eine unbewußte Verkleidung gewachsen.

Diese Maske zeigt sich bei heutigen Frauen oft in Gestalt eines übersteigerten Selbstbildes – eines fehlgeleiteten und in Wirklichkeit recht zerbrechlichen Gefühls von Überlegenheit.

3. Kapitel

Neurotischer Ehrgeiz

Als ich aufs College kam, wurde mir zum erstenmal bewußt, daß mit meiner Einstellung zur Arbeit etwas nicht stimmte. Gleich im ersten Semester drängte sich mir die Schlußfolgerung auf, daß ich auf die Art des Lernens, wie das College sie erfordert, nicht vorbereitet war. Ich hätte mich auf den Standpunkt stellen können, daß es nicht meine Schuld war, wenn die Schulen, die ich vorher besucht hatte, nichts taugten, aber es war ein Teil meines Problems, daß ich die Dinge nicht so sehen konnte. Zuzugeben, daß ich auf einer miserablen Highschool gewesen war, hätte mein übersteigertes Selbstbild erschüttert.

Als ich mit dem College anfing, dachte ich immer noch, ich sei begabt und etwas Besonderes. Was für ein Schock zu entdekken, daß die meisten meiner Kommilitonen auch Spitzenschüler auf der Highschool gewesen waren. Der Unterschied war, daß *sie* Klassenbeste von Schulen gewesen waren, die sie wirklich dazu angetrieben hatten, ihre geistigen Fähigkeiten weiterzuentwickeln. In dieser Hinsicht war auf der katholischen Highschool, die ich in Baltimore besucht hatte, wenig geleistet worden. Jetzt überforderte mich der ganze Stoff, der für Biologie und Latein und westliche Kultur verdaut werden mußte, und ich konnte in den Klausuren nicht mehr als 50 oder 60 Punkte machen. Am Ende des ersten Quartals wurde eine Mitteilung zu mir nach Hause geschickt, daß mir das Stipendium gestrichen werde, wenn meine Noten sich nicht besserten. Das war ernsthafter Druck für mich, vielleicht der erste in meinem Leben, der von außen kam. Der Punkt war, daß ich nicht so sehr wild aufs Lernen war, sondern daß ich mich selbst immer als Collegestudentin »gesehen« hatte. Was würde ich tun, wenn ich mein Stipendium verlor? In der

Strumpfabteilung bei Macy's arbeiten? Also hockte ich mich hin und arbeitete mich bis Januar auf guten C-Durchschnitt hoch.

Der Verlust meines akademischen Prestiges hielt mich gefangen; dies und meine Schwierigkeiten beim Lernen trieben mich dazu, mich fortwährend selbst zu prüfen. Ich sah auf meine Kommilitonen und fragte mich, was ihr Geheimnis war. Wie schaffte es dieses Mädchen aus Hoboken, das so oberflächlich, so aalglatt war und so einen *furchtbaren* Akzent hatte, bessere Noten zu bekommen als ich? Hatte sie einen besonderen Trick oder war ich die Betrügerin? *Nein, nein, ich bin keine Betrügerin!* schrie mein kleines inneres Selbst auf. *Ich bin ein blitzgescheites, frühreifes Mädchen, ein begabtes Mädchen und der Stolz meiner Eltern.* Das Schlimme war natürlich, daß ich nichts dergleichen war. Meine Intelligenz war überdurchschnittlich, aber ich war mit Sicherheit kein Genie. Und was den »Stolz meiner Eltern« betraf, so war das kindisch und ging an der Sache vorbei. Was ich nötig hatte, war das Gefühl, der Stolz meiner selbst zu sein, aber dazu fehlte mir die grundlegende Selbstachtung.

Da ich selbst mich abzappeln mußte, wurde aus meiner Einschätzung meiner neuen Kommilitonen Verachtung. Einmal war eine Stimme zu laut, ein anderes Mal hatte jemand ein albernes, verführerisches Kichern an sich. Die Konzentration auf die Fehler anderer war ein schützender Versuch, meine eigenen Mängel weniger scharf zu spüren. Ich konnte mich nicht als schlecht vorbereitetes Mädchen sehen, dessen Vorstellung von Begabung immer überzogen war. Ich dachte, wenn es mir gelänge, diese »Sache« in Ordnung zu bringen, würde ich wieder auf die Straße des Ruhms gelangen.

Ich lernte schließlich studieren. Zum Abschluß gab es Preise, durch die ich meine Fähigkeiten, meine Talente, meine wertvollen Begabungen zeigen konnte. Zu jenem Zeitpunkt schien das Trauma, das ich in den ersten Jahren auf dem College erlebt hatte, wie antike Geschichte. Aber so war es natürlich nicht.

Nach meinem Abschluß begann ich bei dem Magazin *Mademoiselle* zu arbeiten. Nach drei Jahren ging in einer Art Umkehrung dessen, wie es auf dem College gelaufen war, die ganze Geschichte von neuem los. Meine Chefin, die bei meiner Einstellung gedacht hatte, ich sei talentiert und witzig, änderte ihren Ton. Als Schreiberin, meinte sie, müsse ich meine Schreibweise *interessant* machen. Sie schlug vor, daß ich vielleicht einmal einen Artikel »auf eigenes Risiko« schreiben sollte – womit sie meinte, in meiner freien Zeit und ohne offiziellen Auftrag. Wenn sie dann fände, er sei zu gebrauchen, könnte sie ihn eventuell publizieren; wenn er ihr nicht gefiele, mein Pech.

Auf eigenes Risiko! Allein die Idee war erniedrigend. Ich dachte, daß ich wußte, wie man interessante Texte schreibt (so wie ich auf dem College dachte, ich wüßte, wie man studiert). Tatsächlich glaubte ich, es werde erwartet, daß du mit dem Wissen dieser Dinge auf die Welt gekommen bist. Schreiben war nicht etwas, das man lernte, so wenig wie Studieren oder Gärtnern oder Malen. Die Begabten entspringen in voller Blüte der Augenbraue Athenes.

Mein Gefühl der Erniedrigung war so stark, daß ich in den nächsten vier Jahren, die ich noch bei dieser Arbeit blieb, nicht einmal einen kurzen Artikel schrieb. Es machte mich verzweifelt, daß meine Chefin mich nicht mehr bewunderte. Oh, sie hatte mich immer noch gern genug, aber sie hielt mich nicht mehr für ein Wunderkind. Meine Vorstellung von mir als etwas Besonderem war eine Hauptstütze meiner Identität gewesen. Ohne sie schwankte ich zwischen Selbstverachtung und rasendem Neid auf meine Kolleginnen. Genau wie auf dem College verglich ich mich mit jedermann; in einem verlor ich bei dem Vergleich und haßte die, die besser waren als ich, dafür, daß sie auch mich besser machten. An diesem einsamen Abgrund verharrte ich, tödlich verwundet, hermetisch verschlossen. Eine falsche Vorstellung von mir selbst, ein Abwehrsystem, das auf der heimlichen Überzeugung meiner Überlegenheit beruhte, führten mich in die Irre. Wann immer diese Selbstvorstellung eine Herausforderung erfuhr, verfiel ich in einen Zustand der Lähmung.

Letztlich gelang es mir, mich durch diese qualvollen, sich hinziehenden Perioden hindurchzukämpfen, aber ich verstand nie, was sie auslöste. Mein Selbstbild wurde während meines ganzen Lebens immer wieder durch ein fundamentales Gefühl von Bedeutungslosigkeit unterminiert. Dieses Gefühl blieb in meinem Innern begraben, und ich blieb dadurch ängstlich und unglücklich, einerlei, wie »erfolgreich« ich in dem Bemühen, mir irgendeine Art von Stabilität zu erschaffen, mein Selbstbild in Gedanken aufbaute.

Aus der Schnellspur ausscheren

Eine machtvolle Illusion wird dem Mädchen geboten, dem man beibringt, daß eine »Werde-immer-besser«-Haltung ihm verschaffen wird, was immer es sich im Leben wünscht. Solch ein Kind wächst in dem Glauben auf, daß alles, was es zu tun habe, um aufzusteigen, Zähne zusammenbeißen und hart arbeiten sei. Kann es etwas dafür, wenn es blitzgescheit, begabt und mit unfehlbarem Geschmack auf die Welt kam? Es hat niemals irgendeinen *Zweifel* gegeben, daß es erfolgreich sein wird.

Wenn dieses göttliche Kind die 20 überschreitet und auf die 30 zugeht – einem entscheidenden Jahr, in dem die meisten damit rechnen, daß sie dann eine Art erwachsener Anerkennung erreicht haben –, stellt es vielleicht fest, daß die Anforderungen des erwachsenen Lebens es bezwungen haben.[1] Davon ist wiederum das Selbstwertgefühl betroffen, das auf der Überzeugung »müheloser Überlegenheit« beruht, wie die Psychoanalytikerin Karen Horney sagt.[2] Dann kommen vielleicht Anfälle von Weinen und Angst. »Ich habe das Gefühl, daß ich es nicht mehr schaffe«, wird sie ihren Freundinnen gegenüber klagen. »Aber du hast es *immer* geschafft«, werden sie antworten. Und obwohl sie sie zu trösten versuchen, wird sie anfangen, in ihrem Tonfall einen leisen Hauch von Vorwurf zu entdecken. Beklagt sie sich *wirklich* zu oft? wird sie sich fragen. Ist sie *wirklich* zu selbstbezogen? Sind ihre Freundinnen vor den Kopf gestoßen, weil sie zutiefst innerlich tatsächlich diese Vorstellung von sich selbst hat als jemandem mit einzigartigen Problemen und besonderen Begabungen, als jemandem, der wichtiger ist als die übrige Menschheit?

Diese Fragen lassen auch Marjorie, eine junge Forschungswissenschaftlerin am New Yorker Rockefeller-Institut, nicht mehr los. Marjorie ist zu jedem Mittagessen mit Freundinnen zusammen, um sich über die Gestaltung ihres Arbeitslebens auszulassen. Als Doktorandin war sie eine von denen, die vor jeder Prüfung in Panik gerieten, deren Name aber, wenn die Notenlisten herauskamen, immer ganz oben stand. Ihre Freundinnen können ihre »kleinen Krisen« nicht recht ernst nehmen. Ist sie nicht immer auf der Schnellspur gewesen, seit sie jenen progressiven Kindergarten besuchte, in Windeln und gerade zwei Jahre alt? Marjorie wurde *immer* alles bewilligt, *immer* wurden ihre Forschungsergebnisse publiziert, und sie wird *immer* durchkommen, das wissen ihre Freundinnen. Sie necken sie wegen ihrer Ängste und ihrer Anfälle von Panik, so daß sie schließlich nicht mehr über ihre Probleme spricht – zumal sie sich sowieso ihr Leben lang irgendwie als Betrügerin gefühlt hat. Dabei kann sie nicht leugnen: sie *bringt* eine Menge zustande. Und sie muß zugeben: sie *hat* immer nur A-Noten gehabt. Nun ist sie verwirrt von diesem neuen Gefühl, in dem sie bis zum Hals steckt, und davon, daß es, oh Gott, bald für die ganze Welt offensichtlich sein wird, daß sie geblufft hat.

Eines Tages wird Marjorie aufgrund ihres heimlichen Gefühls von Allmacht eine Arena betreten, in der die Einsätze zu hoch sind. Bis zu einem gewissen Grad weiß sie das, und es macht ihr fortwährend Angst. Eines Tages, so fürchtet sie, wird sie vielleicht mit etwas konfrontiert, dem sie nicht gewachsen ist, und ihre Fassade wird einen klaffenden Riß bekommen. Hinter dieser Fassade aber lauert das entsetzliche Gespenst des Mißerfolgs.

Wenn wir weiter greifen, als unsere Arme lang sind

Karen Horney erklärt in *Neurose und menschliches Wachstum*, daß die narzißtische Frau dazu neigt, sich zu vielen Dingen zu widmen, weil es ihr schwerfällt, auch nur den *Gedanken* an eine Begrenzung zu akzeptieren. Es fällt ihr nicht ein, daß es selbstzerstörerisch sein könnte, gleichzeitig den Jahresbericht, die Kampagne für den Bürgermeister und den Anbau an ihrem Haus in Angriff zu nehmen. »Es ist in Ordnung«, sagt sie sich, »ich werde damit fertig.« Mehr und mehr hat sie das Gefühl, daß ihr Leben ein Jonglierkunststück geworden ist, das sie in einen panikartigen Zustand versetzt, während sie versucht, mit allem Schritt zu halten. In regelmäßigen Abständen schwört sie, alles zurückzuschrauben, aber dieser Entschluß hält nie vor. Allmächtig zu sein, ist so wichtig für ihr Selbstbild, daß es »einen Beigeschmack von Niederlage und verächtlicher Schwäche« hätte, wenn sie ihre Aktivitäten einschränken würde, meint Horney.[3]
Die verstörende Kluft zwischen Marjories wirklichen Fähigkeiten und ihren überzogenen Phantasien über sich selbst unterscheidet sich nicht sehr von den Diskrepanzen im Selbstbild vieler junger Frauen, die heute in »Schnellspur«-Jobs arbeiten. Diese Frauen sind auf Krisenkurs. Ihr Leben lang sind sie von ihren Eltern und Lehrern auf große Dinge vorbereitet worden. »Tu es für uns, Kleines«, flehten Mama und Papa. Und die Mädchen machten weiter und verfielen immer mehr der Idee, allbegabt und allmächtig zu sein. Wenn die Ereig-

nisse anfangen, dieses übersteigerte Selbstbild auf die Probe zu stellen – die Chefin nennt einen Vorschlag »nicht gut genug« oder eine Kollegin wird zuerst befördert –, ist es, als würde sie auf die Tragfläche eines Flugzeugs hinaustreten. Plötzlich ist die Luft unerträglich dünn. Eine einzige ernsthafte Herausforderung, und die ganze Illusion fällt in sich zusammen. Sozialwissenschaftler, die dieses Phänomen untersucht haben, glauben, daß Frauen, die allzu früh steile Karriere machen, ein überproportional aufgeblähtes Selbstbild haben. Höchstleistungsmenschen sichern ihr Selbstwertgefühl über die Illusion der »Meisterschaft« und über den Glauben, »daß es einfach kein Hindernis gibt, das nicht durch Willenskraft und überlegene Fähigkeiten überwunden werden kann«, sagt Karen Horney. Sie laufen Gefahr, sich in Situationen zu bringen, denen sie nicht gewachsen sind. »Es dauert seine Zeit, die Fertigkeiten und den Dreh zu entwickeln, die man braucht, um seine Arbeit gut zu machen«, warnt John Kotter, Professor für organisationsbezogenes Verhalten an der Harvard Business School. »Wenn Sie zu schnell voranmachen, können Sie schließlich in eine Lage geraten, mit der Sie einfach nicht fertig werden.«[4]

»Sie begann im Zeitschriftenverlagswesen, war aber bald gelangweilt, wechselte die Stellen und ging schließlich zum Buchverlagswesen über«, berichtet Kelly Walker von Laura, einer jungen Frau auf der Schnellspur.[5] Von der Stelle einer stellvertretenden Lektorin in einem der größeren Verlage stieg Laura schnell über alle Stufen auf und wurde in weniger als vier Jahren stellvertretende Abteilungsleiterin. Sie war die erste Frau in der Firma, die solche Höhen erreichte, aber es gab Gerüchte in der Branche, daß sie Probleme habe. Sie hatte im Lauf der Jahre den Ruf erworben, eine Besserwisserin zu sein, die immer das letzte Wort hatte. Die Fassade der »Expertin« war Lauras Maskierung dessen, daß sie sich wie ein kleines Mädchen fühlte, das fürchtete, in Wirklichkeit sehr wenig zu wissen.

In einem letzten eindrucksvollen Sprung nach oben ließ Laura sich als Cheflektorin einstellen. Fast sofort, nachdem sie sich diese begehrte Position gesichert hatte, begann ihre Power zu schwinden. Sie erwarb wenige neue Manuskripte, bezahlte zuviel für das, was sie erwarb, und ließ sich Termine entgehen. Bevor ein Jahr vergangen war, resignierte sie. Sie behauptete, der Verleger habe seine Geschäftspolitik neu strukturiert und »eine Situation geschaffen, mit der ich nicht leben kann«. Aber niemand ließ sich in dieser Geschichte täuschen. Die anderen wußten, daß Laura eines von diesen Knüller-Kids war, die einfach zu schnell zu hoch aufsteigen und sich dann als Strohfeuer erweisen. »Jeder hat seine 15 Minuten an der Sonne«, sagte Andy Warhol einmal über seine Generation von Narzißten. Laura verpulverte ihre 15 Minuten, noch ehe sie 30 war.

Unbewußt ist das Leben einer Höchstleistungsfrau der Erschaffung eines – wie die Psychologen es nennen – »idealisierten Selbst« gewidmet. Wenn eine Frau wie Laura Karriere macht, ist für sie der wichtigste Punkt ihres Pensums die Erschaffung einer Persönlichkeit – »Werbung für mich selbst« nannte es Norman Mailer. *Was sie ist*, ist nun weniger wichtig, als *wie sie erscheint*. Diese Verschiebung des Schwerpunkts ist in der psychischen Entwicklung einer Höchstleistungsfrau entscheidend. Ihr Bedürfnis zu beeindrucken führt schließlich dazu, daß sie dic Fähigkeit verliert, zwischen den Gefühlen und Meinungen zu unterscheiden, die tatsächlich ihre sind, und denen, die künstlich sind, die Fähigkeit zu unterscheiden, was wirklich ist und was hohle Vorstellung.

Wenn sie einmal diesen Punkt erreicht hat, hat sie das einzige verloren, was ihr möglicherweise ein Gefühl der Sicherheit geben kann: die Verbindung zu ihrem wahren Selbst.

Natürlich ist nicht aller Ehrgeiz ungesund. »Der Grundunterschied zwischen gesundem Streben und neurotischen Trieben nach Ruhm und Ehre liegt in den Kräften, aus denen sie gespeist werden«, sagt Karen Horney.[6] Das Verlangen, unser Potential zu kennen, ist normal und gesund. Wenn Leistung aber zum Zwang wird, so ist im allgemeinen ein extremes Bedürfnis nach Bewunderung der Grund dafür. Eine Frau, die in solch einem Zwang gefangen ist, erkennt ihre Grenzen nicht. Sie kann es nicht. Schließlich verliert sie das Interesse am Prozeß des Schritt für Schritt Lernens und Wachsens. Sie wird diesen Prozeß sogar verachten. Lernen, so meint sie, ist für die Plebs.

Was die Höchstleistungsfrau ausmacht, ist das Bedürfnis nach Bewunderung in großem Maßstab – nicht ihr tatsächliches Talent oder sein Fehlen. Eine Frau, die mit ihrem übersteigerten Selbstbild immer durchgekommen ist, empfindet Angst und Selbstzweifel aufgrund der Lüge, die sie unbewußt begeht. Als Kind konnte sie nie ganz glauben, daß sie wirklich außerordentlich war, aber sie hing zu sehr an dieser Illusion, um sie aufzugeben. Sie mußte ihre Überlegenheit als real empfinden. Sie war etwas Besonderes – smart und begabt. »Man hat mir immer gesagt, ich könnte erreichen, was ich nur will, wenn ich es nachdrücklich genug versuchte, und ich habe es geglaubt«, erzählte eine Patientin ihrem Psychiater. »Ist das nicht gute amerikanische Art?«

Eltern predigen ihren Kindern zwar oft, daß ihr Horizont grenzenlos sei, aber es ist unrealistisch und spiegelt häufig nur die Selbstüberschätzung der Eltern wider. Psychologisch gesehen, verschmilzt die Tochter von selbstübersteigerten Eltern das eigene mit dem elterlichen Selbstbild. »Das erhebt das Ich des Kindes über normale Höhen hinaus«, sagt der Psychiater Alexander Lowen.[7]

Und damit beginnen die Probleme.

Was sich hinter der Selbstdarstellung verbirgt

In jeder Frau, die innerlich gezwungen ist, zu inszenieren, lebt ein nagendes Gefühl von Minderwertigkeit. Du meinst, Mary Ann hat eine tolle Figur? Mary Ann selbst meint, sie sei »aufgebläht« und »aufgedunsen«, mit einem Bauch, der *einfach nicht flach werden will*, egal, wie viele Gewichte sie an sich hängt, bevor sie mit ihrer Knochenknirscharbeit beginnt. Du bewunderst Angelas großartiges Marketing und ihre Weigerung, sich von den Männern in ihrem Büro einschüchtern zu lassen? Angela bekommt Nagelbettentzündungen, weil sie immer an ihrer Nagelhaut herumzupft, und verbringt ihre Nächte mit sorgenvollen Gedanken über Lücken in der Inventur. Es ist bedeutungslos, wie beeindruckt andere von Angelas Gestaltung der Arbeit sind, sie selbst ist überzeugt, daß sie nicht gut genug ist.

Diese Selbstentwertung, an der Frauen leiden, geht in einem fort und treibt uns an den Rand der Erschöpfung. »Wieviel ich auch mache, es ist nie genug«, sagt eine 50jährige New Yorker Rechtsanwältin am Vorabend ihres erwarteten Aufstiegs zur Partnerin in ihrer Firma, in der sie sich in den letzten acht Jahren mit Zähigkeit Stufe für Stufe hochgearbeitet hat. »Damit ich mir gegenüber ein gutes Gefühl habe – daß ich ganz oben bei den großen Jungs bin –, muß das nächste Projekt immer größer und härter sein, und es muß um mehr Geld gehen als beim letztenmal. Sogar die Ferien müssen mit dem Geschäft zu tun haben. Ich kann nicht einfach an den Strand gehen und in der Sonne schmoren.«

Heutzutage werden Frauen schlimmer als verächtlich angesehen, wenn sie kein Verlangen nach der Schnellspur haben, wenn sie damit zufrieden zu sein scheinen, da zu sein, gelegentliche horizontale Karrierefortschritte zu machen und an Gewicht zuzunehmen, wenn sie auf die 40 zugehen. *Leistung* trennt die Frauen von den Mädchen. Leistung, »Hervorragendsein« und Todmüdigkeit.

»Was beängstigend ist«, teilte mir eine Frau mit, »ist das Gefühl von Schicksalhaftigkeit – das Gefühl: ›Das bin nicht ich, die das alles tut. Irgend etwas überkommt mich.‹« »Es«, das Ungeheuer, die »Macht« von außen, ist ein unerbittliches – und blindes – Streben nach Vollkommenheit. Heutige Frauen sind davon besessen. Wir vergleichen uns, wir schätzen uns ein, wir beurteilen uns – und wir schneiden immer schlecht ab.

Ehrgeiz und die oft aus ihm resultierende Arbeitssucht stellen für die Frauen eine neue Art von Flucht dar. Flucht vor Nähe und vor den Risiken, die mit innerlichen Veränderungen verbunden sind. »Was als neue Möglichkeit begann, hat sich für die Frauen zu einer neuen Art von Gefängnis entwickelt«, sagt Dr. Conalee Levine-Shneidman. Sie spricht von Patientinnen, die sich nicht entspannen können, die 12-Stunden-Tage ansetzen und dann nachts Medikamente nehmen, um wieder auf den Boden zu kommen; die sich beklagen, sie hätten »keinen Draht« mehr zu ihrer Schaffenskraft.[8]

Übermäßiger Ehrgeiz ist eine Überreaktion auf Gefühle, die ihren Ursprung in der Kindheit haben. »Nichts, was ich im Leben erreicht habe, war jemals genug«, lautet die Erfahrung des kleinen Mädchens. Also kompensiert es. »Ich werde nehmen, was immer mir in die Hände fällt. Ich werde das große Mädchen im Häuserblock sein – das größte, das beste, das smarteste. Und ihr werdet wie betäubt sein. Von den Socken. *Geblendet.*«

Es ist ein unbewußter Prozeß. Das kleine Mädchen wird getrieben, aber es weiß nichts davon. Es fühlt sich übergangen – als ob etwas gefehlt hätte. Seine Gefühle der Deprivation werden zu einem Zwang von »Ich-werde-meinen-Teil-schon-kriegen«, der in ihr auf- und niederstampft wie die Kolben einer Maschine. Schließlich wird es eine jener Frauen, die dem Minderwertigkeitsgefühl durch eine arrogante »Ich-kann-alles«-Haltung entgehen. Die Frau dieses expansiven Typs, wie Karen Horney sie nennt, ist eine *Macherin*. Sie will sich emporschwingen, und alle, die mit ihr zusammenarbeiten, wissen das.

Womit sie zuerst vielleicht nicht rechnen, ist, wie sehr es sie verstört, wenn an ihrem Selbstbild gebastelt wird. Noch so leise Kritik kann die Narzißtin ins Schleudern bringen. Wenn der schreckliche Moment kommt – und er muß unweigerlich kommen –, scheint ihr Selbstvertrauen zu schmelzen. Wenn sie kritisiert wird, verliert sie den Kontakt mit dem potenten, »überlegenen« Image, an dessen Aufbau sie so hart arbeitet.

Eine stellvertretende Direktorin der renommierten Firma Shearson Lehman Brothers wurde beauftragt, eine größere Warenhandelskampagne zu entwickeln. An einem bestimmten Punkt überredete sie eine andere stellvertretende Direktorin, daß sie eine lange Liste zu erledigender Telefonanrufe, die dazu dienen sollten, das Interesse der Makler zu wecken, unter sich aufzuteilen. Die beiden stellvertretenden Direktorinnen arbeiteten lange und hart mit diesen Anrufen. Als endlich die Sonne hinter den Zwillingstürmen des World Trade Center unterging, hob die zweite Frau ihren müden Kopf und fragte die erste, warum gerade *sie* diese elenden Anrufe erledigen müßten und nicht jüngere Mitglieder der Belegschaft. »Weil«, sagte die erste, »es mir lieber ist, daß ich *niemanden* anrufen lasse, als daß jemand auf einer Cocktailparty auf mich zukommt und sagt: ›Irgendein Blindgänger aus Ihrem Büro hat mich letzte Woche angerufen.‹«[9]

Die Arroganz dieser Bemerkung legt das immer fragwürdige Selbstwertgefühl der Sprecherin bloß. Zum einen ist da die Verachtung der anderen (alles taube Nüsse und Ärsche), zum zweiten die Befürchtung, daß die anderen enttäuschen werden – daß sie tatsächlich so unzuverlässig sind, daß es dumm wäre, sich auf sie zu verlassen. Die Unfähigkeit, Arbeit zu delegieren, verbirgt ein schreckliches Bedürfnis nach Bestätigung. Die stellvertretende Direktorin von Shearson würde lieber bis Mitternacht Anrufe erledigen, als zu riskieren, daß sie durch jemandes kritische Bemerkung über einen ihrer Mitarbeiter erniedrigt wird.

»Jede Kritik – mag sie noch so ernsthaft und gewissenhaft sein – wird [von Frauen mit gestörtem Narzißmus] *eo ipso* als feindseliger Angriff empfunden«, sagt Karen Horney.[10] Aufgrund ihres Bedürfnisses, »jeden Zweifel an sich selbst zu ersticken, prüfen sie erst gar nicht, ob die Kritik berechtigt ist, sondern konzentrieren sich darauf, sie in irgendeiner Form abzuwehren«.

Das heimliche Bedürfnis, bewundert zu werden, kann einen menschlichen Dynamo hervorbringen, eine Person, deren Fähigkeiten, sich in ihrem Beruf bis in Führungspositionen hochzuarbeiten, zu schwanken scheinen. »Kann sie wirklich so smart sein?« mögen wir uns fragen, wenn wir das eindrucksvolle Arbeitspensum eines dieser Wunder betrachten. Aber smart sein ist nicht die hervorstechende Eigenschaft. Die Art von Performer, die ich meine, wird immer von dem Bedürfnis nach dem letzten Ziel allen Strebens getrieben: Macht. Nicht viel anders, als dies bei Männern funktioniert, kann Macht ein starkes Linderungsmittel für Frauen sein, deren normales, gesundes Bedürfnis nach Aufmerksamkeit seit der Kindheit immer wieder abgewiesen wurde.

Der neue weibliche Narzißt

»Mein Mann und die Kinder kommen an zweiter Stelle, und das wissen sie!« bemerkte eine stellvertretende Direktorin von General Mills mit Nachdruck in einer Fernsehshow. Aber Therapeuten stellen fest, daß die hochgestochenen Erwartungen und das Machoverhalten so vieler erfolgreicher Frauen in Wirklichkeit Minderwertigkeitsgefühle und qualvolle Konflikte hinsichtlich ihrer Weiblichkeit verbergen. »Das neue Drehbuch fürs Erwachsensein fordert von einer Frau, die Bindung an ihre Mutter aufzulösen und sich mit ihrem Vater zu identifizieren«, sagen Susan und Wayne Wooley, Therapeuten an der Klinik für Eßstörungen der University of Cincinnati Medical School. Dünn sein ist in dieser Kultur »ein Zeichen für Leistung und Meisterschaft«. Viele Frauen mit der neurotischen Besessenheit, dünn zu sein, wollen der Welt verkünden, daß sie »so stark und muskulös wie Männer« sind.[11]

Die neuen Frauen in ihren breitschultrigen Georgio-Armani-Jacken sind machtvoll, effizient, defeminisiert. Ein verwahrloster, niederträchtiger Ton hat sich überall eingeschlichen. Sie sprechen von LCs und CDs und Schweinebäuchen und unterbrechen das Telefongespräch mit dir, weil sie irgendeinen Bankmann »in der anderen Leitung« haben. Sie lassen dich spüren, daß ihr Leben das geschäftigere, lukrativere, *wichtigere* ist. Der Himmel bewahre einen davor, für eine dieser Königinnen arbeiten zu müssen. Sie sind häufig erbarmungslos, unnahbar und völlig desinteressiert am Wohl der anderen.

Viele Züge von narzißtischen, erfolgreichen Männern finden sich heute auch bei weiblichen Professionals. Eine Frau äußerte gegenüber der Anthropologin Patricia McBroom, die einzige Betätigung, die sie im Arbeitsbereich ineffektiv gefunden habe, sei »Hegen«. »Man kann richtig eingewickelt werden von den Problemen irgendeiner kleinen Sekretärin, und das ist der Arbeitsbeziehung nicht unbedingt zuträglich.«

Frauen haben bei ihrem Erfolgsstreben oft ein männliches Vorbild, sagt McBroom. Frauen aus dem Finanzbereich haben zum Beispiel die Tendenz, bei der Arbeit nicht zu weinen, keine Wut zu zeigen, ganz allgemein keine Gefühle auszudrücken. In *The Third Sex*[12] schildert McBroom eine von ihr interviewte Bankfrau aus Philadelphia, die schon sechs Monate geschieden war, ehe sie ihre Mitarbeiter davon unterrichtete. Schließlich bestellte sie sie in ihr Büro, nannte die »Tatsachen«, und wollte wissen, ob es irgendwelche Fragen gebe. Eine Sekretärin umarmte die Chefin spontan und fragte: »Sind Sie in Ordnung?« Sie wurde von ihr ausgelacht.

Die Tendenz zu verbergen, was in ihrem Innern vorgeht, ist bei manchen Frauen so extrem geworden, daß sie selbst starke körperliche Schmerzen leugnen. McBroom berichtet über eine Frau von Ende 20, die an Colitis und Depressionen litt und ihren Zustand geheimhielt. Als sie aus gesundheitlichen Gründen aufhören mußte, erzählte sie ihren Mitarbeitern, sie habe eine bessere Stellung gefunden. McBroom sagt: »Die Kollegen hatten nicht die leiseste Ahnung von den Schmerzen, die sie zwei Jahre lang gehabt hatte.«

Ihre Selbstbezogenheit bereitet ehrgeizigen Frauen Arbeitsprobleme, sobald sie in die Führungsschicht aufsteigen. 1986 erschien vom *Center for Creative Leadership* in Greensboro, North Carolina, die Publikation »Entgleisung von Direktorinnen. Eine Studie über Frauen in wirtschaftlichen Spitzenpositionen«, in der analysiert wird, warum bestimmte Frauen in etwa 1000 Aktiengesellschaften den Erwartungen, die das Management an sie stellte, nicht gerecht wurden. Die Frauen waren »entgleist«, wie es in der Studie heißt, weil sie »zuviel Macht« wollten, »zu ehrgeizig« und »zu offensichtlich mit ihrem Aufstieg beschäftigt« waren. »Übereifer« und »Gleichgültigkeit gegenüber den Bedürfnissen anderer« waren die typischen Merkmale, die der Studie zufolge bei vielen Frauen anzutreffen waren, die in ihrer Karriere über das Ziel hinausschossen.[13] Was die Studie aus North Carolina erhellte, war eine Art neurotischer Isolierung, eine Unnahbarkeit, die es den Narzißten, einerlei, ob männlich oder weiblich, erlaubt, sich auf eine Weise zu verhalten, die die anderen fremd macht.

Erfolgshungrige Frauen sind so darauf aus, A-Noten zu sammeln, daß sie ihre eigene Arroganz tendenziell aus dem Blick verlieren. *Sie* sind wichtig, *sie* sind es, deren Bedürfnisse beachtet werden müssen. »Meine Einstellung war immer: ›Ich bin hier, um meine Arbeit zu machen‹«, sagte Carol, eine »entgleiste« Direktorin. Sie war nie besonders an den sozialen Aspekten ihrer Arbeit, wie sie es nennt, interessiert. »Wenn du ins Management aufsteigst, mußt du Wesenszüge, die ich gezeigt habe, lieber verbergen«, rät Carol heute. »Ich bin keine

Teamarbeiterin, und ich lernte die harte Tour, solche Tatsachen abzuschwächen.«[14] Aber »keine Teamarbeiterin« zu sein, kann mehr bedeuten, als lieber allein zu arbeiten. Die Einzelgängerin am Arbeitsplatz verteidigt eine tiefsitzende Unnahbarkeit, und die Strategie, Freundlichkeit vorzutäuschen, ist kaum eine Lösung des Problems. Es ist notwendig, daß wir begreifen, was uns in die isolierte Position an der Spitze treibt.

Manchmal kommen wir an einen Punkt, wo wir einen Zusammenhang zwischen unseren hochfliegenden Phantasien und den ihnen zugrunde liegenden Selbstzweifeln spüren – aber wir erliegen den Phantasien allemal. Hannah, eine arrivierte Anwältin am Gericht, ist zum Beispiel eine derjenigen, denen immer größere Inszenierungen vorschweben. Wie glänzend sie sich auch immer bewährt, sie wird ihrem Selbstbild doch nie ganz gerecht. Es ist ihr nicht bewußt, wie aufgebläht dieses Bild ist, obwohl sie seine Auswirkungen auf ihr tägliches Leben wohl kennt. »Ich neige dazu, mich übermäßig vorzubereiten, übermäßig zu recherchieren und mich übermäßig zu sorgen«, sagt sie. »Während meiner juristischen Ausbildung fühlte ich mich nie vorbereitet. Ich träume heute noch von Prüfungen, für die ich nicht gelernt habe, von einem Kurs, den ich nicht schaffe, weil ich, ohne es zu merken, zu oft gefehlt habe.«
Das Entsetzen in solchen Träumen entspringt dem Gefühl, »geschnappt«, erkannt worden zu sein. Und doch hat ebendie Frau, die träumt, eine Betrügerin zu sein, oft äußerst glanzvolle Erfolge. Aber sie kann ihren Erfolg nicht genießen, weil sie Bewunderung sucht und zugleich genau deswegen verstört ist. »Ich habe oft im Licht der Öffentlichkeit gestanden, und wenn ein Teil von mir einerseits sagen möchte, daß das eben ›einfach passiert‹, so habe ich andererseits vor kurzem festgestellt, daß ich dafür *sorge*, daß es passiert«, gesteht Hannah. »Was ich mit all meinen geistigen Kräften und zurückgehaltenen Emotionen im Gerichtssaal wirklich denke, ist: ›He, ihr da draußen! *Paßt auf, hier bin ich!*‹«

Leistungsfrauen mit Maske

Hochprofilierte Erfolgsfrauen wie Hannah sind nicht die einzigen, die an der Droge Bestätigung hängen. Ein unauffälligerer Typ der Aufmerksamkeitssuchenden ist die Frau, die sich und ihre Leistungen verschwinden läßt. Anders als die expansive Sorte, die meint, sie sei am eindrucksvollsten, wenn ihre Erfolge ohne Anstrengung erscheinen, meinen diejenigen, die sich selbst auslöschen, die Erlösung liege darin, sich still wie eine Nonne in der Zelle zu Tode zu schuften. Sie denken in kleinen Dimensionen – zu klein jedenfalls für ihre verborgenen Talente –, weil es ihnen Freude macht, sich selbst zu mindern. Ihre Spezialität sind richtig gesetzte Semikolons. Ihre Briefe sind ordentlich frankiert, und ihre Strümpfe haben niemals Laufmaschen. Sich selbst auslöschende Frauen haben »ein inneres Tabu« gegen Ehrgeiz, sagt uns Karen Horney. Zuzugeben, wieviel sie in Wirklichkeit für sich haben wollen, wäre eine »arrogante und tollkühne Herausforderung des Schicksals«.[15] Es ist sicherer, im Sekretärinnenfundus zu bleiben.

Aber selbst die Nummer Sicher funktioniert nicht für diese Frauen, denn ihr heimliches Engagement mit der Perfektion nagt an ihnen. Zwanghaft schimpfen sie mit sich selbst. »Selbst nach einer guten Leistung (einer gelungenen Party oder einem Vortrag) werden sie immer noch die Tatsache unterstreichen, daß sie dies oder jenes vergessen, daß sie nicht klar genug hervorgehoben haben, was sie sagen wollten, daß sie allzu gedämpft oder allzu angriffslustig waren usw.«, schreibt Karen Horney in *Neurose und menschliches Wachstum*.[16]

Frauen als Höchstleistende, mögen sie sich auch hinter einer Maske verbergen, befinden sich in einer fast hoffnungslosen Schlacht, in der sie zugleich um Perfektion kämpfen und sich selbst niederstrecken. Für sie ist jenes Kind in ihrem Innern verloren, das kleine Mädchen, das immer bewundert werden wollte. Es stünde weit besser um sie, wenn sie es zulassen könnten, daß dieses Mädchen zum Vorschein kommt – wenn ihr Bedürfnis nach Aufmerksamkeit etwas wäre, das man anerkennen oder gar erfüllen könnte.

Jedes Kind bläht sein Bild von sich selbst auf – aber manche Kinder werden aus Gründen, von denen in späteren Kapiteln die Rede sein soll, abhängig von ihren Übersteigerungen. In der Furcht, daß sie mit diesen nicht Schritt halten können, kommt es vor, daß sie eine Sache probieren, sie fallen lassen, wegen einer anderen in furchtbare Aufregung geraten und diese dann auch fallen lassen. Erwachsene, die von ihren Illusionen über sich selbst suchtartig abhängig sind, verhalten sich ebenso. Sie entwerfen ehrgeizige Projekte, Erfindungen, wunderbare Kunstwerke, verlieren aber das Interesse, bevor sie irgend etwas zu Ende geführt haben. »Ihr Stolz gestattet ihnen jedoch nicht, offen zuzugeben, daß sie Schwierigkeiten aus dem Weg gehen«, lautet Karen Horneys Beobachtung.[17] Wenn sie ihre heimlichen Gefühle von Überlegenheit nicht zur Kenntnis nehmen, werden ihre Beziehungen und ihre Arbeitsfähigkeit in schwere Bedrängnis geraten.

Die magische Arbeiterin

Ein übersteigertes Selbstbild kann zu Lernstörungen führen, die mit dem zusammenhängen, was die Psychologen »magisches Denken« nennen. »Dem Prozeß, irgend etwas zu *werden*, haftet für mich etwas Lächerliches an«, teilte eine hochgescheite Frau der Psychologin Sheldon Bach mit. Lernen müssen, sagt sie, sei »eine Lüge, eine Schande – man sollte so geboren sein«.[18]
Die normalen Schwierigkeiten beim Lernen können bei denen, deren Selbstgefühl gestört ist, auch wenn sie noch so intelligent sind, seelische Verwüstungen anrichten. »Wenn ich mich in einer Situation befinde, in der ich neue Fertigkeiten lerne, sozusagen zwischen der Vorstellung von einer Sache und ihrer Aus-

führung, fühle ich mich sehr angreifbar«, erinnert sich eine andere Frau. »Beim Heranwachsen«, sagt sie, »hatte ich immer das Gefühl, als würde ich meine Ziele durch magische Kraft erreichen«.

Der Glaube an die Fähigkeit, »magisch« zu lernen – was bedeutet, ohne Anstrengung oder die Möglichkeit des Scheiterns –, war ein Teil dessen, was mein Leben im ersten Collegejahr so schwer gemacht hatte. Je mehr Fakten es gab, desto weniger wußte ich, und desto ängstlicher und verwirrter wurde ich. Um mich nicht durch meine Unzulänglichkeiten erniedrigt zu fühlen, mußte ich mich vom *Prozeß* des Lernens distanzieren, erlaubte ich mir nie, dort zu sein, wo sich die unmittelbare Entfaltung meines Denkens vollzog.

Nachdem Sheldon Bach Patientinnen untersucht hatte, die blind voranzustolpern schienen, wenn sie versuchten zu lernen, stellte sie fest, daß einige der Frauen mit gestörtem Selbstgefühl regelrecht »abschalten« oder in einen tranceartigen Zustand verfallen. Und zwar geschieht dies in der angstauslösenden Zeit zwischen der Einführung in ein Thema und seinem schließlichen Begreifen. Diese Zwischenzeit geht sozusagen »verloren«, so daß die betreffende Person keine Vorstellung davon hat, *wie* sie letztlich etwas gelernt hat.

Lernprobleme dieser Art reichen in die frühe Kindheit zurück. Wenn es den Eltern gelingt, einen »Dialog« mit ihrem Säugling herzustellen, der ihm hilft, eine Beziehung von Ursache und Wirkung zwischen dem, was er braucht, und dem, was er erreicht, zu erkennen, dann ist ein Bindeglied geschaffen, sagt Sheldon Bach. Dieses Bindeglied, eine Art Rückkoppelungsschleife, gibt dem Säugling ein Gefühl von Macht und Effektivität. Es verleiht dem Kind das Gefühl, daß es das Ende eines Ereignisses aus eigener Kraft beeinflussen kann. Wenn aber die Reaktionen der Mutter zeitlich schlecht abgestimmt sind – oder, noch schlimmer, völlig unpassend und ohne Zusammenhang mit den Bedürfnissen des Kindes –, dann, so meint Bach, »bleibt die Welt der Gefühle von derjenigen der Ereignisse getrennt«, und das Kind erwirbt niemals die Fähigkeit, zu spüren und daran zu glauben, daß es selbst auf sein Leben einwirken kann.[19]

Dieser Glaube ist entscheidend, wenn wir jemals unsere wirklichen Fähigkeiten zum Ausdruck bringen wollen. »Ich gerate jedesmal in eine Art tiefgekühlten Zustand, wenn ich eine neue Arbeit antrete«, teilte mir Evelyn mit, eine hochgescheite Frau von Mitte 20. »Es scheint, als gäbe es zuviel zu lernen. Es ist erschreckend. Ich habe Angst, daß alles ins Schleudern kommt, wenn ich zu lange über etwas nachdenke, und dann bin ich verloren.«

Eine so gescheite junge Frau wie sie erweckt leicht den Eindruck, einfach »ein gutes Mädchen« zu sein – eines, das Anweisungen zu befolgen versteht. Aber der Grund, warum sie ihre Talente unter Verschluß hält, ist, daß sie allzu große Angst vermeidet. Im großen und ganzen weiß sie, daß etwas nicht stimmt. Sie sagt: »Es dauert bei mir wahrscheinlich doppelt so lange, wie es sollte, einen neuen Computercode zu lernen, und wenn es mir gelungen ist, denke ich am Ende nie: ›Gut, das habe ich geschafft.‹ Jedesmal, wenn ich etwas Neues lernen muß, fühle ich mich völlig dumpf und träge im Kopf.«

Was Evelyn beschreibt, *ist* ein tiefgekühlter Zustand – ein unnatürliches In-sich-Zusammenziehen all ihrer schöpferischen Fähigkeiten. Weil sie den eigenen Lernprozeß nicht kennt – gewissermaßen nicht in der Lage ist, außerhalb zu stehen und zu beobachten, *wie* sie lernt –, hat sie keine Möglichkeit, Selbstvertrauen aufzubauen. Sie findet sich immer wieder am Ausgangspunkt ein und fühlt sich kindisch und inkompetent. Sie möchte als wahre Zauberkünstlerin beim Befolgen der Regeln – und darin, neue zu erfinden – Bestätigung bekommen und als »erfolgreich« bei ihrer Arbeit angesehen werden. Aber wenn nicht etwas geschieht, das ihr hilft, ihre Lernhemmung abzubauen, wird sie bis zuletzt auf einem Niveau arbeiten, das weit unterhalb ihrer tatsächlichen Fähigkeiten liegt.

Manche Frauen erfinden die ausgefeiltesten Methoden, um der mit dem schöpferischen Prozeß einhergehenden Angst aus dem Weg zu gehen. »Im allgemeinen mache ich es so, daß ich einen Artikel beginne und so weit komme, wie es eben geht – manchmal nicht weiter als ein oder zwei Sätze –, dann ist die Luft raus, ich reiße das Papier aus der Maschine und fange von vorn an«, sagt Nora Ephron, die in der *New York Book Review* ihre offensichtlich magische Arbeitsweise beschreibt. Es kommt vor, daß Ephron 300 bis 400 Blätter Schreibmaschinenpapier verbraucht, bis sie einen einzigen Zeitschriftenartikel von 1500 Wörtern geschrieben hat. Angesichts der Hoffnung, »daß die wilde Geschwindigkeit, mit der ich tippe, mich irgendwie immer in den nächsten Absatz katapultiert«, schafft sie es schließlich.[20]

Das ist ein selbstgestrickter Zugang zur Arbeit, mit dem Gelegenheitsschreiberinnen, ich selbst eingeschlossen, sich identifizieren können. Was Nora schildert, ist der zeitraubende Prozeß des Sichabsicherns. Es ist besser, im Gefängnis des »Nicht-Wissens« zu bleiben, wie eine Wilde zu tippen und sich dann von der Beglückung der kleinen Satz-für-Satz-Fortschritte überraschen zu lassen. *Das ist magisch, das ist großartig, wo, zum Teufel, kommt all dies wunderbare Zeug eigentlich her?*

Die magische Arbeiterin erhält vielleicht durch die Vorstellung, daß die Dinge ihr leicht fallen, momentanen Auftrieb, aber im Grunde leidet sie unter dem unheimlichen Gefühl, daß nicht wirklich *sie* es ist, die etwas lernt. »Etwas« stößt ihr zu, es ist wie ein geistiger Streich. Wenn diese Dinge »einfach passieren«, so wird das Lernen zu einer unbehaglichen Erfahrung, erklärt Dr. Bach. Eine Frau sagte zu ihm: »Wenn es magisch geschieht, kann es auch wieder verschwinden.«[21]

Um diesem frustrierenden Kreislauf zu entkommen, müssen wir mit Versuch und Irrtum vertraut werden, mit dem Erarbeiten und Überarbeiten von Ideen – den Implikationen jeglichen Lernens. Es ist wichtig, Fehlstarts und Abirrungen akzeptieren zu können und zu begreifen, daß sie Teil des natürlichen Lern-

prozesses sind. Wenn wir diesen Prozeß erst akzeptiert haben, wird die Arbeit nicht mehr »magisch« erscheinen, sondern ganz und gar als unsere Schöpfung – und sie wird Spaß machen.
Die Fähigkeit, auf eine Weise zu arbeiten, die dem Spiel etwas näher ist, »ist eine Grundvoraussetzung für wirkliche Produktivität«, sagt der Psychoanalytiker Heinz Kohut. Ein spielerischer Zugang zur Arbeit ist Frauen mit gestörtem Selbstgefühl verwehrt. Sie hängen in der Tretmühle des Inszenierens fest.

Erfolg um jeden Preis

Die Presse hat in den letzten Jahren eine Flut von Berichten über weiblichen »Erfolg« in den höchsten Rängen veröffentlicht – über die Frau, die die Männer, mit denen sie zusammenarbeitet, von den Socken haut und die Frauen einschüchtert; die Frau, die, koste es, was es wolle, auf Erfolg aus ist. Karen Valenstein ist eine von ihnen, 38jährige Vizepräsidentin von E. F. Hutton, und zu der Zeit, als die *New York Times* über sie berichtete, die am höchsten rangierende Frau in der allgemeinen Finanzabteilung der Gesellschaft. Mit einem Jahresgehalt, das auf 250000 Dollar geschätzt wird, ist Karen eine echte »Geschäftemacherin«, die einen Stand erreicht hat, den nur wenige Frauen erreichen, und sie schafft es, indem sie dic brachialen Taktiken männlicher Industriebosse mit den manipulativen Listen traditioneller Frauen kombiniert.
»Karen Valenstein«, sagt die Reporterin Jane Gross, hat »ein intuitives Verständnis der männlichen Kultur mit all ihrer Aggressivität, Konkurrenz und Politik«. Sie liebt »knallharte Spielregeln« und kann »bis zum Morgengrauen vulgäre Anzüglichkeiten aus dem Umkleideraum und Schläge unter die Gürtellinie austauschen und montagsmorgens die Fußballergebnisse der Nationalliga aufsagen«. Der Drang zu konkurrieren ist in ihrem persönlichen Leben nicht weniger augenfällig. Sie macht Abfahrtsskilauf und spielt Tennis, um zu gewinnen. Sie

haßt schwächliche Mädchenspiele und »weigerte sich in ihrer Kindheit als Wildfang, Basketball zu spielen, weil ›die Regeln für Mädchen dumm sind‹«.
Die Männer, die mit Valenstein zusammenarbeiten oder die ihr als Mentoren »auf die Sprünge« geholfen haben, bestärken sie in ihrem männlichen Stil. »Ich bezahle Sie nicht wie ein Weibsbild, und ich behandle Sie nicht wie ein Weibsbild, also verhalten Sie sich nicht wie ein Weibsbild«, sagte ein Chef aus den ersten Anfängen ihrer Karriere zu ihr. Dieser jungen Frau wurde in der Cowboywelt der Hochfinanz allerdings eine besondere Behandlung angeboten. Wenn sie es nur unterließ, sich wie eine Frau zu verhalten, deutete er damit an, würde er ihr all die Vorteile gewähren, die er normalerweise nur für die jungen Draufgänger in dieser männlichen Welt bereithielt. Für viele Frauen, die auf ihren Aufstieg versessen sind, ist solch ein Versprechen so, als würde ein modernes Märchen wahr.
Valenstein erzählte der *Times*-Reporterin, daß ihr Erfolg auf einem Stundenplan gedeihe, der in zwei Monaten fünf Reisen an die Westküste, 95 Besprechungen im Büro, 26 Geschäftsessen und 21 24-Stunden-Tage vorsehe. Sie gibt zu, daß ihre Arbeit die Zeit beschneidet, die sie mit ihrem Mann und ihren Kindern verbringen kann, aber sie sagt: »Mir gefällt, was ich tue, und ich mache niemals Zugeständnisse.«
Manchmal fragt sich Karen Valenstein besorgt, ob sie ein »Hai« ist, aber sie meint auch, daß einige ihrer Freundinnen es im Geschäft nicht bis an die Spitze schaffen werden, weil ihnen der »Killerinstinkt« fehle. »Ich gehe nie von meinem Weg ab, um jemandem an den Karren zu fahren, aber ich bin wachsam.«[22]

Die Rechtfertigungen, zwanghaften Ehrgeiz zu agieren, sind vielfältig, aber es kann geradezu verführerisch sein, den Feminismus zu benutzen, um einen Zwang zu verteidigen, der eigentlich selbstzerstörerisch ist. Jedermann schätzt den Gewinner. Heute sind auch die Frauen in das Blutbad der Konkurrenz gesprungen und behaupten rationalisierend, »was immer es kostet, an die Spitze zu kommen«, es sei akzeptabel.

Leider ist der Ehrgeiz, in dem Frauen oft gefangen sind, manchmal symptomatisch, das heißt gebunden an den Drang, »besser« zu werden. *Dieser Drang hängt mit dem verstörenden Gefühl zusammen, wir seien inadäquat, wenn wir an der Spitze stehen* – mit dem Gefühl, daß wir *nie* adäquat waren, und mit der qualvollen Angst, daß die tiefe Bewunderung, die alle Menschen für ihr seelisches Wohlbefinden brauchen, uns vielleicht niemals zuteil wird, weil wir Frauen sind.

4. Kapitel

Konsumrausch und Leeregefühl

Es war in einer jener kleinen, reichen Städte in Kalifornien, von denen niemand je gehört hat außer den Einwohnern selbst, die es eilig haben, einem zu erzählen, daß das Pro-Kopf-Einkommen höher sei als irgendwo sonst im Land. Ich hatte Mavis, eine gebildete Frau, die von Boston hierher gezogen war, auf einer früheren Forschungsreise getroffen. Nun hatte sie mich zum Essen in ihr Haus eingeladen.
Mavis und ihr Mann, beide über 40, leben in einem unregelmäßig angelegten Haus mit einem großen Swimmingpool im Innern. Ihre zwei Kinder sind erwachsen. Ich war für 6 Uhr zu Drinks und Essen eingeladen, aber als ich ankam, wurde mir mitgeteilt, daß Mavis ihre tägliche Runde schwimmen müsse, ehe sie sich uns anschließen würde. Beim ersten Longdrink konnten ihr Mann Robert und ich durch die Glaswand zwischen dem Wohnzimmer und der Schwimmhalle eine große, dünne Gestalt in einem professionellen Schwimmanzug und mit einer Badekappe auf dem Kopf gewissenhaft Bahnen schwimmen sehen.
Während Mavis schwamm, unterhielten wir uns in dem kühlen Wohnzimmer mit der niedrigen Decke, bis Robert an einem bestimmten Punkt, als hätte er plötzlich einen Entschluß gefaßt, sich in seinem Stuhl vorbeugte und mir anvertraute, es sei vor kurzem herausgekommen, daß ihre 22jährige Tochter Corinne Bulimikerin und Alkoholikerin sei. Er und Mavis waren geschäftlich unterwegs, als sie den Anruf aus dem Krankenhaus erhielten. Was sie bei ihrer Heimkehr vorfanden, schockierte sie beide. »Ich hatte noch nie etwas von Bulimie gehört«, sagte Robert und senkte den Blick. »Wissen Sie, diese ganze Geschichte mit den Freßanfällen und dem Erbrechen. Aber nun war Corinne davon so krank ge-

worden, daß sie im Krankenhaus lag. Und meine Frau und ich hatten keine Ahnung, daß so etwas geschehen war.«

Als Mavis sich nach dem Schwimmen zu uns gesellte und uns über Corinne sprechen hörte, wirkte sie mitgenommen. Sie begann zu sprechen, pausenlos, und rasselte Worte herunter, die den Eindruck erweckten, als wisse sie alles über den Zustand ihrer Tochter: »Störung des Elektrolytgleichgewichts«, »gastrische Störung«, »exzessives Essen und Erbrechen«. Die Worte kamen flach und leer, als hätte sie keinen gefühlsmäßigen Bezug zur Krankheit ihrer Tochter; Mavis intellektualisierte, sie benutzte dieselben Fachausdrücke wie die Ärzte und versuchte damit den Dingen einen rationalen Rahmen zu geben, so als müßte sie sich selbst überzeugen, daß sie alles unter Kontrolle habe. Robert schüttelte nur den Kopf. »Ich begreife es nicht«, sagte er traurig.

Zum Essen kam ihr 21jähriger Sohn hinzu. Das Thema Corinne wurde im Eßzimmer fallengelassen, aber für Mavis war der Konflikt, den sie in bezug auf ihre Tochter erlebte, schon bestürzend dicht an die Oberfläche gekommen. Sie trank eine Menge Wein und überholte in kurzer Zeit Robert und mich mit dem, was wir vor dem Essen getrunken hatten; dann begann sie so triebhaft zu essen, wie ich es noch nie bei jemandem gesehen hatte. Als wir drei längst fertig waren, war sie noch immer dabei; sie nahm auch das, was wir auf unseren Tellern übriggelassen hatten, und aß es mit den Fingern. Sie putzte das letzte Artischockenblatt von jedem Teller. Als nächstes kam das Brot. Scheiben wurden abgeschnitten und mit Butter bestrichen. Immer wieder griff sie nach der Weinflasche, füllte ihr eigenes Glas und übersah die anderen. Wieviel kann sie wohl in sich hineinstopfen? fragte ich mich. Ihr Mann machte geschickte, unauffällige Versuche, die Dinge zu überspielen, indem er den Tisch abräumte und den Wein weiterreichte. Mavis' Exzeß dauerte lange. Wir taten dabei so, als sei nichts vorgefallen.

In jener Nacht schreckte mich das Gespenst dieser Frau aus

dem Schlaf, dieser Frau im Eß- und Trinkrausch, ohne Sinn für sich selbst oder die anderen. Sicher hat es auch in meinem Leben Zeiten gegeben, da ich einem Eßzwang ausgeliefert war, da ich mehr Essen zu mir nahm, als ich brauchte, und das so schnell, daß ich fast dabei erstickte. Es geschah im Zusammenhang mit Menschen und Situationen, die mir Angst machten. Mavis lebte zwar ein Leben, das normal oder gar überdurchschnittlich war, aber an jenem Abend war sie außer Kontrolle, und wir saßen dabei und guckten zu. Wie lange mag ihre Familie ihren Exzessen zugeschaut haben, ohne etwas zu sagen? fragte ich mich. Leugneten sie, wie die Angehörigen von Alkoholikern, die Krankheit?
Trotz ihrer äußerlich normalen Erscheinung, dem schönen, ordentlichen Haus und dem sanften, gefühlvollen Ehemann und Sohn war Mavis möglicherweise in den gleichen zwanghaften Kreislauf verstrickt wie ihre Tochter. Vielleicht hatte die Realität dessen, was jetzt geschah, sich ihr bisher entzogen. Jetzt, wo Corinne so krank war, schien es, als sei auch Mavis' Geheimnis entdeckt. Ich weiß natürlich nicht, ob Mavis chronisch diesen Exzessen ergeben war oder nur sporadisch, um mit der Angst fertig zu werden. Was ich sah, war eine Mutter, die sich wegen der Exzesse ihrer Tochter ängstigte und die sich selbst dem Exzeß ergab, ohne daß ihr Mann und ihr Sohn es zur Kenntnis nahmen.
Kim Chernin, Autorin des Buches *The Hungry Self*, schreibt: »Ich vermute, daß der Zusammenbruch der Tochter eine noch verborgene Krise im Leben der Mutter spiegelt.« Diese Krise wird sich vielleicht nicht so dramatisch zuspitzen wie die der Tochter, aber über die Jahre wird sie langsam an Kraft gewinnen. »Ein sauberes Haus, das ein Minenfeld birgt«, sagt Chernin, »ein gepflegtes, ordentliches Heim, das die Wahrheit über eine Frau verdeckt, die zu sehr außer sich ist, um auf die seelische Belastung und Spannung im Leben ihrer Tochter eingehen zu können.«[1]

Heimliche Eßsucht

Die Gesellschaft ignoriert Eßstörungen bei Frauen, wie sie es mit dem Alkoholismus tut. Diese Leugnung trägt dazu bei, daß Frauen ihre Probleme mit Essen und Trinken dem Blick entzogen halten können. Zu Hause schaut die Familie, wenn sie mit ihren Süchten in Berührung kommt, in die andere Richtung. Draußen sind sie vorsichtig und kontrolliert. Niemand weiß etwas, niemand vermutet etwas, niemand kann helfen. Die Bulimie kann, genau wie der Alkoholismus, ihre Opfer jahrelang quälen, ohne daß selbst enge Freunde etwas bemerken.

»Tagsüber ist Mary jemand, den ehrgeizige Frauen leicht beneiden könnten«, beginnt ein Artikel in der *New York Times* über konsumiersüchtige Frauen. »Mit 37 Jahren ist sie eine hochbezahlte Hotelmanagerin, geschiedene Mutter zweier Kinder von zehn und zwölf Jahren, Herstellerin eines selbstgemachten gerösteten Müslis, aktives Gemeindemitglied – kurz, ›ein Polster für die Gemeinschaft‹, wie sie selbst spöttisch sagt. Aber mindestens einmal in der Woche, wenn der ›Streß, für alles in der Welt verantwortlich zu sein, überwältigend wird‹, verwandelt sich Mary in eine weit weniger beneidenswerte Person. Sie ist Bulimikerin, eine exzessive Esserin, die Junk-Food in sich hineinstopft, erbricht, und weiterißt.«[2]

Die Welt der Verwaltung des Großkapitals ist voll von eßsüchtigen Frauen – »Frauen, die die dunkle Seite ihres Erfolgs erfahren, was sich in Eßstörungen, Rauchen, Drogenmißbrauch und anderen Formen selbstzerstörerischen Verhaltens manifestiert«, berichtet die *Times*.[3] Es kann zwar auch Frauen mittleren Alters treffen, aber verstärkt tritt dieses Phänomen bei jüngeren Frauen auf – sie, die sich von der komplizierten Aufgabe entmutigt fühlen, in den achtziger Jahren, den Jahren nach der Frauenbefreiung, als Frauen erwachsen zu werden, regredieren auf einen früheren – und sichereren – Entwicklungsstand.

»Wir meinen, daß nicht nur, weil die jungen Frauen unter dem großen Druck stehen, dünn zu sein, die Bulimie heute in Erscheinung tritt, sondern weil sie sich gedrängt fühlen, ›stark‹ zu sein«, lautet die Beobachtung von Susan und Wayne Wooley von der Klinik für Eßstörungen am *Medical College* der Universität von Cincinnati. »Zum erstenmal seit Menschengedenken wird von jungen Frauen erwartet, daß sie eher wie ihre Väter als wie ihre Mütter werden.«[4] Die Durchschnittspatientin in der Klinik ist 24 Jahre alt und seit acht Jahren Bulimikerin! Die jungen Frauen erbrechen drei-, vier-, sechsmal am Tag – zuerst, um nicht wegen der gewaltigen Menge konsumierter Kalorien zuzunehmen, und schließlich, weil der Kreislauf von exzessivem Essen und Erbrechen ein wirklicher Zwang geworden ist.

Die Eßexzesse finden heimlich statt, von Schamgefühlen begleitet. Oft bemerkt die Mutter erst, daß mit ihrer Tochter etwas nicht stimmt, wenn etwas Dramatisches passiert. Ein Mädchen bekommt auf dem Handrücken wunde Stellen, die nicht heilen wollen. Sie erweisen sich als Abdrücke seiner Zähne, und sie heilen nicht, weil das Mädchen sich die Faust so häufig in den Hals stößt, um sich zum Würgen zu bringen. Oder eine 21jährige wird mit Blaulicht ins Krankenhaus gebracht, weil man eine Ulcusblutung vermutet. Es stellt sich heraus, daß Speiseröhre, Rachen und Zunge perforiert sind, weil sie sich so oft übergibt, daß die im Erbrochenen enthaltene Säure Löcher in ihren Verdauungstrakt gefressen hat.

Die Frau, die aufgrund des durch häufiges Erbrechen erlittenen Traumas in eine akute Krise gerät, stellt einen neuen medizinischen Notfall dar. Auf medizinischer Ebene gilt es als erstes, die körperliche Gesundheit einigermaßen wiederherzustellen. Auf der psychologischen Ebene wird es viel schwerer sein, die Probleme in Angriff zu nehmen, denn sie bestehen seit langem – und werden seit langem geleugnet. »Wir wußten, daß sie irgendwie Ärger mit der Arbeit hatte«, sagen ihre Eltern.

Oder daß sie ihre Freundinnen nicht mehr trifft.
Oder daß ihre Noten schlechter geworden sind. Vater ist verstört. Mutter macht sich ebenfalls Sorgen, aber sie hat auch das komische Gefühl eines heimlichen Einverständnisses mit ihrer Tochter. Auf einer bestimmten Ebene *weiß* sie Bescheid. Auf einer bestimmten Ebene teilen sie diese seltsame neue Erscheinung: Es ist ein schuldhaftes Geheimnis zwischen Frauen.

Einer Zeitschriftenumfrage zufolge haben 20 Prozent der befragten Leserinnen unter 20 versucht zu erbrechen, weil sie nicht zunehmen wollten. Ebenso hohe Prozentsätze für Fressen und Erbrechen wurden in akademischen Untersuchungen an Highschools und Colleges festgestellt.[5] Das Bedürfnis, sich mit Essen vollzustopfen, setzt oft als Teil der kurzlebigen Laune zu erbrechen, um abzunehmen, ein, aber dann entgleitet es über das Launenhafte hinaus und wird zu einem ausgewachsenen Zwang. »Hör' auf«, fleht die Mutter, wenn sie endlich das Problem zur Kenntnis nimmt, aber inzwischen *kann* das Mädchen nicht mehr aufhören. Die suchthafte Gewalt einer Eßstörung kommt einer Drogenabhängigkeit gleich.
Eltern bleiben oft so lange blind für das, was geschieht, bis ihre Töchter in einem Teufelskreis gefangen sind, aus dem sie nicht mehr ausbrechen können. Die Mädchen mögen vor unseren eigenen Augen schrumpfen und prall werden und wieder schrumpfen – die Eltern stellen sich dumm und sagen sich, es sei eine »Phase«. Frauen haben mir erzählt, ihre Töchter seien bei Größe 5 angelangt, sogar bei Größe 3, ehe die unglaubliche Schmalheit der Mädchen sie argwöhnen ließ, daß vielleicht etwas nicht stimmte.
Die Mädchen tun natürlich alles in ihrer Macht Stehende, um zu verheimlichen, was geschieht. Sie lügen wegen des Schokoladenkuchens, der plötzlich aus dem Kühlschrank verschwunden ist, sie verschlingen Abführmittel, verstecken unter der Matratze zusammengeknüllte Gebäckverpackungen, die nach

einer Freßorgie vergessen wurden und von der Mutter eines Tages beim Frühjahrsputz gefunden werden. Die Mutter, erschrocken über ihren Fund, verschwört sich unbewußt mit ihrer Tochter, indem sie die Episode zu etwas »Typischem« macht, etwas Lustigem. »Was für Flegel diese Teenager sind«, sagt sie zu ihrem Mann.

Mütter leugnen die Eßstörungen ihrer Töchter zum Teil aufgrund ihrer Angst, selbst außer Kontrolle zu sein. Zu erkennen, was mit der Tochter geschieht, würde bedeuten zuzugeben, daß ein Zwang Gewalt über sie gewonnen hat. Das extreme Verhalten von jemandem, der eine Eßstörung hat, kann wie eine Form von Verrücktheit erscheinen. Die meisten fürchten sich davor. Wenn Eltern mit Neuigkeiten über »das Problem« konfrontiert werden, sei es durch die Presse oder über Nachbars Gartenzaun (ein Mädchen aus der Nachbarschaft hat es, aber »meines *niemals*«), versuchen sie, distanziert zu bleiben. »Was ist das Komisches, in das die Frauen da reingeraten?« fragen sie ungläubig, wenn sie im Fernsehen einen Bericht über Bulimie sehen.

Jede Frau, die an einem Eßzwang leidet, weiß, daß sie in etwas festhängt, das ihre Gesundheit gefährdet und sie daran hindert, im Leben von der Stelle zu kommen. Sie ist nicht in der Lage, zum nächsten Entwicklungsstadium fortzuschreiten. Es ist, als hätte ihre Seele »Halt!« geschrien.

Verräterische Schwankungen des Selbstwertgefühls

Die Fähigkeit der Selbstwertregulierung – ein inneres Vermögen, das uns davor bewahrt, unzuträglich tief zu sinken oder in unzuträglichen Höhen zu schweben – ist ein Zeichen psychischer Gesundheit. Eine Frau, die dazu nicht fähig ist, wird immer wieder Opfer unberechenbarer Stimmungsschwankungen werden. Immer, wenn es eine unerwartete Unterbrechung in ihrem hektischen Stundenplan gibt, wird sie feststellen, daß ihr die Verbindung zu ihren Gefühlen verlorengegangen ist, und eine seltsame Leblosigkeit empfinden. Im einen Augenblick fühlt sie sich großartig – fast berauscht, als wenn die ganze Welt ihr gehörte –, und plötzlich, ohne erkennbaren Grund, verliert sie den Boden unter den Füßen. Deprimiert versucht sie, die Euphorie wiederherzustellen, indem sie den Antrieb steigert. Wenn sie lange und hart genug arbeitet, wird sie sich vielleicht so gut fühlen wie in jenen Augenblicken, wenn sie riesig und euphorisch ist.

Die euphorischen Zeiten sind die besten, wenn sie auch ein wenig beängstigend werden können. Jedenfalls sind es die Zeiten, in denen sie ein gutes Gefühl in bezug auf sich selbst hat. Zum Teufel, gut – glänzend! Das ist das Gefühl, und es ist so wunderbar, so hoffnungsvoll. Aber warum kann sie diese wonnevolle Euphorie nicht *festhalten*, wenn sie weiß, was sie tut, wenn die Dinge so machtvoll richtig sind, daß es fast ist, als lebte sie schon in der Zukunft? Warum gibt es immer einen Bruch und dann Scham und schließlich ein angstvolles Gestrampel um das verlorene Selbstwertgefühl?

Eine Frau mit zerbrechlichem Selbst erlebt möglicherweise schnelle Umschwünge in ihrem Wohlbefinden. Und wie ihre Stimmung schwankt, so schwankt ihre Beziehung zum Essen. Sie kämpft zwischen großartiger Mäßigung und aufbegehrender Gier. Manchmal will sie sich *vollstopfen*. Das machtvolle Bedürfnis, voll zu sein, macht ihr Angst, da es von außen zu kommen scheint. Manchmal fühlt sie sich von dem Drang zu verschlingen regelrecht überfallen, ist ihm ausgeliefert. Meistens weiß sie nicht mehr, was wirklicher Hunger ist.

Sich auf der Höhe einer Eßsucht zu halten, erfordert wilde Anstrengungen. Eine Frau mit einer Eßstörung folgt einer bestimmten Routine, bestimmten Ritualen der Vermeidung. Mittagessen mit Freunden sind abgeschrieben, es sei denn, es gibt eine bestimmte Salatbar, bei der sie weiß, welche Sorte Öl verwendet wird und welchen Natriumgehalt die Erbsen haben. Auf dem Heimweg von der Arbeit muß sie die Bäckerei

und die Pizzeria umgehen. Sie bemerkt nicht den dunklen Schatten der Besessenheit in ihrem starren Verhalten.
Unvermeidlich fällt die Illusion, sie habe sich unter Kontrolle, irgendwann in Trümmer. Der Drang kann sie in einem unvorbereiteten Moment treffen, zum Beispiel, wenn sie auf einen Zug wartet und ein paar Minuten herumbringen muß. Sie kommt an einem Stand mit Schokoladenstreuselgebäck vorbei, und schwupp! ist der Drang über ihr. Es nützt nichts, daß sie schon zu Mittag gegessen hat: Sie greift sich eine Halbpfundtüte, schiebt das Geld über den Ladentisch und fängt an, sich vollzustopfen. Innerhalb von Sekunden ist die Tüte leer gegessen, und die Geißelung beginnt. *Abscheulich!* Schließlich, in einem schuldbewußten Bemühen, ihr Selbstwertgefühl zurückzugewinnen, sagt sie zu sich selbst: So schlimm ist es gar nicht. Sie tut es ja gar nicht so oft. *Meistens* hat sie sich schließlich unter Kontrolle, und mit Hilfe ihres Trainings schafft sie es, ihr Gewicht konstant zu halten. Sie eilt in den wartenden Zug, zieht das *Wall Street Journal* hervor und vertieft sich in die Börsenkurse. Es ist eine Abwehrtechnik; ihr Bedürfnis nach Information, die für die Arbeit erforderlich ist, bedeutet, daß sie sich immer mit Daten vollstopfen kann, wenn sie sich ihrer selbst unsicher fühlt.
Aber was ist mit dem Drang, diesem Etwas, das sie aus dem Nichts überfiel, als sie an dem Gebäckstand vorbeikam? Was war das?

Schwierigkeiten, ihre Nahrungsaufnahme zu regulieren, erleben viele Frauen, nicht nur die, die sich mit Anorexie oder Bulimie quälen. Frauen, deren Eßgewohnheiten von außen kontrolliert werden wie bei einer Diät mit strengen »Regeln«, mögen das Gefühl haben, daß sie die Kontrolle über ihre Eßweise haben. Aber nimm ihnen die Regeln, und sie verlieren sofort auch die Kontrolle. Das trifft zum Beispiel auf die Frauen zu, die gerade eine Diät beendet haben oder besorgt eine neue ins Auge fassen. Sie haben keinen natürlichen, unbewußten Mechanismus, um die Nahrungsmenge, die sie aufnehmen, zu kontrollieren. Wenn sie sich nicht in jeder Minute selbst beobachten,

fressen sie exzessiv, und ihr Körper läßt es bald merken. Es ist erschreckend für sie, wie schnell ihr Körper sich verändert.
Ein intensives, triebhaftes Bedürfnis und Schamgefühle in bezug aufs Essen, ein Entsetzen davor, dick zu werden – das sind einige Anzeichen dafür, daß eine Frau ein eher gestörtes Verhältnis zum Essen hat. Ob ihre Störung das Stadium eines ausgewachsenen Zwangs erreicht hat oder nur eine leichtere, aber gleichwohl chronische, störende Präokkupation ist – der Drang bei Frauen, exzessiv zu essen, ist symptomatisch für ein entscheidendes Problem hinsichtlich Selbst und Selbstwertgefühl, ein Problem, bei dem wahrscheinlich therapeutische Hilfe erforderlich wäre.

Perfekte Anita: die Frau, die sich leer fühlt

Anita ist ein klassisches Beispiel einer Frau, deren eindrucksvolle Fertigkeiten und Leistungen ihren heimlichen Kampf um Selbstentwicklung überdeckten. Sie ist an der California Bay in einer erfolgreichen »besseren« Familie aufgewachsen, die dem Leistungsdenken immer sehr zugetan war, und Anita war von Anfang an dem Erfolg geweiht. »Als ich meinen Schulabschluß machen sollte, war ich Turnerin und Skiläuferin und Langstrekkenläuferin. Ich nahm Tabletten, um meinen Appetit zu bremsen und um mich nachts fürs Lernen wachzuhalten, und ich blieb dabei, bis ich meinen Doktor hatte.« Nach ihrer Promotion erlebte sie eine seltsame Umkehrung. »Es war, als würden all die Jahre, in denen ich mich selbst getrieben hatte, mich einholen. Hier war ich, die Frucht all der Disziplin und Einschüchterung und Ausbildung, Stolz und Freude meiner Familie... und nun lag ich im Bett und aß tütenweise Donuts, Dutzende, mit Gelee gefüllt.«[6]
Was ihre massiven Freßanfälle in Gang hielt, so entdeckte sie schließlich, war ein gewaltiges Gefühl innerer Leere. Zu der Zeit aber, als sie Kim Chernin, eine Therapeutin, die Frauen

mit Eßstörungen behandelt, aufsuchte, wußte Anita nichts von ihrem Gefühl der Deprivation. Ihr war nur das Gefühl bewußt, daß ihr die Fähigkeit verlorenging, sich selbst zu definieren oder zu wissen, was sie mit ihrem Leben anfangen wollte. »In der ersten Stunde erzählen sie mir vom Essen«, sagt Chernin über die erfolgsorientierten Frauen, die hilfesuchend zu ihr kommen, weil ihr Eßverhalten ihrer Kontrolle entglitten ist. »In der zweiten oder dritten Stunde erzählen sie mir, daß sie verwirrt sind und nicht wissen, was sie mit ihrem Leben anfangen sollen... Sie fühlen sich verloren, leer, ruhelos, verwirrt und unzufrieden.«

Kim Chernin sagt, daß heutige Frauen mit Eßstörungen »sich mit all den Identitätsproblemen abplagen, denen ihre Mütter gegenüberstanden«. Aber sie leben mit weniger gesellschaftlichen Hemmungen als Frauen, sagen wir, vor 25 Jahren, als Betty Friedan das Leben unzufriedener Durchschnittscollegeabgängerinnen für ihr Buch *Der Weiblichkeitswahn* untersuchte. Heutige Frauen erleben ihren Identitätsmangel problematischer und die damit einhergehenden Symptome dramatischer. »Da ist kein Gefühl von ›Ich‹«, sagte eine Frau von Ende 20 zu Chernin. »Da ist nur ein riesiges Loch im Zentrum. Eine Leere. Ein Entsetzen. Nicht alles Essen der Welt kann es ausfüllen, aber ich versuche es.«[7]

Kim Chernin hatte selbst an einem Eßzwang gelitten. Diese Erfahrung stimmte sie auf »den heimlichen Kampf um Selbstentwicklung« ein, der die Wurzel aller Eßprobleme ist. Manchmal machen bestimmte Schnörkel im Verhalten oder eine bestimmte äußere Erscheinung sie in ihrer Praxis auf eine Frau aufmerksam, die in diesen Kampf verstrickt ist. Anita zum Beispiel. Anita, jungenhaft, mit kurzem, federigem Haar und oft in kurzen Sporthosen und T-Shirts, erinnert Chernin an einen griechischen Knaben, »an einen jungen trainierenden Athleten«. Aber natürlich ist sie kein griechischer Knabe. Sie ist fast 40, eine Frau, die zwei Töchter zurückläßt, wenn sie am späten Nachmittag zu ihrer Sitzung joggt.

»Sie kommt nie zu spät«, sagt Chernin. Nicht Anita. »Wenn sie sich in den Korbstuhl setzt, entschuldigt sie sich, daß sie schwitzt. Sie entschuldigt sich, daß sie etwas zu trinken braucht und zur Toilette gehen muß. Sie behält die Zeit im Auge; ein oder zwei Minuten zu früh springt sie auf, um sicher zu sein, daß sie nicht überzieht.«[8]

Nach einigen Wochen Therapie erzählt Anita Chernin schließlich, daß sie viermal am Tag erbreche, jeden Tag, seit sie beschlossen hatte, aus einem Psychologieprogramm im Anschluß an ihre Promotion auszusteigen. Das war vor mehr als acht Jahren – acht lange Jahre zwanghaften Essens und Erbrechens. Acht Jahre Ausweichens vor welchen Konflikten auch immer, die sie dazu gebracht hatten, auf eine frühere, »sicherere« Entwicklungsstufe zurückzugleiten. Anita arbeitet heute als Volontärin in einem offenen Haus für ehemalige Psychiatriepatienten. »Was ist, wenn ich in Schwierigkeiten gerate und Sie anrufen möchte?« fragt Anita ihre Therapeutin.

»Nun, was?« sagt Chernin.

»Ich sollte es wohl lieber nicht tun?«

»Von wem stammt diese Regel?«

»Ich *soll* also?«

»Und von wem diese?«

Da sie erkannte, daß ihre Patientin auf der Stufe des regressiven »guten Mädchens« festsaß, forderte Chernin Anita auf, eine reifere Beziehung zu ihr herzustellen, eine, in der sie beide Verantwortung übernehmen würden. Anita würde das gern tun, aber ihr jahrelanges Bestreben, keinen Fehler zu machen, macht es ihr schwer, auch nur zu *wissen*, was sie will. »Wie wäre es, wenn wir die Geschichte mit den Regeln beiseite lassen würden und statt dessen herausfinden, wie Ihre Bedürfnisse aussehen und wie meine?« schlägt Chernin vor.

»Ich will keine Bedürfnisse haben«, platzt Anita heraus. »Und ich will auch nicht, daß Sie welche haben.«[9]

Ob es nun Essen oder irgend etwas anderes ist, wovon eine Frau abhängig ist, durch Konsumexzesse versucht sie, ihrem eigenen Bedürfnis auszuweichen. Bedürftigkeit droht ihr verborgenes Selbst bloßzulegen – das beraubte kleine Mädchen, das zu verdecken und zu leugnen sie gelernt hat. Außerdem erinnert es sie an die Bedürfnisse der *Mutter*. Aus diesem Grund sind die Bedürfnisse einer Therapeutin für eine Frau wie Anita etwas Bestürzendes. Und, weiß Gott, auch ihre eigenen Bedürfnisse sind es. Deshalb verwendet sie so viel Energie aufs Kontrollieren, ein falsches Gefühl von Disziplin, das sie aus der systematischen Minderung ihres Körpers bezieht. *Was sie unbewußt versucht, ist, ihren Körper als machtvoll zu empfinden – ohne Grenzen.*

Vielleicht wird sie durch Leugnen *seiner* Verwundbarkeit die ihre leugnen können.

Die Pubertätskrise

»Das Körperbild ist eine plastische Vorstellung, die fortwährend durch körperliche Veränderung und Wachstum modifiziert wird«, sagt Maj-Britt Rosenbaum, Direktorin der Abteilung für menschliche Sexualität am *Jewish-Hillside Medical Center* auf Long Island.[10] Zu keiner Zeit gehen die Veränderungen schneller vor sich als in der Pubertät. Auf einmal sieht der einst so vertraute Körper anders aus und funktioniert anders. Das Mädchen spürt, daß es sein altes, zwar spärlich entwickeltes, aber vertrautes Selbst zu verlieren beginnt.

Gerade in der Pubertät kann sich beim Mädchen auf überwältigende Weise das Gefühl einstellen, von der Mutter verschlungen zu werden. Da sein Körper unmißverständlich weibliche Konturen annimmt, sagt Dr. Rosenbaum, »kommen die Angst vor der primitiven Mutteridentifizierung und der von ihr ausgehende Sog wieder zum Vorschein«.[11]

Zugleich verstört es die Tochter, ihrer Mutter ähnlich zu sein,

und auch das Identitätsgefühl der Mutter wird herausgefordert. So beginnen sie, wenn die Tochter in die Pubertät kommt, Ängste in bezug aufs Altern zu quälen. Nichts kann eine Mutter so mächtig dazu bringen, sich wie besessen mit dem Grau ihrer Schamhaare und der Zellulite ihrer Oberschenkel zu beschäftigen, wie die strahlende Geschlechtsreife ihrer Tochter. Ihre unbewußte Reaktion kann so aussehen, daß sie zu beweisen versucht, wie jugendlich und sexy sie ist, indem sie sich in die scheinbar unschuldige Aktivität stürzt, mit ihrer 15jährigen Tochter Kleider zu tauschen, und daß sie deren Redeweise, Parfüms und verrückte Frisuren übernimmt.
Während dieser entscheidenden Periode kann der Kampf einer Tochter darum, sich von der Mutter zu trennen, dramatisch und manchmal selbstzerstörerisch werden. Bei einer 14jährigen war die Angst, in der Identifizierung mit ihrer Mutter verlorenzugehen, so tief, daß sie versuchte, »sich in ihre Kindheit zurückzuhungern«, berichtet Dr. Rosenbaum. Wild schwankend zwischen Fettleibigkeit und anorektischem Dünnsein, hatte das Mädchen seinen Körper zu einem Schlachtfeld gemacht, auf dem es seinen Kampf, sich der Macht der Mutter zu entziehen, inszenierte. »Solange ich nicht wie meine Mutter aussehe, ist es besser«, sagte das Mädchen zu Dr. Rosenbaum.
Jeweils am äußersten Rand des Spektrums, wenn ihr Körper entweder aufgebläht oder eingeschrumpft war, fühlte sie sich sicher. Sie sagte: »Ich muß mich nicht dauernd mit Mutter vergleichen.«[12]

»Sie setzen die Probleme ihrer Mütter mit dem Körper ihrer Mütter gleich«, sagen die Wooleys über die jungen Frauen, die zum *Eating Control Center* kommen. »Wenn wir unsere Patientinnen auffordern, sich zu erinnern, was für ein Körpergefühl sie zu bestimmten Zeitpunkten ihres Lebens hatten, fällt ihnen ein, daß sie von den Veränderungen in der Pubertät abgestoßen waren. Sie empfanden nicht deshalb Abscheu, weil sie sexuell wurden, sondern weil sie wurden wie ihre Mütter.«[13]

Frauen, mit denen ich gesprochen habe, erwähnten oft ihre Verwirrung über ihren Körper – eine seltsame Unbestimmtheit in bezug auf seine Größe und Form –, und diese Verwirrung hatten sie auch bei ihren Müttern bemerkt. »Ich weiß nie, ob ich wirklich Hunger habe oder ob ich aus reiner Gewohnheit esse«, sagte mir Mathilde, eine brasilianische Talkshow-Moderatorin. »Und ich kann nicht sagen, wann ich Übergewicht habe. Es ist, als hätte ich keine innere Möglichkeit, mich selbst einzuschätzen. Ich kann auf der Waage stehen und sehen, wieviel ich wiege, aber ich kann nicht meinen Körper anschauen und einfach so feststellen, ob ich dick, mittel oder dünn bin. Meine Mutter ist genauso. Wir brauchen beide etwas Äußerliches, um uns einzuschätzen.«

Frauen mit brüchigem Selbstgefühl sind oft übermäßig mit ihrem Körper beschäftigt. Die Verwirrung darüber, wer sie sind, spiegelt sich in der Verwirrung über ihr Körpervolumen – ob sie zu dick, zu dünn oder (Gott behüte!) gerade richtig sind. Die Präokkupation mit Essen verhüllt innere Ängste in bezug auf die Stabilität des Selbst. Eine Frau meinte: »Manchmal habe ich den Eindruck, daß ich in dem Augenblick, wo ich einen Teller Nudeln angucke, zehn Pfund zunehme und wie meine Mutter werde.«[14]

Die anorektische Krise

Was ist so schrecklich an der Vorstellung, »wie Mutter zu werden«?

Die Tochter fürchtet die Schwäche, die sie mit der Mutter verbindet, ihre weibliche »Schlaffheit«, wie eine Frau zu Kim Chernin sagte. Aber zugleich ist die Tochter mit der Mutter verbunden und möchte so sein wie sie. An jemanden gebunden zu sein, der als so schwach und mächtig zugleich wahrgenommen wird, stürzt manche Tochter in einen verheerenden Konflikt. Anorektisch zu werden, ist ein unbewußter Versuch, sich von dem Geschlecht zu befreien, das ihrer Empfindung nach die Ursache des Konflikts ist. Sie *werden* die Kontrolle haben. Sie *werden* dünner, kleinbrüstiger, flachbäuchiger sein. Sie *werden*, wenn es das ist, was man braucht, um etwas wert zu sein, maskulin werden.

Oder wenn nicht maskulin, dann neutral. Das Ziel anorektischer Frauen ist es nicht, männlich zu werden, sondern den verstörenden Konflikten zu entkommen, die sie als Frauen erleben. Nieder mit dem »weichen« weiblichen Körper! Sie verlieren extreme Mengen Fett, sei es durch Diät oder Training, und hören auf zu menstruieren. Sie machen sich selbst zu Leistungsmaschinen, die mit drei oder vier Stunden Schlaf pro Nacht auskommen. Sie verfolgen eine Art manischer Euphorie, sie stoßen an die Grenzen ihrer körperlichen Leistungsfähigkeit, machen stundenlange Fußmärsche bei Regen oder Sonnenschein, bevor sie nach Hause kommen, um zu lernen. In der Schule arbeiten sie doppelt so hart wie alle anderen. Wann immer sie unterhalb der A-Note liegen, finden sie sich selbst unerträglich. Einen Kurs, der schlechte Aussicht für eine A-Note verspricht, werden sie aufgeben, und sie werden *nie* irgendwelche Probleme, die sie vielleicht mit einem Lehrer haben, diskutieren. Sie *schaffen* es. Allein.

Die Probleme anorektischer Frauen sind extrem, aber sie sind auf der Skala des Perfektionismus nur weiter fortgeschritten als wir anderen. Viele Frauen finden es schwierig, ihre inneren Probleme zu erkennen und zu diskutieren, sie wollen keine emotionalen Bedürfnisse empfinden, keinen Körper, der blutet, schmerzt oder müde wird. In ihrem Entsetzen vor der Erfahrung der eigenen Grenzen ergeben sie sich einem Glauben an Beherrschung, der es ihnen schwer macht, in ihrem Leben wirklich voranzukommen. Die anorektische Frau fühlt sich nur als sie »selbst«, wenn ihr Wille ihren Körper beherrscht. So erklärt Ann Ulanov, Psychologin am *Union Theological Seminary*: »Je mehr sie an Gewicht abnimmt und je dünner sie wird, um so mehr ›Selbst‹ hat sie ihrem Gefühl nach gewonnen. Ihre strenge Kontrolle über den Hunger ihres Körpers beweist ihre Macht, sich durchzusetzen.«[15]

»Sie stellten hohe Erwartungen, und obwohl jede intelligent und begabt war, war der Druck, unter den sie sich selbst setzten, unerträglich groß«, sagt Dr. Judith Lazerson über bulimische Frauen, die sie in Vancouver, British Columbia, behandelt hat. Eine Frau meinte, ihr Bedürfnis, überragend zu sein, treibe sie zum Wahnsinn; wenn sie aber nicht irgendwo konkurriere, fühle sie sich »faul und oberflächlich«.

Bei einer anderen Frau zeigte sich der starke Druck in einem Traum, in dem sie Squash spielte. Das Spiel entwickelte sich »furios«, berichtete sie ihrer Therapeutin. »Wenn mein Ball vom Schläger abprallte, mußte ich mich gleich wieder nach ihm bücken. Ich schlug und bückte mich, schlug und bückte mich, und währenddessen erhoben sich Stimmen im Hintergrund. Als das Spiel intensiver wurde, wurden auch die Stimmen lauter und tiefer.« Die Stimmen im Traum sagten der Frau, sie sei faul und unnütz, und sie solle sich in Bewegung halten, berichtet Lazerson. »Sie lachten über sie, als sie immer angestrengter versuchte, den Ball im Spiel zu halten, aber es wurde immer schwieriger, und sie brach schließlich in einer Ecke des Hofes zusammen. Als die Stimmen über sie herfielen, schlug sie die Hände vors Gesicht und schrie. Als sie aufwachte, war ihr Körper angespannt, sie fühlte sich allein und den Tränen nahe.«

Als die Patientin über ihren Traum nachdachte, sagte sie zu Dr. Lazerson, sie habe das Gefühl, sie sei für andere eine »Enttäuschung« – besonders für ihre Eltern. »Ich fühle mich so nutzlos«, sagte sie.[16]

Susan Bordo, Professorin für Philosophie am LeMoyne-College, sieht bei vielen perfektionistischen Frauen die gleiche Abwehrhaltung am Werk wie die, die anorektische Frauen verzehrt. Als Beispiel nennt sie Bodybuilding-Frauen, die wenig Gefühl für Freude in ihrem Körper haben, aber von »derselben Betonung des Willens, der Reinheit und Perfektion«[17]

motiviert sind, von der Frauen mit Eßstörungen getrieben werden.
Um was geht es bei dieser Geschichte von Willen und »Disziplin«? Was versucht die perfektionistische Frau so angestrengt zu kontrollieren?
Frauen mit Eßstörungen, meint Dr. Bordo, verspüren unkontrollierbaren »Appetit«, den sie dem schwachen, weiblichen Teil ihrer selbst zurechnen. Diese »Schwäche« liegt im Kampf mit der kontrollierten »männlichen« Seite. Diese sogenannte männliche Seite mit den ihr zugesprochenen Werten »stärkerer Geistigkeit, höherer Intellektualität und Willensstärke« ist es, die die anorektische Frau am meisten schätzt und die sie durch ihre zwanghafte Lebensweise ausdrückt.

Ein Kinderarzt und ein Psychiater des Columbia College für Allgemeinärzte und Chirurgen haben junge Tänzerinnen der Joffrey-Ballettschule beobachtet. Die Ärzte wollten das Verhalten und die Einstellungen der Tänzerinnen mit denen ihrer anorektischen Patientinnen vergleichen. Die Ähnlichkeiten waren frappierend. Alle Ballettänzerinnen hielten angestrengt Diät. Mehr als die Hälfte nahm weniger als 1000 Kalorien pro Tag zu sich, obwohl sie sechs Stunden pro Tag an sechs Tagen in der Woche trainierten. Die meisten waren viel dünner, als ihre Lehrerinnen verlangten. Die spartanische Diät der Tänzerinnen führte zu »schweren körperlichen Veränderungen«, berichteten die Ärzte, wie Amenorrhöe, Kälteempfindlichkeit und Hirsutismus. Das Körpergewicht spielte eine dominierende Rolle. »Ihre Stimmungen waren reaktiv – hoch, wenn eine Lehrerin sie lobte, niedergeschlagen, wenn ihr Körpergewicht zunahm. Sie waren ausgesprochen empfindlich gegen Kritik und ›ernährten‹ sich vom Lob ihrer Lehrerinnen«, beobachteten die beiden Ärzte. Außerdem zeigten die Mädchen ein starkes Bedürfnis, ihren Körper zu kontrollieren und ihm sensorisches Vergnügen zu verweigern... Hautkontakt war streng verpönt (sie erklärten, sie seien nicht verschmust),

Nachdenken wurde als gefährlich erachtet, und Lesen, Theater und Kino verboten sie sich einfach selbst.«

Die Ärzte zogen den Schluß, daß der Perfektionismus dieser jungen Frauen »ein Eigenleben annahm. Es schien so ähnlich zu sein wie bei Mitgliedern religiöser Orden, die durch Fasten, Selbstverleugnung und Askese einen transzendentalen Zustand zu erreichen hoffen«.

Am frappierendsten war die Schlußfolgerung der beiden Ärzte, daß diese Mädchen im Gegensatz zu den Anorektikerinnen frei von seelischen Störungen seien. Extreme Beschäftigung mit sich selbst und körperliche Verweigerung wurden als angemessen eingestuft, weil die Mädchen »Künstlerinnen« seien – weil »sie für eine kurze Zeit zu hoffen wagen, perfekt zu werden«.[18] Man kann sich schwerlich dem Gefühl entziehen, daß die Ärzte voller Ehrfurcht vor dem Perfektionismus dieser jungen Frauen waren.

Susan Bordo meint, daß Eßstörungen »dem epidemischen Kranksein und der Hysterie« gleichen, jenen Phänomenen, »die in der zweiten Hälfte des 19. Jahrhunderts die Frauen der mittleren und oberen Mittelschicht heimsuchten«.[19] Wie die heutigen bulimischen und anorektischen Frauen waren fast alle von Freuds Patientinnen ungewöhnlich intelligent und kreativ. Sie lebten in einer Zeit, die der unseren in vielem ähnlich war. Es taten sich neue Möglichkeiten für die Frauen auf, aber die alten gesellschaftlichen Erwartungen hielten sie noch im Griff.[20]

Leider erkennen Frauen mit Eßstörungen – so wenig wie die verstörten Frauen im 19. Jahrhundert – im allgemeinen nicht die sie beeinflussenden gesellschaftlichen Bedingungen. Sie sind zu sehr von ihren Symptomen überwältigt. Dünn zu bleiben, sagt Bordo, ist eine Vorstellung, die »so machtvoll wird, daß sie alle anderen Vorstellungen oder Lebenspläne bedeutungslos macht«.[21]

Tatsächlich leidet die einem Eßzwang verfallene Frau an einer Identitätskrise. Ihr Zustand ist beängstigend für sie. Sie empfindet die »konstante Gefahr, von unbekannten Kräften aus dem Unbewußten überfallen zu werden«[22], erklärt Marian Woodman, Therapeutin in Toronto. In der Furcht vor diesen Kräften baut sie »eine Superstruktur auf, die auf kollektiven (mehr als auf individuellen) Werten beruht: Disziplin, Effektivität und Pflicht«. Das ist ein Kanon, der Spontaneität und Gefühle verkrüppeln läßt. So sagt Ellen West, eine der ersten Frauen, die in der psychiatrischen Literatur beschrieben wurden: »Ich hatte das Gefühl, daß meine innere Entwicklung innehielt, daß alles Werden und Wachsen erstickt wurde, weil eine einzige Idee meine ganze Seele ausfüllte.«[23]

Es geht tiefer als »Erfolgsstreß«

Manche meinen, Eßstörungen seien eine Art Nebenprodukt im Zusammenhang mit den neuen Anforderungen an die Frauen, die beinhalten, »für jedermann alles« zu sein. Barbara Sternberg, Psychologin und Beraterin für *Weightwatchers,* spricht zum Beispiel von den Gefühlen der Deprivation, die auftauchen, wenn ihr Stundenplan ihr allzu wenig Zeit läßt, etwas für sich selbst zu tun. Eine andere Psychologin, Lucy Papillon, meint, Eßstörungen seien eine Art Ventil für Frauen in wirtschaftlichen Spitzenpositionen, deren Leben so durchstrukturiert und rigide ist, daß »sie etwas brauchen, das es ihnen erlaubt, irgendwann außer Kontrolle zu sein«.
Die Psychiaterin Hilde Bruch teilt uns mit, daß »Erfolgsstreß«-Theorien den wirklichen Grund für Eßstörungen nicht berühren. Die Kernfrage sei, sagt Bruch, die 45 Jahre lang dieses Problem erforscht hat: *»Was ist es im Lauf der Entwicklung einer Frau, das sie dazu prädisponiert, ihre gesamte Ernährungsfunktion im Dienst eines komplexen psychischen Problems zu mißbrauchen?«*[24]
In ihrem zum Klassiker gewordenen Buch *Eating Disorders* sagt uns Bruch, daß dies Problem seinen Anfang in der Kindheit

hat. Es ist wichtig, daß wir beim Heranwachsen lernen, die Botschaften unseres Körpers zu entziffern und von ihnen Gebrauch zu machen. Das ist die einzige Art, wie wir lernen können, körperliche Bedürfnisse zu erkennen und zu befriedigen. So muß ein Mädchen, wenn es so weit kommen soll, für sich selbst zu sorgen, *wissen*, was sein Körper empfindet, meint Bruch. Wenn aber die Mutter ihrerseits in ihrer Kindheit nicht mit *ihren* körperlichen Bedürfnissen im Einklang war, wird das Mädchen im Unklaren über diese Bedürfnisse heranwachsen. Nur wenn eine Mutter als Antwort auf Signale, die ein Nahrungsbedürfnis anzeigen, Nahrung anbietet, wird sich dem Kind »allmählich das Engramm ›Hunger‹ als eine von anderen Spannungen und Bedürfnissen verschiedene Empfindung einprägen«.[25]

Aber was nun, wenn die Reaktion der Mutter unangemessen ist? Angenommen, sie liegt mit ihrer zeitlichen Abstimmung falsch, weil sie in bezug auf die Gefühle ihres Babys nicht einfühlsam genug ist, um zu wissen, wann es hungrig ist? Dann wird das Kind außerstande sein, den Unterschied zwischen Hunger und anderem Unbehagen mitzuteilen. Unbestimmte Frustrationen oder gar ein Gefühl von Einsamkeit mögen fälschlich als »Mein Gott, ich sterbe vor Hunger!« erlebt werden.

Wenn die Mutter kein Gefühl für den Nahrungsbedarf ihrer Kinder hat, vermittelt sie nicht nur Angst vor dem Essen, sondern Verwirrung in bezug auf das Selbst. Eine fundamentale Komponente des Selbst wird faktisch aus der psychischen Ausstattung des Kindes ausgeklammert. Diese Komponente ist einfach die Fähigkeit zu wissen, wann man etwas braucht.

Die von Harry Harlowe geleiteten Experimente mit Affenjungen gehören vielleicht zu den meistbekannten und die dramatischsten Enthüllungen bereithaltenden Tierforschungen über die Beziehung zwischen Eßverhalten und Hunger. Diese Forschungen waren ein Versuch, etwas über die Gefühlszustände

von Affen zu erfahren, und sie führten zu einem faszinierenden Zusammenhang zwischen der Qualität mütterlicher Umsorgung und der späteren kindlichen Fähigkeit, die Nahrungsaufnahme zu regulieren.
Harlowe nahm zwei Gruppen junger Affen und gab der einen Drahtfiguren als Muttersatz und der anderen weiche Stofffiguren. Er wollte herausfinden, ob die Affenjungen mit den Stoffiguren sich normaler entwickeln würden als die mit den Drahtfiguren. Die Ergebnisse zeigten bei beiden Gruppen wenig Unterschiede. Mit oder ohne Stoffstaffage waren die Figuren kein Muttersatz, und beide Gruppen wurden »stark abnormal«. Am schädlichsten war für sie nach Meinung der Forscher, daß sie keine Reaktion erhielten, wenn sie Bedürfnissignale aussandten. *Es wurde keine Realität, weder physisch noch psychisch, auf sie zurückgespiegelt.* Ohne diese von ihren Müttern auf sie selbst zurückfallende Reflexion lernten sie nicht, wie sie auf den Gesichtsausdruck der anderen Affen reagieren sollten. Ebensowenig konnten sie ihre eigenen Bedürfnisse wirksam mitteilen. Für Hilde Bruch bedeutete dies, daß »sich normal auszudrücken oder das soziale Verhalten anderer angemessen zu interpretieren«, in der Kindheit erworben werden muß, wenn die Kinder die Fähigkeit entwickeln sollen, befriedigende Beziehungen herzustellen.[26]

Der gierige kleine Affe

Harlowe wollte auch herausfinden, wie sich die Isolierung von der Mutter auf die Freßgewohnheiten der Affenjungen auswirkte. Was er erfuhr, war von großer Bedeutung für den Zusammenhang zwischen menschlicher Bemutterung und daraus folgenden möglichen Eßstörungen bei den Nachkommen.
Ohne angemessene Bemutterung, stellte Harlowe fest, entwikkelten die Affen praktisch keine Fähigkeit, ihre Nahrungsaufnahme zu regulieren. Sobald sie aus der laborkontrollierten

Verpflegung entlassen waren und fressen durften, was sie wollten, wurden sie fett. Was immer sie an Futter erreichen konnten, fraßen sie – sofort und voller Gier. Sie schienen von keinem Zeitplan beeinflußt zu sein, nicht von Nahrungsbedarf oder auch nur von ihrem körperlichen Wohlbefinden; das einzige, was sie interessierte, war, sich vollzufressen. Harlowes Untersuchungen zeigten deutlich, daß mutterlose Affen, deren Verpflegung keine Regulierung von außen erfuhr, zu *triebhaften Fressern* wurden. Im Alter von vier Monaten waren sie um 60% schwerer als die Gruppe mutterloser Affen, deren Nahrungsaufnahme eingeschränkt wurde; sie waren eindeutig außer Kontrolle.[27]

Sich auf Untersuchungen wie die von Harlowe stützend, schlußfolgerte Hilde Bruch, daß Eßstörungen sich direkt von der Mutter-Kind-Beziehung herleiten lassen. Wenn Mütter die von ihren Kindern ausgehenden Signale nicht angemessen beantworten, erleben diese schließlich ihre Bedürfnisse als weitgehend bedeutungslos. Das mindert ihre Fähigkeit, Gefühle auszudrücken und Gefühle zu *erkennen*. Ein Mädchen, das so aufgewachsen ist, kann wohl den Eindruck erwecken, daß es angemessen funktioniert, da es sich doch in der Tat, so Bruch, wie eine Maschine »auf eine roboterhafte Unterwerfung unter die Anforderungen seiner Umgebung« eingelassen hat.[28] Es kann keine Handlung selbst initiieren oder sein Leben in die Hand nehmen. Wie die Affenjungen hat es Schwierigkeiten, die Nahrungsaufnahme zu kontrollieren, Schmerz auszudrücken oder Botschaften darüber zu vermitteln, wie es sich innerlich fühlt. Tatsächlich *weiß* es nicht, wie es sich fühlt. Es hat zutiefst die Verbindung zu seinem Selbst verloren.

Das bedürftige kleine Mädchen

Entsetzt und abgeschreckt von einem archetypischen Bild der Frau als hungrig, gierig, allbedürftig und allbegehrend, leiden Anorektikerinnen auf akutere und gefährlichere Weise an den Konflikten, die alle Frauen quälen. Sie sind in Sorge, sie könnten »auf extravagante und exzessive Weise bedürftig« sein, so beschreibt Susan Bordo ihre Studentinnen vom LeMoyne-College. Sie haben das Gefühl, »schrankenlos zu sein, immer zu viel Zuneigung, Bestätigung und Aufmerksamkeit zu wünschen«.[29]

Dies hungrige, bedürftige, »zu kurz gekommene« Mädchen ist es, das Opfer von Eßzwängen wird. Die professionelle Spitzenfrau, supertoll in ihrem Erfolg, ist nur die äußere Schale. Abends geht diese Frau nach Hause, um sich dem Freßrausch zu ergeben, nicht, weil sie »fertig vor Streß« ist, sondern weil sich niemand um das bedürftige Kind in ihrem Innern gekümmert hat. »Irgend etwas in der Tochter hat die Mutter nicht genährt, nicht gehalten, nicht gesehen«, sagt Ann Ulanov. »Dies ist die Lücke, das fehlende Stück in der späteren Identität der Frau.«[30]

Dieser unbefriedigte Teil der Tochter leidet; er ist wie eine Wunde, die von ihrem funktionierenden Ich zugedeckt und verdrängt wird. Die Tochter »weiß, daß sie auf eine merkwürdige Weise hungrig ist«, sagt Dr. Ulanov. Sie kann sich, was immer sie auch ißt, nicht sättigen. Sie wartet darauf, daß ein unkontrollierbarer »Eßanfall« sie überwältigt. Aber die Symptome sollen ihr etwas mitteilen. »Ihr unstillbarer Hunger bringt sie regressiv dahin, daß sie den nicht genährten, leeren Fleck in ihrem Ich entdeckt. Denn *er* ist hungrig.«[31]

Als Gabrielle dem Freßrausch ergeben war, hatte sie Angst; sie schien wie in einem Belagerungszustand. Lange Zeit fühlte sie sich unter Druck, in allem überragend sein zu müssen, zu wissen, wer sie war, sich darüber im klaren zu sein, was mit ihrem

Leben los war und was die Zukunft bringen würde. Wenn sie das alles nicht wußte (d. h. außer »Kontrolle« war), befand sie sich in einer Art Raserei der Selbstentwertung. Alles, was ihre grundlegende Hilflosigkeit deutlich machte, schien sie ins Schleudern zu bringen. Kritik oder auch nur etwas, das sie als Kritik auffaßte, verstörte sie zutiefst. Der »zu kurz gekommene« Teil in ihr wollte Beherrscher der eigenen Welt sein, sich nicht auf andere verlassen oder sich verletzlich fühlen müssen. In einem gewissen Sinn gewährte der Kreislauf von exzessivem Konsumieren und Ausstoßen ein Gefühl der Beherrschung. (»Ich kann dieses Bedürfnis zu essen stillen und zugleich dafür sorgen, daß mein Körper nicht aus den Fugen gerät.«) Aber die Freßanfälle verstärkten auch ihre Gefühle der Hilflosigkeit. (»Ich bin die halbe Zeit krank und erschöpft und kann es nicht beenden.«)

Wie empfand ich als Mutter bei dem, was mit meiner Tochter geschah? Als erstes mußte ich meine Reaktionen auf sie klarer und unvoreingenommener verstehen lernen. Wenn Gabrielle zum Beispiel herumhing, deprimiert wirkte und viel fernsah, spürte ich, wie ich fast unerträgliche Angst bekam. Warum war sie nicht draußen und *tat* etwas? Warum war sie so anklammernd und abhängig?

»Dann ist sie eben anklammernd und abhängig«, sagte meine Analytikerin.

»Aber sie ist 19.«

»Nun, vielleicht ist sie ein bißchen aus dem Rhythmus, aber was mich interessiert, ist, warum ihr abhängiges Verhalten für Sie so schwer auszuhalten ist.«

Ja, warum? Ich verstand schließlich, daß Gabrielles Teilnahmslosigkeit für *mich* ein unangenehmes Gefühl war – unangenehm und beängstigend. Ich hatte nie das deprimierte, bedürftige kleine Mädchen in mir anschauen wollen aus Angst, daß es, wenn ich es wirklich *sah*, wirklich erkannte, die Oberhand gewinnen würde. Es schien besser, durch Arbeit und Aktivität zu entkommen und das Kind im Innern zu verleugnen, das sich nie bestätigt, aber immer übermäßig beschützt und kontrolliert gefühlt hatte. Irrwitzige Verleugnung wurde ein Teil meines Lebens. Die so verdeckte Angst war diese: *Vielleicht werde ich für immer hier auf der Couch liegen und mir die Wiederaufführungen von* Lucy *anschauen. Vielleicht werde ich mich selbst niemals mögen oder den Mut haben, meine Talente und meine geistigen Fähigkeiten zu entwickeln. Vielleicht wird es immer nur einen regnerischen Samstagnachmittag im kleinen Reihenhaus meiner Eltern in Baltimore geben, wo Oper und Baseballspiel zur gleichen Zeit plärren – und mich, das hilflose Kind, das da nicht rauskommt, das sein Leben nicht beginnen kann!*

Das ist natürlich der Kampf des zukünftigen Individuums – von der Vorstellung frei zu werden, welche die Eltern von einem haben, frei von den stillschweigenden Bedürfnissen und Forderungen. Denn die machtvolle *Vorstellung* unserer Eltern von uns ist es, die wir möglicherweise gewähren und unser erblühendes Selbst ersticken lassen.

»Vielleicht braucht Gabrielle es jetzt gerade, daß sie einfach zu Hause herumhängen kann und daß Sie sich deswegen nicht so anstellen«, meinte meine Analytikerin.

Langsam und allmählich fand ich Gabrielles Niedergeschlagenheit weniger bedrohlich. Es war angenehm, sie in der Nähe zu haben. Ich hörte auf, mir darüber Gedanken zu machen, ob sie Tolstoj las oder Pläne übers Weiterstudieren machte oder ob sie in ihren Kleidern schick und schlank aussah. So kam es für sie schließlich in Ordnung, daß sie einfach ihr deprimiertes, verwirrtes, pubertäres Selbst war – eben jenes Selbst, vor dem ich wahrscheinlich seit dem Tag, an dem ich 13 wurde, davongelaufen war.

Sobald ich aufgehört hatte, bestimmte Erwartungen an meine Tochter zu richten – sie nämlich vor allem in Gestalt ihrer Leistungen zu sehen –, begannen sich die Dinge zwischen uns zu ändern. Ich kam zum Beispiel von einem Ausgang zurück und fand sie in meiner Wohnung vor. Statt nun zu denken: »Oh Gott, warum ist sie nicht draußen und erobert die Welt?«, war ich froh, daß sie da war. Vielleicht würde ich in meiner winzigen Behelfsküche einen Topf Suppe machen, sie würde sich neben mich zwängen, und wir würden zusammen Gemüse schneiden. Ihr Körper war häufig verspannt, und ich massierte ihr manchmal Rücken und Nacken. Wir sahen uns alberne Sachen im Fernsehen an. Wir gingen ins Kino und ins Theater. Als ich sie schließlich auf die Bulimie direkt ansprach – direkt insofern, als ich sagte, ich wisse, daß sie daran leide –, war sie bereit, darüber zu sprechen.

Mir schien, als gebe es einen direkten Zusammenhang zwischen ihrer Bereitschaft zu sprechen und meiner Bereitschaft zuzuhören. Sie hatte gefressen und erbrochen, seit sie 15 war. Zuerst, sagte sie, sei es eine reizvolle Sache gewesen, eine leichte Art abzunehmen, etwas, das eine gute Freundin von ihr auch tat. Aber zu der Zeit, als sie nach Harvard ging, stellte sie fest, daß sie nicht mehr damit aufhören konnte.

Ich sprach mit Gabrielle nicht sehr viel übers Aufhören. Meine Analytikerin half mir zu verstehen, daß ihr Verhalten ein Symptom ihres allgemeinen Unglücklichseins war, mochte es für mich, zumal im Licht meiner eigenen Neigung zum Zwanghaften, auch sehr beängstigend sein. Das rauschhafte Essen würde aufhören, wenn es Gabrielle besser ging – und wahrscheinlich, wenn sie und ich eine bessere Beziehung zueinander entwickelten. Ich mußte lernen, meiner Tochter zu vertrauen, zu sehen, daß sie der Kapitän ihres eigenen Schiffes war, und zu glauben, daß sie die Kraft hatte, es zu lenken. Die Einstellungen, die ich Gabrielle gegenüber gehabt hatte, reflektierten meine unbewußten Einstellungen mir selbst gegenüber. Ich mußte nicht meine Einstellung zu meiner Tochter ändern, sondern die zu mir selbst.

5. Kapitel

Die Mutterbindung

Die sich entfaltende Beziehung zu meinen Töchtern hat mir geholfen, allmählich einige der schwierigeren Aspekte in der langewährenden, komplizierten Bindung an meine Mutter zu verstehen. In bezug auf meine Töchter *bin* ich in einem bestimmten Maß meine Mutter. Ich habe schließlich erkannt, daß ich viele von ihren Gefühlen und Ängsten selbst habe und einige derselben Abwehrmechanismen, mit denen sie sich schützte. Zuerst war es sehr beunruhigend, bestimmte Ähnlichkeiten zwischen meiner Mutter und mir zu entdecken – ich hatte immer gedacht, es gebe keine –, aber später sah ich, daß ich letztlich einfühlsames Verständnis für uns beide gewann.
Als Mädchen hatte ich mich immer für das seelische Wohlbefinden meiner Mutter verantwortlich gefühlt. Einmal, ich war acht oder neun Jahre alt, sagte ein Nachbarsmädchen etwas Kritisches über meine Mutter, und noch Jahre später trieb es mir die Tränen in die Augen, wenn ich mir diese Episode in Erinnerung rief. *Arme Mama.* Es war etwas Köstliches in diesem Gefühl – und etwas Masochistisches. War ich mit der armen Mama identifiziert? Und ob. Bis heute kann ich mich genau erinnern, wie sorgfältig ich den Plan schmiedete, ihr zu Weihnachten einen kleinen elektrischen Handmixer zu kaufen. Das Geschenk, dachte ich, würde dazu beitragen, die Last ihres Lebens zu erleichtern – das Übermaß an Arbeit, ihre Isolation und ihre Einsamkeit.
In welchem Maß die Last real oder eher in meiner Phantasie vorhanden war, eine Projektion meiner eigenen Einsamkeit, ist schwer zu sagen. In jenen Jahren, als mein Vater tagsüber arbeitete und abends zur *Graduate School* ging, verbrachte ich viel mehr Zeit mit meiner Mutter als er. Und von ihren beiden Kindern war ich das ältere, verantwortliche. Und ich war die

Tochter. Diese Bindung zwischen zwei weiblichen Wesen hatte etwas Einzigartiges. Etwas Einzigartiges, etwas Positives und zugleich etwas Drückend-Erstickendes.

Die meisten Mädchen erfahren, wenn sie heranwachsen, daß die Mutter ihnen gegenüber besondere Erwartungen hegt. Die Tochter ist schließlich das *alter ego*, diejenige, die der Mutter am ähnlichsten ist. Es ist wichtig, daß sie wunderbar ist, auf welche Weise auch immer Frauen zu jenem Zeitpunkt nach Maßgabe der Gesellschaft wunderbar sein sollen. Heutzutage kann ein Mädchen nicht einfach nur hübsch und süß sein. Um als adäquat zu gelten, muß es aus der Tatsache, daß die Frauen sich befreit haben, Nutzen ziehen und in der Welt der Männer unter den gleichen Bedingungen wie diese konkurrieren. Und es darf keine Abhängigkeit zeigen – diesen schrecklichen Zustand, dem gegenüber die Mutter so viel Ambivalenz bewahrt.

Die Mutter kann eine ohnehin schwierige Situation noch schwieriger machen, wenn sie von ihrer Tochter verlangt, daß sie unabhängig und erfolgreich, zugleich aber anpassungsbereit und willfährig ist. In der späten Adoleszenz befindet die Tochter sich schließlich in einem klassischen *double bind*: verdammt, wenn sie die Mutter verläßt, und verdammt, wenn sie bleibt. Dieser *double bind* kann sich noch lange erhalten, nachdem sie ihr Zuhause, die Stadt, das Land verlassen hat. Er besteht auch bei den Frauen fort, die auf andere Weise protestieren, die schwören, sie wollten lieber tot sein als in einem dumpfen kleinen Haus in einer dumpfen kleinen Stadt leben wie Mutter. Opposition ist ein sicheres Zeichen für Abhängigkeit.

Aber die Tochter, die heranwächst und tatsächlich unabhängig wird, kann niemals eine genaue Kopie ihrer Mutter werden. Nur »wenn die Tochter nicht das vorgegebene, sondern ein freies Leben führen will, eines, das nicht das Leben der Mutter wiederholt«, sagt Vivian Gornick, kann eine echte Trennung vollzogen werden.[1] Das geschieht nicht leicht. Damit Mutter und Tochter alle Arten eigenständiger Existenz für sich erschließen können, »muß die Mutter gegen die Tochter kämpfen, und die Tochter muß um ihr eigenes ängstliches Selbst kämpfen. Sie hängen beide am selben Seil, voll schmerzhafter Wut aneinandergeschlossen in einem Spiegelbild ihrer selbst, das zugleich vertraut und erschreckend ist«.[2]

Das primäre Gefängnis

In dem Winter, als sie 18 wurde, begab sich Rachel, das jüngste meiner drei Kinder, auf eine viermonatige Reise in die Wildnis – ein Versuch, jedenfalls zum Teil, ihre Gebundenheit an mich zu brechen. Mir erschien diese Art und Weise ihres Vorgehens harsch. Sie reiste mit einer kleinen organisierten Gruppe und schlief bei Temperaturen unter Null in Schneehöhlen. Sie machte Rucksackwanderungen in North Dakota, Schneeschuhwanderungen in Wyoming, und fuhr allein im Kajak durch die weißen Wasser des Dolores River, wo sie die großen, gewaltigen Stromschnellen, bekannt als »boxcars«, Bomber, umfahren lernte. Wir konnten alle drei bis vier Wochen per Telefon Verbindung aufnehmen, aber per Post war es schwierig, weil sie zu Pferde in die Wildnis gebracht werden mußte. Ich machte mir natürlich wegen allem Sorgen: Erfrierungen, Lawinen mitten in der Nacht... Meistens kaute ich Fingernägel und wartete auf ihren Anruf – über die größer werdende Distanz zwischen uns in ebenso großer Sorge wie um ihr Überleben. Einmal schrieb sie von den Colorado Canyonlands: »Ich spüre Verzweiflung in deiner Sehnsucht nach mir...«

Ich war überrascht, als ich das las, aber dann dachte ich sofort: Rachel drückt aus, wie *sie* die Bindung empfindet. Sie drückt *ihre* Angst vor Trennung aus.

Aber war nicht die Schnelligkeit, mit der ich entschied, daß dies Rachels Problem sei, ein Zeichen dafür, daß auch ich vor einer schmerzlichen Realität auswich? Ich brauchte meine Tochter, und ich hatte mich jahrelang auf die Beziehung zu ihr gestützt, um den Boden unter mir zu festigen. Nun war sie fort, ein Kind, das in eine mir unbekannte Welt, die Wildnis, verschwunden war. Besonders, weil sie mein letztes Kind war, fühlte ich mich deswegen isoliert und allein.

Jahrzehntelang haben die Fachleute für Kindererziehung fast nebenbei über die Notwendigkeit »loszulassen« gesprochen, die für eine Mutter besteht, wenn ihre Kinder heranwachsen. Ich dachte, ich hätte die fortschreitende Trennung zwischen meinen Töchtern und mir akzeptiert, aber unbewußt untergrub ich ihre Bemühungen. Ich rief zum Beispiel bedenkenlos von Tokio aus an, um zu hören, ob Rachel daran gedacht hatte, ihr Auto reparieren zu lassen. Sie antwortete auf solche Bedrängung, als wäre ich leicht verrückt. Traute ich ihr nicht zu, daß sie sich um ihr Auto kümmerte, wie sie es versprochen hatte?

Wenn unsere Kinder uns zeigen, daß sie uns weniger brauchen, bekommen wir Angst, wir könnten etwas verlieren, auf das wir uns für unser Identitätsgefühl immer gestützt haben. Je weiter eine Reise mich führt, desto mehr verlangt es mich nach der wonnevollen Einheit mit meinen Kindern, dem Geschenk der Mutterschaft. Natürlich sage ich mir, daß es gute Gründe für meine besorgten Anrufe gibt, daß es für eine Mutter »natürlich« ist, sich zu versichern, daß ihre Kinder gut aufgehoben sind. Aber meistens haben meine zwanghaften Anrufe mit meiner eigenen Angst vor Trennung zu tun.

Ich rufe meine Töchter an, wenn ich unterwegs bin, selten meinen Sohn, und das erscheint mir entlarvend. Meine Beziehung zu Conor ist einfacher und mehr geradeheraus. Conor, ein disziplinierter junger Mann mit einem guten Sinn für Humor, ist jemand, mit dem ich Spaß haben und mich entspannen kann. Ich sorge mich um ihn nicht so wie um meine Töchter. Von ihren Ängsten und Unsicherheiten eingenommen, zeichne ich ihre psychische Entwicklung nach, wie manche Mütter die Haarfarbe ihres Kindes und die Länge seines Füßchens in einem besonderen Baby-Buch vermerken. Es ist nicht viel, was meiner liebenden Kontrolle entgeht – so glaube ich jedenfalls. Das Problem ist, daß ich oft den Blick für die Unterschiede zwischen den Problemen meiner Töchter und meinen eigenen verliere. Ich habe die Neigung zu *erraten*, wie sie sich fühlen, statt sie danach zu fragen, weil mir der Wahn, ich wüßte alles, Sicherheit verleiht. *Oh, ich kenne meine Mädchen besser, als sie sich selbst kennen. Nichts kann mich in bezug auf sie besonders überraschen.*

Ist es ein Wunder, daß angesichts der Intensität meines mütterlichen Zugriffs – meines Bedürfnisses, alles unter Kontrolle zu haben – Rachel in Fledermaushöhlen und riesige Stromschnellen getrieben wurde in ihrem Bemühen, frei zu werden?

Oder daß Gabrielle bulimisch wurde?

Wie sich die Mutterbindung auf die weibliche Entwicklung auswirkt, ist derzeit ein wichtiges psychologisches Forschungsgebiet. »Eine Tochter fühlt sich unbewußt eins mit ihrer Mutter«, schreibt Nancy Chodorow in ihrem Neuland erschließenden Buch *Das Erbe der Mütter.* Sich an die Mutter und an ihre Sicht der Tochter gebunden zu fühlen, kann diese veranlassen, daß sie sich eine frühreife »Erwachsenen«-Fassade zulegt. Viele Mädchen finden, sie seien imstande, »in der Welt zu handeln«, sagt Chodorow, während sie doch an einer inneren Formlosigkeit leiden, die von einer unfertigen Identität herrührt. Für solche Mädchen ist »Reife« eine Art »Schauspielerei«.[3]

Diese falsche Reife kann die Fähigkeit der Frauen, zu arbeiten und intime Beziehungen zu genießen, wohl beeinträchtigen. Die Redaktionsleiterin einer New Yorker Zeitung steckte vier Jahre lang in einer Beziehung, der sie sich weder ganz verpflichten noch entziehen konnte. Sie wohnte in der Wohnung ihres Freundes, ließ aber ihre Kleider in ihrer eigenen Wohnung 20 Häuserblocks entfernt. Dies Arrangement verschaffte ihr die Illusion der Unabhängigkeit. »Meistens befand sich der eine Schuh in seiner Wohnung und der andere unter meinem Bett. Es war lächerlich. Aber ich hatte Angst davor, meine eigene Wohnung aufzugeben. Manchmal spürte ich, wie ich schwach wurde, und dann sagte ich mir: ›Sei stark. Sei reif.‹ Und dann bemerkte ich, daß ich meine Unterwäsche in einer Papiertüte mit mir herumtrug, und ich dachte: ›Ist das reif?‹«[4]

Mit Sicherheit beeinflußte die Mutterbindung auch den Reifungsprozeß von vier jungen Frauen, die gerade in New York angekommen waren, um dort ihr Glück zu machen. Frisch aus den engen Grenzen eines Colleges für katholische Frauen in Washington entlassen, erwarteten sie, daß das Leben in der großen Stadt wunderbar sei. Jahrelang hatten die Nonnen für sie die Regeln bestimmt und sie auf dem rechten Weg gehalten. Nun waren sie endlich im Begriff, die Dinge selbst in die Hand zu nehmen.

Das war im Jahr 1958. Als Jüngste der Gruppe mag ich wohl am naivsten gewesen sein. Nach den damaligen Maßstäben jedoch wurden wir alle vier als kühn angesehen, weil wir das Risiko des Stadtlebens wagten. Es dauerte nicht lange, bis wir die Regeln der Straße kannten und uns in Manhattan sicher bewegen konnten. Aber ohne daß wir es wußten, verfehlten wir die für wirkliches Wachstum und wirkliche Veränderung notwendige Trennung von unseren Müttern.

Wir wohnten schon seit Monaten in unserer Wohnung in der East 79th Street, da entdeckten wir erst, daß eine fünfte Mitbewohnerin sich unserer kleinen Ménage angeschlossen hatte: Frans Mutter. Wenn auch nicht physisch anwesend, schwebte sie doch allzeit im Geiste um uns. Fran war so sehr mit ihrer

Mutter identifiziert, daß es schien, als hätte Frau P. die Führung unseres Haushalts übernommen. So lebten wir mit unterschiedlich großer Dankbarkeit vor uns hin. Was wußten wir schließlich über das Leben in der wirklichen Welt? Frau P. wußte alles. Wir lernten, daß »Soilax« das einzige Reinigungsmittel ist, das die Wandfarbe nicht angreift, daß leere Einkaufstüten nicht wegzuwerfen, sondern sorgfältig zusammenzulegen und zwischen Küchentheke und Kühlschrank aufzubewahren seien. Wenn wir beim Verlassen der Dusche ausrutschten, weil wir vergessen hatten, die Duschmatte hinzulegen, hörte man Frans Mutter flüstern: »Ich habe es euch gleich gesagt.« Für erstaunlich lange Zeit fühlten wir uns von ihrer Herrschaft, von all dem »Tu dies« und »Unterlasse jenes« unterstützt, bis es uns endlich dämmerte, daß auf diese Weise unsere Unabhängigkeit untergraben wurde. Anstelle unserer Eltern, anstelle der Nonnen, anstelle des Papstes persönlich war es Frans Mutter, die uns sagte, wie wir uns verhalten sollten. Unmerklich waren wir auf *ihr* Bild dessen eingestiegen, wie junge Frauen in einer New Yorker Wohnung sich verhalten sollten, bevor sie den »richtigen Mann« trafen und heirateten.

Die Colleges hatten sich damals die Verantwortung zu eigen gemacht, *in loco parentis*, anstelle der Eltern, zu fungieren. Als wir nach New York gezogen waren, hatten wir das College, das vorher den Platz der Eltern eingenommen hatte, einfach durch Frau P. ersetzt. Diese Lebensweise minderte zweifellos die Angst vor dem Erwachsenwerden, aber sie verlangsamte diesen Prozeß auch. Wann immer wir in Beziehungen verhaftet bleiben, wo die andere Person als psychischer Ersatz für unsere Eltern fungiert – und wo wir Kinder bleiben –, wird die innere Entwicklung gebremst.

Individuation: anders werden als die Mutter

Der Prozeß, in dem wir ein separates Individuum – wirklich wir selbst – werden, bleibt wegen der besonderen Beschränkungen, die den Mädchen beim Heranwachsen auferlegt werden, ein besonders kritischer Komplex. Diese kulturellen Beschränkungen, zumal im Verein mit der besonders engen Mutterbindung, erschweren es den Mädchen sehr, Getrenntheit und Verschiedenheit als angenehm zu empfinden. Heutige Frauen konkurrieren mit den Männern und widmen sich der Entwicklung von Geist und Körper, aber psychisch bleiben sie oft Mamas kleines Mädchen, das Angst hat, Mama könnte, wenn es zu erfolgreich – zu eigenständig – wird, aufhören, es zu lieben. Und dann ist es verloren. In *Mütter, Großmütter und Töchter*, einer wichtigen, 1985 veröffentlichten Untersuchung der weiblichen Persönlichkeit, stellten Bertram Cohler und Henry Grunebaum von der *Medical School* der Universität von Chicago und der *Harvard Medical School* fest, daß Mädchen an »einem Mangel an Getrenntheit [von ihren Müttern] leiden, der bei jungen Männern und ihren Vätern so nicht vorhanden ist«. Jungen erhalten mehr Anreiz, ein Leben außerhalb der Familie zu entwickeln, und zu Hause gewährt man ihnen ein größeres Eigenleben. Von Mädchen wird erwartet, daß sie Aufträge erledigen, daß sie »hilfsbereit« gegenüber anderen Familienangehörigen sind, und »es ist wahrscheinlicher als bei Jungen, daß sie zu den in der Familie üblichen Versorgungstätigkeiten herangezogen werden«. Schon in der mittleren Kindheit, so gibt die Studie von Cohler und Grunebaum an, sind die Mädchen »in der Schule willfähriger und in der Interaktion mit ihrer Umgebung weniger neugierig als Jungen desselben Alters«.[5]

Paradoxerweise wird von einem kleinen Mädchen erwartet, daß es »ein Gefühl von Verschiedenheit und Eigenständigkeit entwickelt, wo doch seine frühe Sozialisation genau dies verhindert«.[6] Selbst wenn ihre Töchter erwachsen sind, möchten die Mütter sie nahe bei sich behalten und sie zugleich von sich stoßen. Meine Mitbewohnerinnen und ich erlebten dies Fortstoßen und An-sich-Ziehen jedesmal, wenn unsere Eltern mit ihren entnervenden Anrufen aufwarteten. Und in der nächsten Generation erlebten Rachel und Gabrielle das gleiche mit meinen Anrufen. »Glaubt Mutter nicht, daß ich es schaffe?« fragt sich die junge Frau unweigerlich, denn warum sonst sollte Mama in den Kulissen herumflattern, das Drehbuch in der Hand, bereit, den Text herauszuschreien, sobald die Tochter stolpert? Helene Deutsch sagt in ihrem Buch *Die Psychologie der Frau*, daß Mutters übermäßige Betroffenheit zu einer fortlaufenden »Spirale der Angst« beiträgt, die »Mutter und Tochter gleichermaßen überzeugt sein läßt, daß Trennung die allzeit drohende Katastrophe auslösen würde«.[7]

Gefesselt

Frauen, die sich über Gefühle der Leere beklagen, geben oft an, daß sie eine »nahe« Beziehung zu ihrer Mutter haben. Aber diese »Nähe« ist nicht die »zwischen zwei eigenständigen interagierenden Personen«, hat Signe Hammer beobachtet, die eine Untersuchung mit 75 Töchtern, Müttern und Großmüttern durchgeführt hat. Es ist die Nähe zwischen zwei Menschen, die eigentlich fast eine Person sind, die nicht genau wissen, wo die eine aufhört und die andere anfängt.[8]

Der frühzeitige Kampf der Tochter, eine von der Mutter getrennte Person zu werden, lodert in der Pubertät neu auf. Oft gewinnt die Mutter ein obsessives Interesse für Gewicht, Erscheinungsbild und Eßgewohnheiten ihrer Tochter. Nun werden Mutter und Tochter angstvoll, haben mit Gefühlen intensiver, ausschließlicher Gebundenheit zu kämpfen, mit oralen Trieben und Essen und mit dem Bedürfnis, sich gegenseitig zu kontrollieren.

Die Tatsache, daß die körperliche Reifung der Tochter zu

einem Zeitpunkt geschieht, wo die Mutter sich davon bedroht fühlt, die Bewunderung zu verlieren, die andere ihrem Körper und ihrer Erscheinung zollten, verstärkt die Krise für beide. Die Mutter sieht auf ihre Tochter, um die schreckliche Wunde zu kompensieren, die der Prozeß des Alterns ihrem Stolz zufügt. Nun muß die Tochter Diät halten, sich auf die Gesellschaft vorbereiten, sich tadellos kleiden, sie muß die Bewunderung der anderen gewinnen und auf vielfältige Weise überragend sein, so daß die Mutter in ihre Augen schauen und durch die Spiegelung ihrer selbst, die sie dort sieht, glänzen kann.

Das mütterliche Bedürfnis, sich mit der Tochter eins zu fühlen, kann zu einer angstvollen Präokkupation mit dem Leben des Mädchens werden. »Es ist ein psychisches Phänomen«, sagte eine Frau aus Kalifornien zu mir. »Ich weiß immer, wann meine Tochter krank ist. Sie kann gerade in der Schule sein. Ich kann seit einem Monat nicht mehr mit ihr gesprochen haben. Egal. Ich bekomme dies bestimmte Gefühl, und ich *weiß* es, und dann rufe ich sie an, und mit Sicherheit...«

Mit Sicherheit liegt Mutter wieder haargenau richtig; die Tochter ist, wie vorausgesehen, krank. »Sie sind sich sehr nahe«, meint auch ihr Mann. Sie scheint ihm zu gefallen, diese Bindung zwischen seiner Frau und seiner Tochter. Solche Nähe wird im Familienleben traditionell als ideal angesehen, besonders zwischen den Generationen der Frauen. »Nirgends in der Literatur gibt es eine Protagonistin, die in einen Kampf, sei es mit dem Vater oder mit der Mutter, zugunsten der Welt *jenseits der Kindheit* verstrickt wäre« [Hervorhebung von C. D.], bemerkt Vivian Gornick in einem Essay in der *New York Times Book Review*.[9]

Wir haben zwar für eine neue Unabhängigkeit gekämpft, aber etwas von dem psychischen Schaden, der aus der allzu großen Abhängigkeit von unseren Müttern entstanden ist, bleibt. Die Auswirkungen dieser Bindung zeigen sich frühzeitig. Mit etwa zwei Jahren schon haben Mädchen »ein Verhaltensmuster beharrlicher Nähe« und einen Mangel an Eigenständigkeit angenommen, welche die Basis ihrer künftigen erwachsenen Beziehungen sind, sagen Cohler und Grunebaum. Sie haben dies Muster über drei und vier Generationen einer bestimmten Familie nachgezeichnet. Weil die Mütter die Kinderaufzucht ganz oder fast ganz übernehmen, werden weibliche Kinder »von ihren Müttern schon früh in die gleiche abhängige, nachdrückliche Rolle innerhalb der Familie sozialisiert, wie diese es ihrerseits von ihren Müttern erfahren hatten«,[10] erklären die Autoren. Sie danken es den feministischen Forscherinnen Nancy Chodorow und Dorothy Dinnerstein, daß sie zu dem Schluß gekommen sind: Wenn die Väter sich gleichermaßen an der Kinderaufzucht beteiligen würden, hätten die Mädchen weit bessere Chancen, aus dem mütterlichen Gefängnis auszubrechen.

Diese Bindung an die Mutter, sagt Nancy Chodorow, hält das Mädchen im Niemandsland zwischen Kindheit und Vollendung einer reifen psychischen Entwicklung fest.[11] Frauen konkurrieren heute mit Männern und suchen ihren Geist und ihren Körper zu entwickeln, doch emotional bleiben sie häufig Mutters Mädchen, voller Furcht, Mutter würde sie nicht mehr lieben, wenn sie zu erfolgreich – zu selbständig – würden. Und dann wären sie verloren.

Wurzeln der Mutter-Tochter-Verschmelzung

Die Psychologen sagen, daß das Kind sich die Mutter »einverleibt«, was bedeutet, daß es seine geistige Vorstellung von der Mutter in sich hinein nimmt. So wird es dem Kind möglich, die Angst zu umgehen, die durch das Gefühl des Getrenntseins ausgelöst würde. Die daraus resultierende Verschmelzung nennen die Psychologen »primäre Identifizierung«. In der Vorstellung des Kindes sind Mutter und Kind im Grunde eins. Im Lauf seiner Entwicklung erlangt das Kind die Fähigkeit, die Mutter als getrennte Person zu erleben – eine Person mit eigenen Interessen, kurz, eine Person, die *fortgehen* kann. Das Kind wird sich nie ganz und vollständig fühlen können, ehe es nicht die Geschiedenheit und Individualität der Mutter anerkennen kann.

Es gibt jedoch Sozialwissenschaftler, die glauben, daß diese Trennung zwischen Müttern und Töchtern niemals ganz vollzogen wird. Töchter behalten immer Reste jener frühen primären Identifizierung mit ihren Müttern. Sie sind immer in Gefahr, in der Mutter-Kind-Dyade hängenzubleiben. Wenn sie erwachsen sind, werden ihre intimen Beziehungen tendenziell die gleiche klebrige Beschaffenheit der Bindung aufweisen, dies »Wo hörst du auf, wo fange ich an?«, was der Mutter und ihnen gemeinsam war – und ist.

Das Gefühl körperlicher Identität, das Mütter in bezug auf ihre weiblichen Babys haben, ist ein früher Hinweis auf die symbiotische Bindung. »Ich kann mich erinnern, daß ich, als Ruth noch ein Baby war, an meinem Körper herunter sah, wenn ich mich im Bett in einer bestimmten Lage befand, und daß ich dachte, es sei Ruths Körper«, berichtete eine Frau mit einer dreijährigen Tochter ihrer Therapeutin. »Die Form meiner Knie oder meiner Arme sah für mich aus wie Ruths Körper. Und als sie ihre erste Erkältung hatte, fühlte ich mich krank.«[12]

In *Understanding Women* erklären die Therapeutinnen Susie Ohrbach und Luise Eichenbaum, daß eine Mutter, wenn sie ihre Tochter anschaut, dazu neige, »Spiegelbilder ihrer eigenen Erfahrung mit dem Bemuttertwerden zu sehen, ihre eigene Kindheit und ihr Heranwachsen, ihr ganzes Leben als Frau«.[13] In manchen Familien geht das so weit, daß die Tochter das Gefühl hat, sie *sei* ihre Mutter und umgekehrt. Die beiden koexistieren in einem klebrigen Gespinst, das den Eindruck erwecken mag, es nähre sie, das faktisch aber beide daran hindert, frei zu sein.

Das Verwischen der Grenzen zwischen Tochter und Mutter

kann bis ins Erwachsenenalter der Tochter fortbestehen. Die psychische Verstrickung zeigt sich sehr deutlich, wenn eine Tochter selbst Mutter wird. »Es gibt Zeiten, da höre ich mich an wie meine Mutter«, klagte eine Frau gegenüber Cohler und Grunebaum. »Als wäre ich wieder Kind, und ich höre meine Mutter, wie sie Betsy und mich anschreit und dann ganz kalt wird und uns ignoriert, wenn wir nicht taten, was sie wollte.«[14]

Nur ist *sie* es jetzt, die kaltherzig wird – kaltherzig gegen *ihre* Töchter. Sie kann es hören, sie kann es fühlen, aber sie scheint es nicht einstellen zu können. Es ist ein unheimliches Phänomen, eines, das praktisch jeder Frau widerfährt, die eine Tochter hat: *Ich behandle sie genauso, wie meine Mutter mich behandelt hat.*

Die mögliche Schädlichkeit einer mangelhaften psychischen Trennung der Mutter von ihrem Kind war das Hauptthema in dem bekannten Sorgerechtsstreit um das »Baby M« (bekannt als Sara/Melissa), der zwischen Marybeth Whitehead, der Leihmutter, und den Sterns geführt wurde, die Whitehead angeworben hatten, damit sie das Baby zur Welt bringt. Experten, die als Zeugen zugunsten der Adoptiveltern gehört wurden, waren von Whiteheads »verstrickendem Verhalten« alarmiert, das ihres Erachtens den Versuchen ihrer älteren Kinder, sich zu trennen und zu wachsen, abträglich sei. »Sie fönt ihnen morgens die Haare und bestimmt jeden Tag für sie, was sie anziehen«, sagte ein Zeuge in bezug auf Whiteheads 12jährigen Sohn und ihre 11jährige Tochter. Es wurde auch bemerkt, daß Frau Whitehead oft anstelle ihrer Kinder antwortete, wenn diese etwas gefragt wurden, und daß sie sie ihre »Barbie- und Ken-Puppen« nannte.[15]

Einige der vom Gericht bestellten Psychiater befürchteten, daß Whitehead, wenn man ihr das Sorgerecht zusprach, die psychische Entwicklung des neuen Babys hemmen würde. »Es gibt Grund zu der Annahme, daß Frau Whitehead so im Übermaß mit Sara/Melissa identifiziert ist, daß sie oft außerstande ist, ihre eigenen Bedürfnisse und die des Babys auseinanderzuhalten«, machte Judith Brown Grief, klinische Psychiaterin am *Albert Einstein College of Medicine*, geltend.[16] In ihrer Zeugenaussage schilderte Dr. Grief einen Vorfall, den sie zu Hause bei den Whiteheads beobachtet hatte. Sohn und Tochter von Frau Whitehead wetteiferten um die Aufmerksamkeit des Babys (das sich für die Dauer der Verhandlung regelmäßig bei den Whiteheads aufhalten durfte). Frau Whitehead sah zu den mit Sara/Melissa spielenden Kindern hin und sagte: »Sie will keinen von euch, sie will mich.« Aber das Baby »hatte keine Bewegung in Frau Whiteheads Richtung gemacht«, stellte die Psychiaterin fest.[17] Dr. Grief und andere psychiatrische Zeugen betrachteten Frau Whiteheads Verhalten als anklammernd und bedrängend, als Ergebnis einer Projektion der eigenen Bedürfnisse auf das Baby, so daß dessen Bedürfnisse nicht wahrgenommen wurden.

Marshall D. Schecter, Professor für Kinderpsychiatrie an der *School of Medicine* der Universität von Pennsylvania, fragte sich, ob Frau Whitehead in ihrem dramatischen Verlangen nach Sara/Melissa nicht tatsächlich eine Möglichkeit suchte, die ihr das Gefühl gab, *gesehen* zu werden – wichtig zu sein. »Was könnte ihr«, meinte Schecter, »in den von ihr beeinflußbaren Ereignissen ihres Lebens Besseres geschehen, als eine Leihmutter zu sein, um ihr Gefühl des Neuen und Einzigartigen zu verstärken?«[18] Solch ein Bedürfnis – verzerrt von primitiven, unvermittelten Trieben, die auf ihre eigene Kindheit zurückverweisen – kann eine Frau leicht dazu treiben, sich so zu verhalten, daß die psychische Entwicklung ihrer Tochter gestört wird.

In den letzten Jahren sind Psychologen auf die Spätfolgen aufmerksam geworden, die übermäßige Bemutterung auf weibliche Kinder hat. Doris Bernstein, eine New Yorker Analytikerin, hört von ihren Patientinnen oft die Klage, daß deren Mütter es nicht akzeptieren könnten, wenn sie sich anders als

diese entwickelten. »Ich glaube nicht, daß sie mich jemals wirklich *sah*«, sagte eine Frau. »Es ist, als wäre ich niemals in den Brennpunkt ihres Interesses geraten.«[19]
Der Wunsch, gesehen zu werden – und zwar deutlich –, rührt von Kindheitserlebnissen her, bei denen die Mutter so sehr an ihrer Tochter klebte, daß sie sie nicht mehr als getrennte Person wahrnehmen konnte. Der eigene Schatten ist einem schließlich selbstverständlich. Mutter »erwartete von mir, daß ich heranwachsen und genauso werden würde wie sie«, erinnert sich eine von Dr. Bernsteins Patientinnen. »Sie kleidete mich in den Farben, die *ihr* gut standen.« Mutter ist bis auf den heutigen Tag »überrascht und bestürzt, wenn ich anders bin«, sagt sie.[20]
Selbst wenn sie erwachsen sind, wird von Frauen mit überengagierten Müttern oft erwartet, daß sie nur das mögen, was die Mutter mag – dieselbe politische Partei, dasselbe Essen, denselben Geschmack in der Wohnungseinrichtung. Das gibt der Mutter das Gefühl, erfolgreich, beliebt, *wirklich* zu sein. Und niemand kann das so gut für sie leisten wie die Tochter.

Auf lange Sicht

In jenem einen Jahr in New York waren meine Mitbewohnerinnen und ich so wenig darauf vorbereitet, unser Leben anzupacken und zu gestalten, wie die Frauen in Cohlers und Grunebaums Studie. Wir blieben in beruflichen Stellungen, die uns langweilten, erhielten finanzielle Unterstützung von unseren Familien und fragten uns, ob wir wohl jemals so weit kämen, daß wir heirateten, um endlich befreit zu werden. Nun waren wir bald seit drei, vier Jahren aus der Schule, und wir fanden es immer noch schwierig zu erkennen, was für eine Einstellung zu den Dingen der Welt wir wirklich hatten (was von dem zu unterscheiden ist, was wir zu glauben glaubten).

Einmal aus der Schule, hatten wir kein Programm mehr. Und wenn wir Mutters Auffassung dessen, worum es in unserem Leben erwartungsgemäß gehen sollte, ablehnten – was sollten wir dann an ihre Stelle setzen? In den frühen sechziger Jahren mußte der neue Fahrplan für Frauen erst noch geschrieben werden.

Schließlich verlobte sich eine von uns.

Eine andere begann eine Psychoanalyse.

Eine dritte verließ New York für die Beruhigungen, die Philadelphia und die Heimat boten.

Ich wurde schwanger.

Es erschien mir wie ein Wendepunkt, eine Chance, mein übermäßig behütetes Leben aufzugeben und eine Zukunft anzutreten, die, so hoffte ich, mich wirklich machen würde. Ich verbrachte mit dem ersten smarten Mann, der mir begegnet war, vier in sozialer Hinsicht heikle Jahre in New York. Ich war scheu, er war scheu, und wir waren noch nicht verliebt. Ich weiß gar nicht, ob wir jemals tatsächlich »verliebt« waren – wenn ich ihn am Ende auch wirklich liebte. Aber das war später. Zuerst war da nur das fremde Gefühl in seiner dunklen kleinen Wohnung in der Carmine Street in Greenwich Village, wo sich paarende Katzen durch das Fenster zum Garten rein- und raussprangen und mich mit ihren Liebesschreien erschreckten. Im Herzen war ich noch keine Frau, ich war noch ein junges Mädchen, noch nicht bereit für Ehe und Mutterschaft, für ein Leben in der Welt der Erwachsenen.

Aber ich sollte bald aus meinem Mädchenleben hinausgeworfen werden, ob ich nun bereit war oder nicht. *Wo ist die Mutter jetzt*, fragte ich mich, *warum bin ich so allein?*

Das alles geschah 1961, in einer ganz anderen Zeit als heute, was das Leben der Frauen betraf. In den achtziger Jahren hatten die Chancen ihre Tore geöffnet, und die Frauen waren hindurchgeeilt. Ironischerweise nahm die Mutter-Tochter-Beziehung zugleich mit der umfassenden Veränderung eine neue

Wendung. Es dauerte nicht lange, bis die Mütter nicht nur auf ihre Töchter schauten, weil sie ein Bild dessen suchten, was sie selbst waren, sondern auch ein Bild dessen, was sie hätten werden können. Mit anderen Worten, durch die Leistungen ihrer Töchter sollte ihr eigenes Leben Bedeutung gewinnen. Plötzlich fanden sich die jungen Frauen in einer Lage, in der das Doppelte von ihnen erwartet wurde.

Mutters Kampf gegen die Leere

Die 17jährige Debbie Spence hatte in jenem Sommer, als sie beschloß, Sportprofi zu werden, nicht nur mit ihren eigenen Problemen zu tun, sondern auch mit denen ihrer Mutter. Francine Spence war bis in die Zehenspitzen in die Siege und Niederlagen ihrer tennisspielenden Tochter verwickelt. Manchmal bewirkte ihre Überidentifizierung mit Debbie, daß sie Dinge verpfuschte. Francine teilte einem Reporter von der *New York Times* mit, sie versuche, »Kontrolle« über ihr Verhalten zu gewinnen, weil sie dazu neige, »zu sehr verwickelt, zu emotional« zu werden. Als Debbie das letzte Mal ein Spiel verloren hatte, ging sie mit einer Freundin einkaufen, ihre Mutter aber saß allein in ihrem Auto und weinte. »Du *hast* einfach diese Emotion«, sagte Francine. »Wenn du ihnen beim Spiel zuschaust, ist es fast, als spieltest du selbst. Wenn es vorbei ist, hast du das Gefühl, als hättest *du* verloren.«[21]
Mit 17 Jahren verheiratet, und das zu einer Zeit, als die Wahlmöglichkeiten für Frauen erheblich eingeschränkt waren, hatte Francine wie so viele Frauen ihrer Generation ihr Leben ihren Kindern gewidmet. Und dann begab es sich, daß diese Tochter so gut Tennis spielte, daß sie in die Gruppe der Weltbesten gelangen könnte. »Francine würde nie unmäßig reich sein oder eine Weltreisende oder eine unabhängige Karrierefrau«, meinte der *Times*-Reporter, aber Debbie stand vor einer Welt mit glänzenden Möglichkeiten. »Francine empfand

eine eigentlich nicht ihr gehörende Erregung, wann immer sie an die Zukunft ihrer Tochter dachte.«[22]
Töchter, deren Mütter so sehr mit ihnen verwickelt sind, fühlen sich am Ende ausgebeutet. »Meine Mutter ist mein bester Kumpel«, sagt Rhoda, eine Studentin im fortgeschrittenen Semester an der Morehead-Universität in Kentucky. »Aber sie ist auch ein verwöhntes Kind. Ich betrachte sie als Freundin, nicht als Mutter.«
Rhodas Mutter ist »keine Mutter« aufgrund ihrer Unfähigkeit, sich getrennt zu halten, was für ihre Tochter verstörend ist. »Wenn meine Mutter ein persönliches Problem hat, sei es ein sexuelles oder was auch immer, spricht sie mit mir darüber. Sie sagt: ›Oh, ich weiß, ich sollte dir das nicht erzählen, schließlich ist er dein Vater, aber du *weißt Bescheid.*‹«
Von ihrem Vater wird Rhoda in der gleichen Weise benutzt. »Wenn meine Mutter und mein Vater Streit haben, steigt Papa in sein Auto und fährt eine Weile herum, aber am Ende spricht er mit mir darüber. Und ich setze mich hin und denke darüber nach, und dann hole ich sie beide und sage: ›Also, ich sehe es so.‹ Und sie *hören* auf mich.«
»Manche Erwachsene sind selbst so sehr in einer Übergangsphase, daß sie es leichter finden, in ihren Kindern Erwachsene zu sehen«, sagt der Kinderpsychologe David Elkind. »Sie scheinen nicht bereit zu sein zu erkennen, daß ihre Teenager Aufmerksamkeit und Hilfe brauchen, vielmehr sehen sie sie als Personen, die *ihnen* helfen können.«
Viele Eltern kämpfen heute darum, ihr eigenes Leben zu ändern, und der Kampf, so Dr. Elkind, »verbraucht eine Menge Energie, die einst elterlichen Funktionen zur Verfügung stand«[23]. Eine Mutter kann so sehr in ihren eigenen Problemen gefangen sein, daß sie ihre Tochter drängt, selbständig zu werden, bevor sie bereit dafür ist. Vielleicht geht die Mutter auf eine Scheidung zu oder beginnt eine Therapie oder fühlt sich durch die Anforderungen von Karriere und Familie überwältigt. Die Verletzlichkeit nimmt in solchen Zeiten zu. Die

Mutter braucht die Hilfe einer Person, die liebevoll und klug und ruhig ist. Von jemandem, der sie spiegelt, der ihr keimendes Selbstgefühl bestätigt und stützt. Allzu oft wendet sie sich für diesen mütterlichen Trost an ihre Tochter.

Mädchen sind sehr sensibel für die emotionalen Bedürfnisse ihrer Eltern. Der Psychiaterin Gertrude Ticho zufolge scheinen sie den Schmerz, den ihre Eltern erleben, fast selbst zu spüren, und »der Schmerz wird oft noch verstärkt, wenn das Mädchen das einzige oder das jüngste Kind ist oder wenn die Ehe der Eltern nicht gut ist«.[24] Das Mädchen mag wie Rhoda am Ende das Gefühl haben, daß alles von ihm abhängt. *Sie* wird die Dinge zusammenflicken, *sie* wird ihre Mutter unterstützen, *sie* wird Papa die Anerkennung zollen, nach der er sich sehnt. Mädchen in einer solchen Lage neigen dazu, sich schuldig zu fühlen, wenn die Zeit kommt, von zu Hause fortzugehen. Sie haben das Gefühl, daß sie »die Mutter im Stich lassen«, sagt Dr. Ticho.

Wenn man Rhoda zum erstenmal begegnet, macht sie den Eindruck, daß nichts sie hindern wird, als Ärztin zu arbeiten, zu heiraten, Kinder zu haben – eben »alles zu haben«. Aber dieser oberflächliche Eindruck wird durch die Art und Weise, wie Rhoda tatsächlich lebt, Lügen gestraft. So kann sie zum Beispiel keinen Freund haben, ohne daß sie ihn »emotional völlig leersaugt«. Über einen Mann, von dem sie sich kürzlich getrennt hat, sagt sie: »Ich stellte fest, daß ich mich an ihn klammerte. Ich lebte alle meine Träume durch ihn. Das vertrug sich nicht mit meinem Studium, und meine Pläne, Medizin zu studieren, flogen zum Fenster hinaus. Plötzlich war *er* alles, was ich wollte.«

Rhoda fängt gerade an, sich ihres Mangels bewußt zu werden. »Meine Mutter ist sehr abhängig von mir, und das saugt mich psychisch manchmal richtig leer.« (Sie scheint nicht zu bemerken, daß sie das Wort »leersaugen« auch benutzt hat, um das Verhältnis zu ihren Freunden zu beschreiben.) »Manchmal werde ich sauer. Manchmal denke ich: ›Wo ist meine Mutter?

Ich brauche eine Mutter.‹ Verstehen Sie, ich brauche jemanden, der für *mich* da ist. Ich bin noch nicht über den Berg. Ich habe noch Wachstumsschmerzen, ich mache noch Entwicklungsphasen durch. Ich brauche Mama. Wo ist sie? Warum muß ich für *sie* da sein? Es ist, als wäre sie 13 und ich 22. Das ist *unfair*.«

»Eine Mutter verwickelt ihr Baby nicht in all ihre persönlichen Erfahrungen und Gefühle«, sagte D. W. Winnicott, Kinderarzt und Psychoanalytiker in einem der Gespräche für Eltern, die regelmäßig im Rundfunk gesendet wurden. »Sie vermeidet es, das Baby zum Opfer ihrer eigenen Impulsivität zu machen. Heute ist vielleicht so ein Tag, an dem alles schief geht. Der Mann von der Wäscherei ruft an, bevor die Liste fertig ist; an der vorderen Tür klingelt es, und an der Hintertür ist auch schon jemand. Aber eine Mutter wartet, bis sie ihr Gleichgewicht zurückgewonnen hat, ehe sie ihr Baby auf den Arm nimmt, was mit der üblichen Sanftheit geschieht, die das Baby bald als einen wichtigen Teil der Mutter kennt.«[25]

Winnicott spricht von der Fähigkeit zu wissen, was die eigene Sache ist und diese vom Baby getrennt zu halten. Diese Fähigkeit ist es, die einer Mutter das Gefühl gibt, für ihr Kind *verläßlich* zu sein. Eine Mutter beschützt ihre Tochter vor den Unwägbarkeiten ihres eigenen Lebens aus dem einfachen Grund, weil diese über das Bewältigungsvermögen des kleinen Mädchens hinausgehen. Aber eine narzißtisch gestörte Mutter wird ganz davon durchdrungen sein, welche zahlreichen Probleme sie in ihrem Leben hat und wie entschlossen sie sie handhabt. Sie wird ihre Tochter in diese Probleme verwickeln, und sie wird nicht sehen können, daß sie ihr Kind in eine unerträgliche Lage bringt.

Als meine erste Tochter auf die Welt kam, projizierte ich all meine geheimen Wünsche auf sie; ich stellte mir vor, daß sie brillant, frühreif, unsagbar schön sein würde. Ich glänzte in ihrem langen blonden Haar, das schneiden zu lassen mir uner-

träglich war, bis sie es im Alter von zwölf Jahren schließlich durchsetzte. Natürlich ging ich mit ihr zu einem der teuersten New Yorker Friseure, der gerade »in« war, wenn ich auch alle Hände voll zu tun hatte, um die Miete zusammenzukriegen.
Außer daß sie hübsch war, hatte Gabrielle noch weitere Pluspunkte. Sie konnte ihr Leben organisieren und ihre Angelegenheiten selbst regeln. In der Schule war sie immer eine der Klassenbesten. Sie war eine tolle Sportlerin, ganz besonders im Geräteturnen und Laufen. Es versetzte mich in Erregung zu sehen, wie sie ihren Körper hoch über den Barren schnellte. Gabrielle war bemerkenswert, nicht wahr? Ein Phänomen, von einer besonderen Gnade berührt.
Aber bei aller Bewunderung für meine Tochter *erwartete* ich in gewisser Weise von ihr, daß sie lief wie der Wind und daß sie auf dem Barren Handstand machte. *Ich erwartete es, weil sie meine Tochter war. Und hieß das nicht, daß sie die Blüte all meiner heimlichen Phantasien war?*
Ohne daß sie es selbst bemerkte, war Gabrielle die Verlängerung jenes Teils von mir geworden, der aufgebläht und grandios war – des Teils, der blenden und leuchten wollte wie die Flügel eines Schmetterlings.

»›Ich war die Perle in der Krone meiner Mutter. Sie sagte immer: auf Maja kann man sich verlassen, die macht es schon. Und ich machte es tatsächlich, ich habe ihr die kleinen Kinder großgezogen, damit sie ihre berufliche Karriere machen konnte. Und sie wurde immer berühmter, aber glücklich sah ich sie nie. Wie oft sehnte ich mich nach ihr an den vielen Abenden, die Kleinen weinten, ich habe sie getröstet, aber ich weinte nie. Wer hätte schon ein verweintes Kind gebraucht? Die Liebe meiner Mutter konnte ich nur bekommen, wenn ich tüchtig, verständnisvoll, beherrscht war, ihr Handeln nie in Frage stellte, nie zeigte, wie ich sie vermißte, das alles hätte ihre Freiheit beschränkt, die sie so brauchte...‹«[26]

Diese Worte stammen von einer Patientin der Schweizer Psychoanalytikerin Alice Miller und sind in ihrem Buch *Das Drama des begabten Kindes* zu lesen. Als ich sie las, riefen sie mir lebhaft in Erinnerung, was mit Gabrielle geschehen war. Wie Maja war Gabrielle das älteste Kind, das mit den anderen zu Hause blieb, wenn ich auf Forschungsreisen ging. Sie kochte für sie, räumte für sie auf, las ihnen vor. Obwohl sie nur 17 Monate älter als ihr Bruder war, war Gabrielle das »große Mädchen«, Mutters Helferin, Mutters Stolz. Sie hörte sich meine Probleme an und spendete Trost und Unterstützung. Ich fragte nie danach, was eigentlich vor sich ging, ich dachte nur, was für ein Glück ich hatte, so ein Kind zu haben, bis Gabrielle mit knapp 20 Jahren gegen diese »Beraubung« rebellierte, gegen den Verlust – in einem sehr realen Sinn – ihrer Kindheit. Sie war mein »besonderes Mädchen« gewesen, ja, aber um den Preis, daß sie niemals weinte, daß sie ihre Verletzungen und Frustrationen für sich behielt, daß sie mich abends niemals für sich hatte, weil ich immer in meinem Zimmer saß und arbeitete. Gabrielle war die Perle in der Krone ihrer Mutter, aber es war die *Mutter*, welche die Krone trug. Die Frage, die hier zu stellen ist, lautet: Besaß ich Einfühlung für mein Kind oder setzte ich tatsächlich vielmehr mich an die erste Stelle?
Es ist wahr, mein Leben als junge Mutter war schwierig. Allein drei Kinder großzuziehen, wie ich es über eine Reihe von Jahren tat, war nicht leicht. Die Art der Unterstützung jedoch, die ich brauchte, konnte nicht von einem Kind kommen noch hätte ich sie von meinem Kind erbitten dürfen. *Heute sage ich, daß ich nicht wahrnahm, wie Gabrielle litt – und meine Blindheit hatte nichts damit zu tun, daß ich so hart arbeitete, sondern damit, daß ich egozentrisch war.*
Diese Unterscheidung ist wesentlich. Es war in erster Linie meine Selbstbezogenheit, die mich meine Tochter sehr eigennützig behandeln ließ.

Die egozentrische Mutter

Die dunkelhaarige 27jährige Terry Reilley, Supervisorin der psychiatrischen Tagesklinik in einem katholischen Krankenhaus im Mittelwesten, weiß, wie schwierig es ist, erwachsen zu werden und ein selbständiges Leben zu führen, wenn Mutters Bedürfnis nach der Tochter sich hinter der Botschaft verbirgt, sie könne es allein, ohne die Mutter, nicht schaffen. In diesem Fall verhüllt sich das Bedürfnis, die Tochter gebunden zu halten, hinter kritisierenden, autoritären äußeren Formen. »Du bist nicht groß genug, um dies Kleid gut tragen zu können«, sagt sie. Oder: »Diese Hypothek ist zu hoch für dich. Das Haus wird dich ins Grab bringen.«

»Diesmal lasse ich sie *nicht* an mich heran«, sagt sich Terry jedesmal, wenn sie sich zu einem Besuch daheim aufmacht. Aber wie sehr sie auch bemüht ist, sich eine Haltung »erwachsener« Unangreifbarkeit zu eigen zu machen, Mutter setzt sich immer durch. Und weil sie noch von der mütterlichen Bestätigung abhängig ist, geht sie auf die Kritteleien ihrer Mutter ein, anstatt zu fragen, warum sie, um alles in der Welt, immer noch so beteiligt ist. Damit aber übernimmt sie Mutters »Zweifel« an ihren Fähigkeiten. Das gibt der Mutter Macht. Terry hat das Gefühl, daß, einerlei, wie gut sie ihre Arbeit macht oder wie viele Freunde sie hat oder wie profitabel sie ihr Geld anlegt, Mutter sie mit einer einzigen scharfen Bemerkung zur Schnecke machen kann.

Der Kampf um weibliche Identität wird intensiviert durch die Begegnung »zwischen einer Mutter, deren Leben unerfüllt war, und einer Tochter, die jetzt die Möglichkeit der Erfüllung hat«, schreibt Kim Chernin in *The Hungry Self.*[27] Indem sie ihre Töchter dazu drängen, überragend zu sein, rufen die Mütter bei ihnen Gefühle von Selbstzweifel und Unsicherheit wach. »Sie meint, ich könnte verheiratet sein, Kinder haben, den Haushalt führen *und* auf der Management-Leiter aufsteigen«, klagt Terry. »Ich sage zu ihr: ›Und was ist mit dir,

Mama? Warum machst *du* das alles nicht?‹ Ihre Antwort ist immer: ›Ich bin zu alt.‹ Sie ist 51. Uralt, nicht?«

Indem sie darauf beharrt, daß Terry »alles haben« soll, agiert die Mutter ihre eigenen Ambitionen und fesselt zugleich ihre Tochter, macht es ihr schwer fortzugehen. Das Spiel, das natürlich unbewußt ist, funktioniert in der Weise, daß es die Tochter abhängig und ängstlich bleiben läßt. Aber es schlägt auch zurück, denn die Tochter beginnt an der Frage zu verzweifeln, ob sie jemals ihrer Mutter wird vertrauen können, ob sie jemals ein gutes Gefühl ihr gegenüber haben wird. Und so macht die Mutter genau das, was sie sich am meisten wünscht, durch ihr manipulatives Verhalten zunichte.

Manchmal gibt es noch einen anderen Aspekt bei Mutters verborgenem Plan. Indem sie die Ängste ihrer Tochter schürt, kann sie sicher sein, daß *ihre* Tochter die Dinge im Leben, die sie selbst nicht erreicht hat, niemals bekommen wird. In gewissem Sinn schlägt sie zwei Fliegen mit einer Klappe. Sie hindert ihre Tochter daran, auf eine Weise zu leben und zu funktionieren, die qualvollen Neid bei ihr wecken würde, und sie hält ihre Tochter gebunden.

Die Bindung zwischen Mutter und Tochter ist nicht vor Neid gefeit. »Die Art der Mutter-Tochter-Beziehung, die in meiner Praxis am häufigsten zur Sprache kommt, ist die, in der die Mutter scharfen, erbitterten Neid auf die Chancen der Tochter empfindet, Ressentiments gegen die relative Leichtigkeit, mit der sie sich in diese neue chancenreiche Welt begeben konnte«, schreibt Kim Chernin.[28] Dies ist das erstemal in der Geschichte, daß eine Generation von Frauen so deutlich die Leistungen ihrer Mütter überholt hat. »Mütterlicher Neid ist für Frauen in meiner Altersgruppe ein Problem«, sagt eine New Yorker Lektorin von Mitte 30. »Meine Freundinnen und ich erhalten die klare Botschaft, daß Erfolg in unserer Karriere unsere Mütter verstört.«

Es ist für die Frauen schwierig, über die daraus resultierende

Angst auch nur zu sprechen, erst recht, sich damit auseinanderzusetzen. Einer sensiblen Tochter kann der eigene Erfolg fast wie eine Bestrafung der Mutter erscheinen. Von Mädchen wird nicht erwartet, daß sie ihre Mütter überflügeln, noch weniger als von Jungen, daß sie über ihre Väter triumphieren. Die Strafe für die Verletzung der Mutter ist Schuld – Schuld und Angst. *Wenn ich ihre Bedürfnisse ignoriere, ihre unerbittlichen Ansprüche an mich, werde ich dann am Ende allein und verlassen sein?*

»Eine neidische Mutter wird vielleicht die Bemühungen ihrer Tochter herabsetzen oder lächerlich machen«, sagt Ruth Moulton, eine bekannte Analytikerin in der Ausbildungsabteilung der *Columbia Psychoanalytic Clinic.*[29] Oder die Mutter befleißigt sich vielleicht einer einschränkenden, übervorsichtigen Haltung, indem sie ihre Tochter vor all den Fallstricken des Lebens in der großen, bösen Welt »warnt«. Diese Kombination von Überengagement und Negativität auf seiten einer Mutter mit einer erwachsenen Tochter sei in der Regel ein Zeichen für Neid, sagt Dr. Moulton.

Terrys Mutter Althea, seit einem Jahr verwitwet und weit entfernt von »uralt«, weiß, daß ihre Art und Weise, mit ihrer Tochter umzugehen, etwas Verdrehtes hat. Wie die frustrierte Mutter, die Shirley MacLaine in dem Film *Terms of Endearment* spielt, stellt Althea fest, daß sie an Terry herumzupft, als wäre sie noch ein Kind. Sie möchte, daß Terry erfolgreich ist, aber die neue Unabhängigkeit ihrer Tochter findet sie bedrohlich. »Warum kann Terry nicht erwachsen werden und ihren Weg gehen?« sagt sie zu Freunden. Und doch sabotiert sie die Bemühungen ihrer Tochter, denn noch größer als ihr Wunsch, Terry möge wunderbar und selbständig sein, ist ihr Wunsch, sie möge nie erwachsen werden und sie nie verlassen.

Was Terry betrifft, so spielt es keine Rolle, daß sie 100 Meilen entfernt lebt, in einem Haus, das sie von ihrem eigenen Geld gekauft hat, und daß sie mit ihrer Mutter nicht mehr viel spricht, wenn sie miteinander telefonieren. Eine echte Trennung gelingt ihr nicht. Sie kann sich von den doppelten Botschaften ihrer Mutter in bezug auf ihre Unabhängigkeit nicht befreien. »Sie findet mich prima, aber nur, wenn ich alles auf *ihre* Weise tue«, sagt Terry. »Es ist eine derartige Fessel, daß ich Depressionen bekomme.«

Manchmal kann auch die erblühende Sexualität der Tochter bei einer Mutter Eifersucht auslösen. Rebecca, die Anfang der siebziger Jahre in das Alter kam, sah, wie ihre Mutter kalt und kritisierend wurde, sobald sie sich verliebte. »Meine Mutter wollte immer diejenige sein, die den Jungen aussuchte«, erinnert sich Rebecca. »Sie hatte ihr Herz an diesen schrecklichen Columbia-Studenten gehängt, der einen roten ›Triumph‹ fuhr und Arzt werden wollte und der mir immer die Brust betatschte. Ich war nicht interessiert.«

Als es dann so weit war, wählte die Mutter natürlich den Jungen nicht nur nicht aus, sie *kannte* ihn nicht einmal. »Sie beschloß sofort, daß sie ihn haßte«, sagte Rebecca. »Ihrer Meinung nach war es das Schlimmste, was ich in meinem Leben tun konnte.«

Eifersucht stellt sich ein, weil der Freund der erste ernsthafte Konkurrent der Mutter in bezug auf die Tochter ist. »Jeder Junge, den ich nach Hause brachte, versetzte meine Mutter in Angst«, schreibt Vivian Gornick in *Fierce Attachments*. »Sie konnte nicht anders, als in Gedanken zu dem unvermeidlichen Augenblick vorauszueilen, da er ihr vitales Interesse bedrohen mußte.« Die Angst, ihre Tochter zu verlieren, kann eine Mutter verrückt machen. »Wenn ich um Mitternacht nach Hause kam, erhitzt, zerzaust, glücklich, wartete sie drinnen an der Tür (sie war aus dem Bett, sobald sie den Schlüssel im Schloß hörte). Sie packte meinen Oberarm zwischen Daumen und Mittelfinger und fragte. ›Was hat er gemacht? Wo hat er es gemacht?‹, als würde sie einen Kollaborateur verhören.«[30]

Wie viele junge Frauen begann Rebecca auf dem College, sich

auf Sex zu konzentrieren; Sex und wilde romantische Sehnsüchte erfüllten die Gedichte, die sie schrieb. Aber ihre Versuche, ihre schmerzlichen jugendlichen Gefühle in Kunst zu übertragen, interessierten ihre Mutter wenig. Sie wollte die Tochter nur daran hindern, sich mit jemand anderem einzulassen. Unfähig, dem Ausdruck zu geben (sie wußte nicht einmal, daß sie es *empfand*), gebärdete sie sich moralisch überlegen und bereitete Schuldgefühle. »Als ich das College abgeschlossen hatte und nach Hause kam, brachte ich das Manuskript mit den Gedichten mit, die ich über die Jahre geschrieben hatte und die von meinen Lehrern mit großem Lob bedacht worden waren«, erinnert sich Rebecca. »Eines Morgens, als meine Mutter zur Arbeit ging, hinterließ sie mir einen Zettel: Sie habe meine Gedichte gelesen, und ihr sei übel geworden, und ich sei nicht mehr ihre Tochter.«
Glücklicherweise hatte Rebecca die Unterstützung einiger Lehrer am Sarah-Lawrence-College, die nicht nur an ihrer Intelligenz interessiert waren, sondern ihr auch helfen wollten, sich aus ihrer bedrückenden Lage daheim zu befreien. Als Rebeccas Mutter ihre letzten moralischen Register zog – sie sagte wahrhaftig: *Du kannst nicht diese sexuellen Empfindungen haben und dich meine Tochter nennen* –, hatte Rebecca beschlossen auszuziehen. Der Kontakt mit ihrer Mutter ist seitdem spärlich gewesen – und für beide immer enttäuschend.
Eine neidische Mutter kann bei Arbeitsproblemen von Frauen eine große Rolle spielen, schreibt Ruth Moulton in *Contemporary Psychoanalysis*.[31] Sie berichtet von Frauen, die zur Therapie kommen, weil sie das Gefühl haben, in ihrer beruflichen Laufbahn »zu weit« gegangen zu sein. Beförderungen, Gehaltserhöhungen, Promotion oder Angebote aufregenderer Stellungen sind für diese Frauen »eher Angst als Freude auslösende Ereignisse«. Besonders sorgen sie sich wegen der Rivalität von Kolleginnen. In der Tat, sagt Dr. Moulton, ist es die Angst vor Ärger mit Frauen und nicht mit Männern, die ihr Verhalten befangen und verkrampft sein läßt.

Dr. Moulton meint, daß wir die einschränkende Rolle des Vaters in bezug auf die Tochter überbewertet haben. Jetzt sei es notwendig, daß wir die Auswirkung des mütterlichen Neides auf erfolgreiche, leistungsfähige Töchter untersuchen. Eine Frau in leitender Position beim Fernsehen suchte Dr. Moulton auf, »weil man sie zur Präsidentin einer Fernsehgesellschaft gemacht hatte, und das erschreckte sie«. Anstelle freudiger Erregung über ihre Beförderung stellte sich das Gefühl ein, sie habe eine unsichtbare Grenze überschritten und wandle nun »auf gefährlichem Terrain« in Beziehung zu ihrer Mutter. Präsidentin einer Fernsehgesellschaft zu werden, ging »einen Schritt zu weit«, sagt Dr. Moulton. Die Frau begann bei der Arbeit Rückzieher zu machen. »Sie stellte fest, daß sie die Weitergabe von Informationen, die sie einem potentiellen Kunden versprochen hatte, hinauszögerte, Anrufe nicht erwiderte, daß sie davor zurückscheute, ihren Untergebenen Ratschläge oder Anweisungen zu geben aus Angst vor Ablehnung von seiten der Frauen.«[32]

Angst vor dem Neid der Mutter wird sich wie eine Krankheit zu einer Angst vor Frauen überhaupt ausdehnen. Dr. Moultons Patientin war aufgrund der »extremen Eifersucht« ihrer Mutter in Panik über den möglichen Neid ihrer Kolleginnen. Ihr Leben lang hatte sie von ihrer Mutter konkurrenzgeladene Bemerkungen gehört wie: »Du siehst toll aus. Ich kann dich nicht ertragen.« Oder: »Ich weiß gar nicht, wie du das alles zuwege bringst; ich könnte das nie.« Oder: »Du bist so dünn, ich glaube, ich sollte auch abnehmen.« Aus lauter Ehrfurcht vor den Leistungen ihrer Tochter konnte sie ihr nie wirkliche Anerkennung schenken.

Solcher Neid kann die persönliche Power einer Tochter untergraben. Aber da sie der Mutter so eng verbunden ist, weiß die Tochter nicht, was mit ihr geschieht – oder warum es geschieht.

Ein autobiographischer Roman von May Sinclair aus dem Anfang dieses Jahrhunderts enthält eine eindringliche Szene, in der ein Mädchen Klavier spielt und dabei – für Augenblicke – abhebt: »Sie triumphierte in ihrer Macht über die Polonaise. Nichts konnte einen berühren, nichts konnte einen verletzen, während man spielte...«
Auch die Mutter des Mädchens spürte die Macht in der Polonaise ihrer Tochter – und war davon enerviert. Sie ergriff sofort Maßnahmen.

»Mary«, sagte sie, »wenn du spielen willst, mußt du sanft spielen.«
»Aber Mama, ich kann nicht. Es geht einfach so.«
»Dann spiel es nicht. Man kann dich im ganzen Dorf hören.«
»Was kümmert mich das Dorf. Soll man mich meinetwegen überall hören!«
Sie nahm ihr Spiel wieder auf. Aber es nützte nichts. Sie traf eine falsche Note. Ihre Hände zitterten und verloren ihre Kraft. Sie wurden steif, fielen von den Tasten. Sie saß da und starrte idiotisch auf das weiße Blatt, auf die schwarzen Punkte, die auf ihren Hälsen nickten, auf die schwarzen schwankenden Balken. Sie hatte vergessen, wie man Chopin spielt.[33]

Diese Szene zeigt uns ein ausdrucksstarkes Beispiel von »Kompetenzverlust«, wie es die Psychoanalytikerin Toni Bernay nennt – ein Erlebnis von Hilflosigkeit und Hoffnungslosigkeit, das manchen Töchtern widerfährt, wenn sie die Trennung von der Mutter erleben oder auch nur phantasieren.[34]
Die knebelnde Reaktion der Mutter beweist, daß das Klavierspiel ihrer Tochter sie verstörte. Diese Verstörung genügte dem Mädchen, um das erhebende Gefühl von Macht und Selbstsein zu verlieren, das es empfunden hatte, als es die Polonaise spielte. Und sofort »vergaß« es, wie man sie spielte.
Bernay sagt, die Frauen fühlten sich in ihrer Bindung an die

Mutter deswegen bedroht, weil sie heute nicht mehr den Regeln folgen, die ihre Mütter für sie gemacht haben. Sie fürchten, der Preis für Macht und Kapazität werde Verlassenheit sein. Das ist es, wovor Ruth Moultons TV-Präsidentin Angst hatte, als sie anfing, sich bei der Arbeit selbst zu sabotieren. »Erfolg wird unbewußt so wahrgenommen, daß er einen Bruch in der primären dyadischen Bindung mit ... der Mutter bewirkt«, schreibt Schecter im *Journal of the American Academy of Psychoanalysis*.[35] Die letztendliche Angst ist die, daß Mutter »Vergeltung« üben und die erfolgreiche Tochter aus ihrem Leben streichen wird.

Und manche Mütter tun das.

Es ist wichtig zu erkennen, daß, wie Harriet Lerner, Psychologin bei der *Menninger Foundation*, hervorhebt, übermäßig besitzergreifende oder eifersüchtige Mütter nicht bewußt versuchen, ihren Töchtern einen Strich durch die Rechnung zu machen. Sie sind »das Ergebnis eines verzerrenden, einengenden Sozialisationsprozesses«, der sie oft »mit wenig mehr als den eigenen Kindern« ausgestattet hat.[36]

Wir müssen im Prozeß der Trennung sehen lernen, wie unsere Mütter in ihrer Entwicklung blockiert worden sind, wie ihnen Angst gemacht worden ist vor der Macht und dem Erfolg, die sie für sich selbst gewünscht hätten und die sie nun für ihre Töchter zugleich begehren und ablehnen.

6. Kapitel

Spiegelung: der Schlüssel zum Selbstwertgefühl

Es war eine meiner ersten Aerobic-Stunden überhaupt. Eine Gruppe von zwölf bis 15 Frauen – alt und jung, klein und groß, massig und schlank – standen einer Spiegelwand gegenüber, die unerbittlich unsere zwölf oder 15 Spiegelbilder reflektierte. Der Spiegel log, er übertrieb, er schmeichelte, und manchmal stellte er brutale Anforderungen an unser Ich, da er bestätigte, was wir am meisten fürchteten: daß die zeitlebens von unseren Müttern geäußerte Kritik wahr sein könnte.

Die Frauen in meinem Aerobic-Kurs liebten und haßten den Spiegel, je nach dem, welche Botschaft er zufällig aussandte. An manchen Tagen war der Spiegel besser und an manchen Tagen schlechter zu uns, aber selten war er einfach neutral. Wenn wir die Unberechenbarkeit des Spiegels auch kannten, versuchten wir doch *immer* unser Glück. Es war, als könnten wir den Blick nicht von uns selbst lösen, wenn wir nach der Musik sprangen und ochsten und schwitzten. Eine erhebende Stunde lang konnten wir *schauen*, und oft war es wundervoll – so als wäre die Blicklinie zwischen Selbst und gespiegeltem Selbst eine Art Rettungsleine.

War dies Schauen einfach nur ein Zeichen von Eitelkeit? Ich glaube es nicht. Es gibt viele Gründe, warum Spiegeln und Selbstspiegelung wichtig für die Menschen sind und warum Frauen im besonderen ein Bild ihrer selbst suchen. Es hat zum Teil mit der Aufrechterhaltung unseres Gleichgewichts zu tun. Wie die Ballerina ihren Blick auf einen bestimmten Punkt fixiert, um die Balance zu halten, so benutzten die Frauen in meinem Aerobic-Kurs den Spiegel, um ein inneres, psychisches Gleichgewicht zu bewahren. Indem wir unseren Körper anschauten, konnten wir, so schien es, leichter ein Gefühl von Ganzheit, von Identität aufrechterhalten.

Wir alle kennen den Spiegelungszwang – dies innere Verlangen zu *schauen*, uns selbst endlos reflektiert zu sehen. Geh in irgendeiner Stadt eine belebte Straße entlang, und du siehst Frauen, die sich in den Schaufensterscheiben prüfen, immer wieder, als wenn von einem Fenster zum nächsten etwas geschehen sein könnte, was dies fragile Bild der eigenen Person verändert. Dies In-den-Spiegel-Schauen und Sich-Fragen, wie wir beim Vergleich mit anderen abschneiden, enthüllt immer ein gewisses Maß an innerem Zweifel. Das Bedürfnis nach beständiger visueller Rückversicherung signalisiert jedoch eine Angst, die tiefer verwurzelt ist als das bloße Bemühen, gut auszusehen. Es kann bedeuten, daß wir eine Bestätigung unseres bloßen Daseins suchen, der Existenz unseres Selbst, ganz und vollständig. Nicht um die äußere Erscheinung geht es, sondern um das Selbstgefühl.

Wie wichtig es ist, unser Spiegelbild anzuschauen, um ein besseres Gefühl dafür zu bekommen, wer wir sind, hat man schon im Altertum verstanden; es ist uns in der Dichtung überliefert worden, in der Mythologie – so in der Geschichte von Narziß – und in Märchen wie *Schneewittchen*. Nichts ist so unwiderstehlich, vor allem für kleine Mädchen, wie Schneewittchens böse Stiefmutter, die fragt: *»Spieglein, Spieglein an der Wand, wer ist die Schönste im ganzen Land?«* Diese Frage mit ihrem scharfen Konkurrenzaspekt ist immer noch geeignet, uns Schauer über den Rücken zu jagen.

Bei *Schneewittchen* ist es die Dringlichkeit hinter der Frage der Königin, die uns so erschreckt. Sie wird vor nichts haltmachen – auch nicht vor Mord –, um zu bekommen, was sie braucht, um ihr Selbstwertgefühl zu erhöhen. Selbst ganz kleine Mädchen erkennen, daß nicht bloße Eitelkeit die Königin antreibt: Ihr psychisches Überleben steht auf dem Spiel. Das zwanghafte Bedürfnis, die Beste zu sein, die schönste Frau im ganzen Land, rührt von tiefen Wertlosigkeitsgefühlen her.

Die schreckliche Unsicherheit, unter der die Königin bei *Schneewittchen* leidet, ist eine extreme Spielart dessen, worunter viele Frauen leiden. Wie wir in diesem Kapitel sehen werden, geht das intensive Bedürfnis nach Anerkennung auf Leeregefühle zurück. Diese wiederum gehen auf spezifische (emotionale) Erfahrungen zurück, die das kleine Kind für eine normale Entwicklung braucht. Werden sie ihm nicht zuteil, wird es am Ende Störungen in seinem Selbstgefühl erleiden. Die Psychologen sagen, daß der Mangel an angemessener »Spiegelung« in der Kindheit unsere Fähigkeit beeinträchtigt, uns ganz zu fühlen – uns selbst zu lieben und zu bewundern. Diese Unfähigkeit zerstörte die böse Königin. Es ist die gleiche Störung, die Frauen heute daran hindert, sich selbst als vollwertig anzusehen.

Das Bedürfnis, gesehen zu werden

»Spiegelung« ist der Begriff, der entscheidende Interaktionen zwischen Mutter und Kind beschreibt, Interaktionen, die zur vollen Entwicklung des Selbst und damit des Selbstwertgefühls beitragen. Das allerkleinste Kind sucht die Spiegelung seiner selbst im Auge der Mutter und benutzt das, was es dort sieht, um ein »Ich«-Gefühl zu entwickeln. Mutters Blick gibt dem Baby das eigene Verlangen, die eigenen Bedürfnisse wieder – und letztendlich eine Art mittelbares Selbstgefühl. Der Psychiater Heinz Kohut, der ausführlich über Störungen im Selbstgefühl geschrieben hat, sagt, Spiegelung sei ein wichtiger Entwicklungsaspekt, bei dem der Glanz im Auge der Mutter das Selbstwertgefühl des Kindes stärkt.[1] Kurz, die Mutter *bewundert* das Kind. Sie bewundert es nicht nur, weil es ihres ist, sondern einfach um seiner selbst willen. Das Kind nimmt dies Gefühl, daß es in den Augen der Mutter bewundernswert ist, in sich auf und errichtet darauf sein Selbstgefühl.

Wie Mütter spiegeln oder nicht – das feine Kommunikationsgeflecht zwischen Mutter und Kind –, ist in den letzten Jahren gründlich erforscht worden. Es gibt neue Methoden, neue Forschungsinstrumente und -ansätze, die ausgefeilt genug sind, daß sie die Erforschung und Interpretation der subtilsten Fähigkeiten von Kindern ermöglichen. Computer können in Minuten oder Stunden komplizierte Datenanalysen liefern, wozu die Forscher früher Monate oder Jahre brauchten. Videoaufnahmen machen es möglich, subtile Veränderungen im Verhalten wieder und wieder zu studieren. Andere technische Neuerungen werden genutzt, um Herzschlag, Körper- und Augenbewegungen des Kindes aufzuzeichnen – praktisch jegliches Körperverhalten, das einen Hinweis darauf enthält, was im Geist und Gefühl des präverbalen Kindes vor sich geht. Dies neue Wissen hat zu weitgreifenden Veränderungen in unseren Vorstellungen über die Fähigkeiten von kleinen Kindern, zu denken und zu fühlen, geführt. »Bis vor kurzem hat selbst das Pflegepersonal in Entbindungsstationen oft noch geglaubt, Neugeborene seien blind, und dem entsprach die Unterweisung der Mutter«, sagt Lewis P. Lipsitt, Psychologe an der Brown-Universität. Sie glaubten auch, daß Babys nicht schmecken, riechen oder Schmerz empfinden können. Heute wissen wir nicht nur, daß Neugeborene sehen, sagt Lipsitt, wir haben auch erkannt, daß sie »unterschiedlichen Geschmack ausgezeichnet wahrnehmen können, daß sie eindeutige Geruchspräferenzen haben und daß sie mit etwa vier Tagen den Geruch ihrer Mutter identifizieren können«.[2]
Carrol Izards Untersuchungen an der Universität von Delaware zeigen, daß Kinder nach der Geburt Empfindungen wie Interesse, Gefahr und Abneigung durch ihren Gesichtsausdruck mitteilen.[3] Was Kinder im Gesicht der Mutter *sehen*, so erwies sich, hat enorme Rückwirkungen auf sie. In einem Experiment, in dem Mütter angewiesen wurden, einmal glücklich und einmal traurig auszusehen und zu klingen, während ihre neun Monate alten Kinder in ihrer Nähe spielten, sahen Carrol

Izard und Nancy Termine, daß der Gesichtsausdruck der Mütter bei den Kindern tatsächlich Stimmungsveränderungen hervorrief. Wenn die Mütter traurige Gesichter machten, sahen die Babys ebenso traurig aus, spielten weniger und zeigten weniger Neugierverhalten, als wenn ihre Mütter glücklich schauten. Izard meint, daß die »Interaktions«-Theorie der emotionalen Entwicklung, der zufolge die Art Person, die wir werden, sich direkt aus unserer Erfahrung mit anderen herleitet, wahrscheinlich stichhaltig ist. »Die Biologie setzt einige Schwellen, einige Grenzen, aber innerhalb dieser Grenzen wird das Kind mit Sicherheit von den Stimmungen und Emotionen der Mutter beeinflußt.«[4]

Die Psychiater stimmen dem zu. Heinz Kohut sagt, unsere Kernidentität bestehe aus Anteilen, die wir nur infolge des Austauschs mit wichtigen Personen in unserer Kindheit erwerben. Was die Mutter mit ihrem kleinen Kind tut oder nicht tut, *zählt* –, und zwar weit mehr, als frühere Generationen von Psychiatern es sich vorstellten. Außerdem ist nicht einfach nur das *Verhalten* der Mutter von größter Bedeutung für das Kind, sondern ebenso *ihre Persönlichkeit*. Fühlt sich die Mutter ganz, akzeptiert sie sich selbst? Erlebt sie sich selbst als eigenständig und sicher? Kann sie auf ihr Kind zugehen, und kann sie das Kind in sich aufnehmen? Oder verstrickt sie sich so sehr in das emotionale Leben ihres Kindes, daß es keine eigenständige Identität entwickeln kann?

Das von der Mutter »geborgte« Selbst

Margaret Mahler war eine zentrale Gestalt bei der Erforschung der kindlichen Entwicklung, besonders des »dunklen Alters« der Kindheit: der ersten drei Lebensjahre. Mahlers Arbeit, die in dem Buch *Die psychische Geburt des Menschen* zusammengefaßt ist, stellt einen Meilenstein in der Entwicklung der psychoanalytischen Theorie dar. »Daß wir heute so viel wissen und noch vor zehn Jahren so wenig wußten, ist der sorgfältigen systematischen Arbeit Mahlers und ihrer Kollegen zu verdanken«, schrieb ein Rezensent, als das Buch erschien. Viele der in *Die psychische Geburt des Menschen* enthaltenen Einsichten stammen aus der Forschungsarbeit, die Mahler und ihr Team im *Masters Children's Center* in New York geleistet haben. Mütter und kleine Kinder aus der Eastside wurden an mehreren Vormittagen in einer Woche in einem Spielzimmer-Setting über Monate, manchmal über Jahre beobachtet, um herauszufinden, wie das kleine Kind von dem Stadium, in dem es keine Grenze zwischen sich und der Mutter wahrnimmt, zu jenem übergeht, in dem es sich selbst als getrennt und ganz erlebt – ein Vorgang, den Mahler »Separation-Individuation« genannt hat.

»Separation heißt, das dauerhafte Gefühl herzustellen, daß du dich von der Mutter unterscheidest«, erklärt die Psychoanalytikerin Jane Flax, »das Gefühl, eigene körperliche und seelische Grenzen zu haben. Individuation heißt die Entwicklung eines Repertoires charakteristischer Eigenschaften, von Fähigkeiten und Persönlichkeitsmerkmalen, die nur du selbst besitzt.«[5] Dies sind die beiden »Bahnen« der Entwicklung; sie sind zwar nicht identisch, doch können sie sich gegenseitig bestärken oder aber behindern.

In einer Untersuchung, die 1982 im *Journal of the American Psychoanalytic Association* veröffentlicht wurde, benutzte Mahlers Forschungsteam einen großen Spiegel, der neben einer auf dem Boden liegenden Matratze aufgestellt wurde, um über einen Zeitraum von mehreren Monaten das Verhalten von neun kleinen Kindern zu studieren. Das Team konnte beobachten, wie sich das Selbstgefühl des Kindes zugleich mit der allmählichen Wahrnehmung seines Körpers und seiner Körperkraft entfaltete. Im vierten und fünften Monat gewinnt das Kind ausgeprägtes Interesse für das Gesicht der Pflegeperson, besonders für die Augen, den Mund und das Lächeln. »Zu dieser Zeit beginnt das Baby, die gleichen Züge in seinem eigenen Gesicht zu untersuchen«, schrieb Mahler.[6]

Mit etwa acht Monaten sind Babys von ihren Spiegelbildern noch mehr fasziniert, aber weniger von bestimmten Körperteilen als von der Funktion des Körpers im ganzen. In diesem Alter betrachteten sich die von Mahler kontinuierlich beobachteten Babys kritisch im Spiegel, wackelten mit den Armen, wippten in den Knien, stießen mit den Füßen und lächelten breit. Der französische Psychoanalytiker Jacques Lacan nennt dies aufregende Entwicklungsstadium die »Spiegelphase«. Lacan meint, die Erregung des Kindes erkläre sich aus der Antizipation. Machtlos noch, mit geringer motorischer Koordination, schaut das Baby in den Spiegel und entdeckt, wie es als Ganzes aussieht. Dies Bild im Spiegel hilft ihm, die körperliche Einheit, die es objektiv noch nicht besitzt, zu antizipieren. Lacan nennt dies »Den-Körper-als-Ganzes-Sehen« ein »Aha-Erlebnis«.[7] Das erste »Heureka!«.

Dem »Aha!« geht ein zäher Kampf voraus, der ungefähr vom 6. bis zum 18. Monat dauert. Zuerst, bemerkt Mahler, ist das Baby darüber verwirrt, ob das Bild, das es im Spiegel sieht, vielleicht ein anderes Kind ist. Wenn das Aha-Erlebnis sich einstellt, hat das Baby Sicherheit darüber gewonnen, wer die Gestalt im Spiegel ist, es ruft seinen Namen, sagt »mich« oder zeigt auf sich. Dieser erste Bezug auf die eigene Person und die Reaktionen der Mutter darauf sind *der Anfang eines keimenden »Ich«-Gefühls.*[8]

Gegen Ende des dritten Lebensjahres wird das Kind, wenn alles gut gegangen ist, die Individuation erreicht haben, was bedeutet, es begreift, daß die Dinge weiterexistieren, auch wenn sie außer Sicht sind. Es trägt nun ein Bild der Mutter in sich und fühlt sich damit auch in ihrer Abwesenheit sicher. Mag die Separation-Individuation auch ein sich lebenslang hinziehender Prozeß sein, so wird unser Selbstgefühl doch als von der Mutter getrennte Person etwa im Alter von drei Jahren ausgebildet.

Der Psychoanalytiker D. W. Winnicott, der zuerst Mütter mit ihren Babys beobachtete, als er noch Kinderarzt war, sagt uns, daß die Mutter den wichtigsten Spiegelungsmechanismus für das Kind bereitstellt. Wenn sie ihr Baby anschaut, wird das, was mit ihrem Gesicht geschieht, widerspiegeln, was sie mit ihrem Kind geschehen sieht. Das Kind kann dann in Mutters Gesicht wie in einen Spiegel gucken und sein keimendes Selbst bestätigen.[9] Margaret Mahlers Arbeit erweiterte dies Konzept von Winnicott und hob die Bedeutung der Vielfalt hervor, in der eine Mutter »eine Art spiegelnden Bezugsrahmen« für das Kind zur Verfügung stellt.[10] Mahlers Spiegelstudien zeigen – auf dramatische Weise –, was mit einem Kind geschieht, wenn die Mutter diesen Bezugsrahmen *nicht* bereithält, wenn ihre Fähigkeit zu spiegeln stark eingeschränkt ist.

Frühe Störungen des Selbstgefühls

Harriet war eines der Kinder, die im Rahmen von Mahlers Untersuchung beobachtet wurden. Die Beziehung »zu ihrer narzißtischen, unreifen, uneinfühlsamen Mutter war seit ihrer Geburt dürftig«, schreibt Mahler.[11] Zuerst zeigte das Baby wenig Interesse für andere, ebenso für das eigene Bild, das es im Spiegel sah, und schien nur daran Vergnügen zu finden, seinen Körper hin- und herzuschaukeln. Aber als es sechs Monate alt war, trat eine Veränderung ein. Plötzlich reagierte Harriet »mit großer Aufregung und mit großem Vergnügen auf ihr Spiegelbild. Sie wackelte mit den Armen, schnitt Gesichter und begleitete ihre Unternehmungen mit Quieklauten voll unmißverständlicher Freude.

Diese extreme Begeisterung über den eigenen Anblick, sagt Mahler, ist ein frühes Zeichen narzißtischer Schädigung. »Nichts kam der Aufregung und dem Vergnügen gleich, mit dem (Harriet) sich selbst im Spiegel sah.« Außerstande, von ihrer Mutter zu erhalten, was sie brauchte, hatte sich die kleine Harriet nach innen gekehrt. Die Gefahr lag nicht in der Präokkupation des Kindes mit sich selbst, sondern darin, daß es sein eigenes Spiegelbild »verläßlicher reagierend« empfand als die Mutter. Weil Harriet nicht auf sie zählen konnte und deshalb lernte, sich so weitgehend auf sich selbst zu verlassen, daß sie schließlich in ihrer eigenen kleinen Welt eingeschlossen war, blendete sie die Mutter allmählich aus.

Ein Baby, das sich von seiner Mutter zurückzieht und so ein falsches Gefühl von »ich kann allein« aufbaut, wird sich auch von anderen zurückziehen. Es kann hyperaktiv werden, von phantastischem Denken oder einsamer Masturbation besessen sein. Solche Methoden, sagt die Psychiaterin Shery Bauman, werden zu einer narzißtischen Art und Weise zu versuchen, »ein verlorenes Gefühl von Lebendigkeit« zurückzugewinnen.[12] Aber dies bringt Schwierigkeiten mit sich. Als Harriet ihr Spiegelbild sah und davon erregt wurde, war sie von diesem Erlebnis zugleich verstört. Die starrte sich an, begann sich »auffällig unbehaglich, befangen und scheu« zu fühlen, um dann plötzlich fortzuschauen. Die Selbststimulierung, schloß Mahler, machte Harriet Angst. Ihre Erregung kam nicht auf natürlich Weise zustande, durch stimulierenden Austausch, sondern nur dadurch, daß sie sich selbst im Spiegel beobachtete.

Hier können wir den abrupten Wechsel zwischen selbst ausgelöster Erregung und bestürzter Befangenheit sehen, wie ihn Spiegelgucker auf der ganzen Welt kennen. Harriets Faszination in bezug auf ihr Spiegelbild, die sich mit Phasen qualvoller Befangenheit abwechselt, ist der Anfang jenes Schwankens zwischen Grandiosität und Scham, das viele Frauen als so verstörend empfinden. Wenn wir eine reflexive Reaktion auf unseren Exhibitionismus erwarten und sie nicht erhalten, schämen wir uns. Heinz Kohut sagt, daß in solchen Augenblicken unsere Haut »nicht die freundliche Wärme von erfolgreichem Exhibitionismus aufweist, sondern Hitze und Rötung«.[13]

Mütterliche »Einstimmung«

Mahler hatte schon einige Jahrzehnte ihre Kinderstudien betrieben, als eine neue Gestalt in diesem Forschungsbereich ins Licht der Öffentlichkeit trat. In den siebziger Jahren begann Daniel Stern, Professor für Psychiatrie und Leiter des *Laboratory of Developmental Sciences* am *Medical Center* der Cornell-Universität in New York, seine Video-Kamera auf kleine Kinder und ihre Mütter zu richten. Nun konnte die theoretische Pionierarbeit von D. W. Winnicott, Margaret Mahler und Heinz Kohut durch eine neue, fast mikroskopische Ebene der Beobachtung erweitert werden. Die Intensität, die zeitliche Abstimmung und die Kommunikations»formen« zwischen Mutter und Kind waren Sterns Spezialgebiet.

»Einstimmungen« nennt Dr. Stern die Minutenaktionen, mit denen eine Mutter ihrem Baby anzeigt, daß sie Verbindung zu seinen inneren Gefühlen hat. Eine Mutter stimmt sich meistens unbewußt ein: Entweder hat sie Verbindung zu ihrem Kind – und zeigt es – oder nicht. Aber manchmal geschieht es, daß sie das Baby absichtlich auf eine höhere Erregungsstufe »hochschraubt«, sagt Stern, oder es »herunterschraubt«, um es zu beruhigen. Manchmal wird die Mutter die Gefühle ihres Kindes völlig mißverstehen oder auch absichtlich seine Aufmerksamkeit auf etwas lenken, das für *sie*, die Mutter, von Interesse ist. (In diesem Fall unterläuft der Mutter Sterns Schema zufolge eine »Fehleinstimmung«.)[14]

Hier sind einige Beispiele für die Einstimmung der Mutter auf die Gefühle ihres Kindes (aus Sterns bemerkenswertem Buch *Die interpersonale Welt des Kindes*):

– Ein neun Monate altes Mädchen, sehr erregt über ein Spielzeug, greift nach diesem. Dabei gibt es ein überschwengliches »Aaah!« von sich und schaut seine Mutter an. Die Mutter schaut ebenfalls, zieht die Schultern hoch und vollführt »wie eine Go-Go-Tänzerin mit ihrem Oberkörper ein irres Schütteln«, das so lange dauert wie das »Aaah!« der Kleinen, und es ist ebenso wie der Ausruf voller Erregung, Freude und Intensität.

– Ein neun Monate alter Junge sitzt seiner Mutter gegenüber. Er schüttelt mit einem Ausdruck von Interesse und leichtem Vergnügen eine Rassel auf und ab. »Als die Mutter das sieht, beginnt sie im Takt zu den Armbewegungen ihres Sohnes mit dem Kopf zu nicken.«

– Ein zehn Monate altes Mädchen greift sich nach einiger Anstrengung ein Teil von einem Puzzle. Es sieht zu seiner Mutter hin, wirft den Kopf hoch und erhebt sich mit einer kräftigen Armbewegung voller Aufregung und Überschwang ein Stück vom Boden. Die Mutter sagt: »JA, das ist ein Mädchen«, wobei sie das JA besonders betont. Ihre Stimme vollzieht ein explosives Ansteigen, das der schwungvollen Bewegung und der Haltung der Kleinen entspricht.

Dies »JA, das ist ein Mädchen«, räumt Stern ein, könnte auch einfach so gedeutet werden, daß die Mutter ihr Kind bestärkt. Aber sie tut mehr als das, sagt Stern, warum sollte sie sonst dem JA diese intensive Intonation verleihen? Stern meint, diese »Entsprechung«, dieses »Passen« sei ein wesentlicher Teil der Mutter-Kind-Interaktion. Es ist wichtig für die Mutter, ihrem Kind zu zeigen, daß sie versteht, was es *empfindet.* Dazu sind Metaphern oder Symbole notwendig. Im ersten Beispiel entspricht die Mutter der Intensität und Dauer des kindlichen Ausrufs mit den Bewegungen ihres Körpers. Im zweiten Beispiel benutzt die Mutter einen anderen Körperteil und den Rhythmus, um auf das Rasselschütteln ihres Kindes einzugehen, aber sie bringt keine vollständige Entsprechung zuwege – ein »Ah« für das eine und ein Schütteln für das andere –, argumentiert Stern, denn eine solche Verdoppelung zeige nur, daß sie verstanden hat, was das Kind *tut*, nicht aber, was es *empfindet.*[15]

All die wichtigen Untersuchungen zur kindlichen Entwicklung der letzten Jahrzehnte haben zu dem Schluß geführt, daß das

»Spiegeln« seiner Empfindungen für das sich entfaltende Wissen des Kindes über sich selbst entscheidend ist. *Wie* entscheidend, zeigt sich dramatisch im Verhalten jener Kinder, deren Mütter *immer* falsch eingestimmt sind. Allen Müttern unterlaufen hin und wieder Fehleinstimmungen, und die Babys sind imstande, sich darauf einzustellen. Winnicott, Mahler und Kohut zufolge helfen diese normalen menschlichen Fehleinstimmungen dem Kind tatsächlich, sich auf das Leben einzustellen. »Von daher kommen die Unterschiede zwischen mechanischer Perfektion und menschlicher Liebe«, sagt Winnicott. »Menschen scheitern immer wieder, und im Verlauf normaler Umsorgung ist eine Mutter immer dabei, ihre Fehlleistungen zu reparieren... Die ungezählten Fehlschläge und die anschließende Art der reparierenden Sorge bauen sich zu einer Mitteilung der Liebe auf, zu einer Mitteilung der Tatsache, daß es einen Menschen gibt, der sich kümmert. Wo Fehlleistung nicht in der erforderlichen Zeit, in Sekunden, Minuten, Stunden repariert wird, sprechen wir von Deprivation.«[16]

Es ist der *konstante* Mangel an Einfühlung auf seiten der Mutter, der es dem Kind schwer, wenn nicht unmöglich macht, ein stabiles Selbst zu entwickeln.

Falsch eingestimmtes Verhalten ist meistens zu stark oder zu wenig stimulierend. Um die Auswirkungen von Überstimulierung zu illustrieren, erzählt Stern die Geschichte von »Molly«, deren immer die Führungsrolle einnehmende Mutter sich genötigt fühlte, »in jeder Minute der Existenz ihres kleinen Kindes alles Tun zu bestimmen, zu initiieren, zu lenken oder zu beenden«. Das hieß, daß sie entschied, »mit welchem Spielzeug Molly spielen sollte, wie sie damit spielen sollte (›hin- und herschütteln, nicht auf dem Boden rollen‹), wann Molly damit fertig war, und was sie als nächstes tun sollte (›oh, hier ist Dressy Bessy! Guck!‹)«.[17] Mollys Mutter war so intermittierend, daß Stern es schwer hatte, das natürliche Auf und Ab von Mollys Erregung nachzuzeichnen.

Diese Frau zu beobachten, wie sie jegliche Aktion und Reaktion ihres Kindes dirigierte, verursachte Sterns Mitarbeitern Magendrücken, ein Zeichen, so schlossen sie, daß sie »aufgebracht« waren. Mollys bedrängende Mutter war mehr, als sie verdauen konnten.

Wenn sogar die Beobachter wütend waren, dann mögen wir uns fragen, wie die kleine Molly damit fertig wurde.

Sie wurde damit fertig, indem sie – wie es mit kleinen Kindern geschieht – willfährig wurde. Molly wurde eines dieser Kinder, die »mit rätselhaftem Blick in den Raum starren«, sagt Stern. »Sie konnte durch einen hindurchstarren; ihre Augen fixierten einen Punkt irgendwo in der Unendlichkeit, und ihr Gesichtsausdruck war so undurchsichtig, daß er nicht zu deuten war.« Die Forscher beobachteten Molly mehrere Monate lang und sahen, wie ihre natürlichen Emotionen kurzgeschlossen wurden, da sie gezwungen war, auf »die von ihrer Mutter diktierte Stop-and-start-Bewegung des Erregungsflusses« zu reagieren.

Wie wichtig es für ein Kind ist, ruhige Phasen zu haben, in denen keine Stimulation von der Mutter ausgeht, wurde zuerst von Winnicott deutlich gemacht. »Nur wenn das Kind allein ist (das heißt, allein in jemandes Gegenwart), kann es sein eigenes, persönliches Leben entfalten.«[18] Wenn das Baby nicht wirklich Bedürfnisse empfindet, sollte die Gegenwart der Mutter »nicht fordernd« sein, riet Winnicott. Ihre ruhige Gegenwart ermöglicht es dem Kind, eine separate Existenz – ein »Weiterexistieren« – zu erfahren, aus der spontane Bedürfnisse und Gesten hervorgehen. *Aus dieser Spontaneität heraus*, betonte Winnicott, *kann ein Kind anfangen, sein einzigartiges Selbstgefühl zu erschaffen.*

Die Kindheitserfahrungen bestimmen die Art und Weise, wie Menschen Alleinsein empfinden. Für manche ist Alleinsein unangenehm und löst Ruhelosigkeit, Angst und den Wunsch aus, diesen Empfindungen durch Sex, Essen, Alkohol oder einfach durch die Gegenwart eines anderen menschlichen Körpers zu entfliehen. Aber für manch andere bedroht die Gegenwart einer anderen Person das Erlebnis der Eigenständigkeit. »Es machte mir Schwierigkeiten, auch nur zu lesen, wenn mein Mann im Zimmer war«, sagte mir eine Frau. »Es war, als würde seine bloße Gegenwart meine Verbindung zu mir selbst unterbrechen.« Es war nicht die Art ihres Mannes, sie zu unterbrechen, aber ihre Mutter war so gewesen. Wie die kleine Molly konnte diese Frau als Kind kaum jemals in ihrem Laufstall in sanften Schlummer fallen, weil ihre Mutter immer aufgeregt auf sie einschrillte. So hatte sie nie die Gelegenheit gehabt, »behaglich allein zu sein«, wie Winnicott es nannte. Er meinte, die Fähigkeit, sich in der Gegenwart eines nahestehenden anderen getrenn zu fühlen, sei Teil des Grundstocks, auf dem sich die Identität aufbaut.

Ein kleines Kind wie Molly hat keine Chance, einfach zu *sein* – seine eigenen Impulse zu spüren und darauf zu reagieren. Wenn man fortwährend gezwungen ist, auf die Ansprüche einer übererregten Mutter zu reagieren, wird es unmöglich, das eigene Selbst zu erfahren. Störungen in unserer Fähigkeit zur Spontaneität gehen auf diesen frühen Mutter-Kind-Dialog zurück. Wenn eine Mutter sich aufdrängt und ihrem Kind praktisch diktiert, wie es zu reagieren hat, bewirkt dies für das sich entwickelnde Kind eine Einschränkung seiner Autonomie, meint Sheldon Bach.[19] Winnicott sagt, ein ganzes Leben lasse sich auf dem Muster der Reizreaktionen aufbauen, »aber nimm die Reize fort, und das Individuum wird leblos sein«.[20] Es wird also unerläßlich, den Strom der Reize zu erhalten, denn ohne sie fühlen wir uns seltsam formlos und apathisch. Wenn wir das Telefon aushängen, der Videoanlage den Strom abstellen, das Fernbedienungsgerät aus dem Fenster werfen – wo sind wir dann? *Wer* sind wir dann? Würden wir überhaupt noch fühlen, daß wir existieren?

Unser Leben ganz zu leben, erfordert mehr »impulsives Tun« als »reaktives Tun«, meinte Winnicott. Durch unsere Impulse halten wir Verbindung zu unserem wahren Selbst. Aber wie kann ein Kind aus natürlichen, spontanen Gefühlen heraus handeln, wenn es wie Molly seine Impulse begraben muß, um sie vor der Mutter in Sicherheit zu bringen?

Die zu wenig stimulierende Mutter

Susie, »ein normal lebhaftes Kind, durchaus mit der Fähigkeit begabt, bei jeglichem bereitwilligen Erwachsenen Anklang zu finden und ihm eine Reaktion zu entlocken«, versuchte, eine Beziehung zu ihrer depressiven Mutter herzustellen, einer Frau, deren Scheidung kurze Zeit zurücklag, mit einer älteren Tochter, die sie lieber mochte als Susie. Susie war beharrlich, berichtet Stern. »Hartnäckig versuchte sie es bei der geringsten Aussicht auf Erfolg«, aber für lange Zeit brachte sie ihre Mutter nicht dazu, sich auf sie einzulassen.[21] Die Mutter war wie eine Zündkerze, die sie nicht zünden konnte. Infolge der Passivität der Mutter war das Baby unterstimuliert. Die Depression der Mutter in der überaus wichtigen Phase, in der Susies »Kernselbst« sich bildete, verflachte ihre Fähigkeit zu fühlen – besonders die, Freude zu empfinden.

Um ein vollständiges Gefühlsspektrum erwerben und genießen zu können, hätte Susie eine energische, neugierige Mutter haben müssen, eine, die sich auf angenehme Weise auf sie einließ. »Nur Reize, die durch das besondere soziale Verhalten der Erwachsenen gegenüber einem Kind ausgelöst werden, können es in sozialer Hinsicht auf die nächste Umlaufbahn positiver Erregung katapultieren«, sagt Stern.

Jeder von uns kennt Erwachsene, die er liebend gern auf irgendeine Umlaufbahn katapultieren möchte – jene trägen, niedergedrückten Seelen, die so leise sprechen, daß es immer scheint, als wären sie kurz vor dem Einschlafen. Mit ihnen sprechen wir oft unwillkürlich lauter, schneller und aufgedrehter als üblich, weil wir versuchen, sie auf ein höheres Reaktionsniveau zu bringen. Diese Art der Anstrengung beobachteten die Wissenschaftler bei der kleinen Susie. Sie gaben ihr schließlich den Spitznamen »Sparkle Plenty«, »Funkelviel« (nach der heiteren Figur aus dem Comicstrip »Dick Tracy«) wegen der gewaltigen Energie, die sie darauf verwandte, ihre Mutter dazu zu bewegen, sich auf sie einzulassen.

Es gibt noch eine andere Art der »Fehleinstimmung«, die Stern und seine Mitarbeiter beobachteten: ein Eindringen der Mutter, das Stern »emotionalen Diebstahl« nannte. Durch diese Fehleinstimmung verändert die Mutter die Erfahrung ihres Kindes nicht nur, sie »stiehlt« sie.[22]

Stern erklärt, daß es für das ganz kleine Kind gefährlich sei, die Mutter »in sein Objekterleben« einzulassen. Eine Mutter kann sich auf die Gefühle ihres Kindes einstimmen und ein »gemeinsames Erleben« herstellen, dann aber dies Erleben verändern, so daß es für das Kind verloren ist. Als Beispiel nennt Stern ein kleines Kind, das eine Puppe nimmt und auf ihren Schuhen zu kauen beginnt. Die Mutter spielt so mit dem Kind, daß es sie als einen Teil seines Erlebens mit der Puppe wahrnimmt. Dann nimmt die Mutter dem Kind die Puppe fort. »Als sie die Puppe hat«, sagt Stern, »wiegt sie sie in einer Weise in den Armen, die das zuvor hergestellte Erlebnis des Kauens abbricht.«[23]

Die Mutter hat offenkundig einen heimlichen Plan. Ihre Absicht war, dafür zu sorgen, daß das Kind nicht mehr an der Puppe kaute, aber sie tat es indirekt, indem sie ihrem Kind mitteilte, daß man Puppen in den Armen wiegt. Das Problem ist, daß die Mutter ihr Anliegen nicht geradeheraus angeht. Sie gibt dem Kind nicht einfach einen Klaps oder sagt ihm nicht einfach Bescheid, sondern »schlüpft in das Erleben des Kindes hinein und ›stiehlt‹ ihm die affektive Erfahrung«.

Solche Dramen spielen sich zwischen Mutter und Kind immer ab. Was Stern so scharf empfindet, ist, wie früh Kinder lernen, daß, wenn sie ein Erlebnis »teilen«, sie es am Ende tatsächlich verlieren können. Dies Wissen, behauptet der Psychiater, wird wahrscheinlich den Anfang eines psychischen Schadens darstellen, »der bei älteren Kindern zu dem Bedürfnis führt, zu lügen, Geheimnisse zu haben und auszuweichen, um ihre eigenen subjektiven Erlebnisse unangetastet zu erhalten«. Es handelt sich hier, mit anderen Worten, um den Anfang dessen, was Winnicott ein »falsches Selbst« nannte.[24]

Eine Mutter kann sich so oft falsch einstimmen, daß sie ihr Kind schließlich überhaupt nicht mehr *sieht*, und das hat schlimme Langzeitfolgen. »Sie ignoriert mich – ich meine, wie ich wirklich bin«, äußerte eine Frau namens Claire mit Nachdruck gegenüber den Psychiatern R. D. Laing und A. Esterton. »Ich dringe nicht zu ihr durch.«[25]

Laing und Esterton gruben sich tief in die Familienverwicklungen von Claire und zehn anderen erwachsenen Patientinnen, um zu sehen, welchen Einfluß die Verwandten auf sie hatten. Jeder – Patientinnnen, Eltern und andere enge Familienangehörige – wurde ausführlich interviewt, allein und auch gemeinsam. Die Untersuchung, die sich über fünf Jahre erstreckte, führte zu dem Schluß – den man in den sechziger Jahren für revolutionär hielt –, daß einige Formen psychischer Erkrankung wohl weitgehend »soziale Schöpfungen« sind, die gequälten Taktiken von Menschen, die in unglücklichen Familiensituationen um eine Lebensmöglichkeit kämpfen.

Um Daten zu sammeln, konzentrieren sich die Psychiater auf die Kommunikation zwischen Eltern und Kindern in einer Weise, die Sterns Zugang zum Thema Mütter und Kinder zwei Jahrzehnte vorwegnahm. Nur waren in der Studie von Laing und Esterton die untersuchten »Kinder« Erwachsene – intelligente Menschen, denen »niemals gewährt worden war, erwachsen zu werden«, wie Claire über sich selbst sagte.

Die Schwierigkeit der Tochter, »gesehen« zu werden

Hier ist ein Auszug aus einem Interview mit Claire und ihrer Mutter, das eine Menge darüber enthüllt, wie eine Mutter, die hinsichtlich ihrer eigenen Identität verwirrt ist, schließlich so

weit kommen kann, daß sie ihrer Tochter die Wirklichkeit »stiehlt«.
Gerade vor dem angeführten Dialog hatte Claire gesagt, daß, obwohl ihre Eltern ihr eine Menge materieller Dinge gaben, sie das Gefühl habe, daß sie sie nicht wirklich kennen wollten. Laing teilt uns mit, daß »ihre Mutter dies als Vorwurf hört, sie hätte Claire materiell vernachlässigt, und so beginnt sie Beispiele zu nennen, die beweisen, daß sie nicht ›vernachlässigt‹ wurde«.

Mutter: Siehst du, was Papa und mich angeht, taten wir alles, von dem wir meinten, es sei das Beste für dich, und es überrascht mich sehr zu denken, daß du uns wegen deiner Erkrankung Vorwürfe machen kannst.
Claire: Also, du erwähnst das Wort »vernachlässigen«. Ich ziehe keineswegs den Schluß, daß ich in materieller Hinsicht vernachlässigt wurde, ich weiß, daß ich alles hatte, wahrscheinlich wirklich viel mehr als viele andere.
Mutter: Ja.
Claire: Aber ich denke an die emotionale Seite. Ein Kind will Aufmerksamkeit, es will spüren, daß man es haben will, wenn es klein ist, aber siehst du, ich ging zum Beispiel zur Schule, und in meiner Schulzeit gab es oft Ereignisse in der Schule, zu denen die anderen Eltern kamen.
Mutter: Ja, ich weiß.
Claire: Aber du –
Mutter: Ich konnte nicht.
Claire: konntest nicht.
Mutter: Manchmal konnte ich nicht.
Claire: Es war öfter, daß du nicht konntest, als daß du konntest.
Mutter: Das stimmt.
Claire: Nein, ich kann mich kaum an eine Gelegenheit erinnern.
Mutter: Ganz recht.

Claire: Und das ist eines der Dinge, die ich sehr stark empfand.

Einen Augenblick lang scheint es, als hätte Claire ihre Mutter wirklich dazu gebracht, sich etwas über ihre gemeinsame Beziehung anzuhören, aber die Mutter wendet die ganze Konfrontation sofort gegen Claire, indem sie die Beziehung zu etwas macht, das sie, Claire, vernachlässigt hat. »Es ist sehr schade«, sagt sie zu ihrer Tochter, »daß du dich nicht besser äußern konntest, als du jünger warst, und mir Bescheid sagen konntest, dann hätte ich bestimmt das Äußerste versucht, um es besser zu machen.«
Einige Augenblicke später versucht Claire es von neuem. Sie sagt, sie möge von außen erscheinen, als wäre sie glücklich, aber »innen hat es immer furchtbar gekocht und tut es noch, wenn ich auch nicht immer weiß, was es ist.«
Frau Church ignoriert diese Äußerung und kehrt zur Vergangenheit zurück. Sie kritisiert das Verhalten ihrer Tochter und entschuldigt das eigene Verhalten. »Es ist schade, denke ich, daß du dich manchmal nicht geäußert hast und mich – ich kann mich an Gelegenheiten erinnern, wo ich manchmal dachte, daß du dich stärker hättest äußern sollen. Aber ich habe vor Jahren mit unserem Hausarzt darüber gesprochen – ich kann mich haargenau daran erinnern, er machte dein Alter geltend und daß du damals studiertest. Er sagte: ›Machen Sie sich keine Sorgen wegen ihr. Wenn sie etwas will, ist es da, und sie wird danach fragen.‹«
Obwohl Frau Church sagt, »es ist schade«, daß Claire sich als Kind nicht stärker äußerte, zeigt sie wenig Interesse zu hören, wie Claire über die Dinge denkt und fühlt. Jedesmal, wenn ihre Tochter versucht, einen Gedanken hervorzubringen, unterbricht Frau Church sie, bietet »Pseudozustimmung«, die sie später wieder zurücknimmt, oder sie gibt nur oberflächliche Erwiderungen, sagt Laing.
Selbst in einem so kurzen Wortwechsel können wir sehen, wie

diese Mutter jedes Zeichen von Trennung bei Claire als Zeichen dafür deutet, daß mit ihrer Tochter etwas nicht stimmt. Als die Familie Church zum erstenmal interviewt wurde, war Claire 36 Jahre alt und seit fünf Jahren wegen Schizophrenie in der Klinik. »Alle – Eltern und Psychiater – schienen sich einig«, sagt Laing, »daß es Claire an normalen Gefühlen der Zuneigung für ihre Eltern und andere mangelte. Man sagte, ihr fehle es an Wärme, sie sei distanziert und schwierig.«

Laing und Esterton interessierten sich für Claires Sicht ihres Problems. Sie sah es so: »Ich habe ein Selbst, das nicht erwachsen geworden ist.« Sie hatte das Gefühl, ihre Mutter wollte nicht, daß sie erwachsen würde. Sie »mochte es nicht, wenn ich mir meine eigene Vorstellung von den Dingen machte.« »Ich glaube, daß die Art und Weise, wie sie sich mir gegenüber verhielt, mich zu einem bestimmten Grad daran hinderte zu reifen«, lautete Claires Schlußfolgerung.

Die Macht einer Mutter, ihrem Kind ein Bild von sich zu geben, das seinerseits das Selbstbild des Kindes beeinflußt, darf nicht unterschätzt werden. Die Psychologen nennen dies »Attribution«. Die Mutter sagt dem Kind nicht, *was es sein soll*, sondern *wer sie, die Mutter, ist.* Attributionen, sagt Laing, »sind um vieles mächtiger als ... andere Formen des Zwangs oder der Überredung«.[26]

Um die Macht von Attributionen zu illustrieren, gibt Laing in *The Politics of the Family* eine kurze Unterhaltung zwischen einer Mutter und ihrer 14jährigen Tochter wieder.

Mutter: Du bist schlecht.
Tochter: Nein, bin ich nicht.
Mutter: Doch, bist du.
Tochter: Onkel Jack findet das nicht.
Mutter: Er liebt dich nicht so wie ich. Nur eine Mutter kennt wirklich die Wahrheit über ihre Tochter, und nur jemand, der dich so liebt wie ich, wird dir jemals die Wahrheit über dich

sagen, was immer es ist. Wenn du mir nicht glaubst, guck dich im Spiegel genau an, und du wirst sehen, daß ich die Wahrheit sage.

Laing teilt uns mit, daß die Tochter zu dem Schluß kam, ihre Mutter habe letztlich recht, »und sie stellte fest, wie unrecht sie gehabt habe, nicht dankbar dafür zu sein, daß sie eine Mutter hatte, die sie so sehr liebte, daß sie ihr die Wahrheit über sie selbst sagte«.
Da dies Beispiel irritierend ist – Laing sagt sogar »finster« –, fordert er uns auf zu beobachten, was geschieht, wenn wir genau dieselbe Unterhaltung nehmen und ein einziges Wort ändern: anstelle von »schlecht« »hübsch«.

Mutter: Du bist hübsch.
Tochter: Nein, bin ich nicht.
Mutter: Doch, bist du.
Tochter: Onkel Jack findet das nicht.
Mutter: Er liebt dich nicht so wie ich. Nur eine Mutter kennt wirklich die Wahrheit über ihre Tochter, und nur jemand, der dich so liebt wie ich, wird dir jemals die Wahrheit über dich sagen, was immer es ist. Wenn du mir nicht glaubst, guck dich im Spiegel genau an, und du wirst sehen, daß ich die Wahrheit sage.

Die Technik, betont Laing, ist in beiden Unterhaltungen absolut dieselbe. »Ob die Zuschreibung hübsch, gut, schön, häßlich oder böse lautet, die Struktur ist identisch.« In jedem Fall prägt die Mutter ihrem Kind ein Selbst auf – und benutzt dabei ihre außerordentliche Macht als Mutter. Das Ergebnis ist, meint Laing, daß die Fähigkeit des Mädchens, sich selbst zu definieren, untergraben wird.[27] In der Tat ist es so sehr üblich, daß Eltern ihre Kinder attributieren, daß wir es kaum bemerken, sagt Laing. Aber die Auswirkungen können verheerend sein, wie wir bei Claire gesehen haben. Was Frau Church als wirkliche Einlassung auf Claire darstellt, war tatsächlich ihre Einlassung auf ein *Bild*, das sie sich von ihrer Tochter zurechtgelegt hatte.

Diese Art der Bemutterung bringt ein Kind dazu, sich »leer von sich selbst« zu fühlen,[28] sagt die Psychoanalytikerin Enid Balint. Balint berichtet von einer Frau, Sarah, die sich als Kind zufriedenstellend zu entwickeln schien, die später aber begriff, daß sie eine Fassade um ihr wahres Selbst errichtet hatte – eine nicht authentische Persönlichkeit. In Sarahs Kindheit war die Mutter eher auf Grund vorgefaßter Vorstellungen über Babys auf sie eingegangen als auf Grund dessen, was *sie* wirklich empfand, sagt Balint. »Sarahs Mutter konnte bei ihrem Kind weder Unglücklichsein noch Heftigkeit noch Angst ertragen.« Wenn ihre Tochter diese Gefühle äußerte, reagierte sie nicht »und versuchte sie so zu manipulieren, daß entweder alles sofort in Ordnung gebracht oder aber verleugnet wurde«. Das führte dazu, daß Sarah schließlich das Gefühl hatte, nicht anerkannt, »leer von sich selbst« zu sein, dazu verdammt zu sein, in einer Art emotionaler Leere zu leben.[29]

Die Beziehung war für Mutter und Tochter unbefriedigend. »Keine fand bei der anderen ein Echo«, sagt Balint. Wenn wir als Kind keine Spiegelung erfahren haben, werden wir als Erwachsene versuchen, Ersatz für mütterliche Wärme und mütterlichen Trost zu finden. Konsumieren wir exzessiv, schlafen wir zuviel, füllen wir unsere Zeit des Alleinseins mit Seifenopern aus oder durch Telefongespräche mit Freundinnen? Neigen wir zu sexueller Promiskuität oder dazu, uns jeden Abend mit Wein oder Marihuana zu berauschen? Für die ungespiegelte Tochter wird es *nie* genug Wärme, genug Sicherheit, genug Verständnis geben. Wann immer sich die Gelegenheit bietet, so wird sie feststellen, wird sie wie in ein Federbett in die Tröstungen einer Sucht eintauchen. Aktivitäten dieser Art können »wie das wütende Essen eines Menschen mit einer Darmfistel« werden, warnt Kohut; sie mögen uns vorübergehend Vergnügen bereiten »und es sogar schaffen, daß wir uns für den Augenblick lebendig fühlen«, aber letztendlich fügen sie unserem Selbsterleben nichts Wertvolles hinzu, vielmehr entziehen sie ihm etwas.[30]

7. Kapitel

Auftritt: Wie die Inszenierung beginnt

Als ich sieben Jahre alt war, bemerkte ich eines Tages in dem sauberen kleinen Badezimmer in unserem Reihenhaus in Baltimore eine kleine, zusammengeknüllte Papiertüte auf dem Boden neben der Toilette. Neugierig griff ich nach der Tüte und öffnete sie. Es war etwas Blutiges darin, ein Gazewattebausch, so schien es, voller Blut. Ich brachte die Tüte sofort zu meiner Mutter. Sie war schockiert. »Ich habe mich geschnitten«, sagte sie. Sie schien ärgerlich.

Genau zu dieser Zeit hatte mein Verlangen nach Informationen über Sexualität eingesetzt. Da lagen Tatsachen in der Luft, gewisse Begebenheiten. Meine Freundin von gegenüber erzählte mir, sie habe ihre Periode bekommen. Was war eine Periode? Ich wollte es wissen. Carol Lee nahm mich mit in ihr Schlafzimmer und erklärte mir alles. Ich ging wieder nach Hause, um mit der einzigen Person, von der ich wußte, daß sie es ebenso faszinierend finden würde wie ich, darüber zu sprechen.

Meine Mutter war außer sich. Sie lenkte ihre Entrüstung auf Frau Kreckman, deren zehnjährige Tochter *ihrer* erst siebenjährigen Tochter davon erzählt hatte. Ich fühlte mich schuldig, weil ich die Empfängerin verbotener Informationen gewesen war und weil ich die Bestürzung meiner Mutter verursacht hatte. Das Ereignis verwirrte mich. Ich erinnere mich, wie meine Mutter mit mir an der Hand den Hinterhof überquerte, um Frau Kreckman wegen des Übergriffs ihrer Tochter gegenüberzutreten. (Frau Kreckman, so bemerkte ich, schien von der Episode nicht so aufgebracht zu sein wie meine Mutter.)

Carol Lee hatte die große Packung mit Monatsbinden vom Regal genommen und sie mir stolz gezeigt, ihre Kennmarke für den Eintritt in eine neue Welt. Ich erinnere mich an die

dicken Polster, so schneeweiß und weich, aber so fremd. Und ich erinnere mich auch an ein Gefühl von Unschuld. Hinter dem Haus gab es Victory Gardens, Kriegsgemüsegärten. Ich erinnere mich an den morgendlichen Glanz auf dem Zaun und an Mengen duftender gelber Lilien unter meinem Schlafzimmerfenster. Und ich erinnere mich an den Zorn meiner Mutter – kalt, distanziert, so als hätte sie nichts mit mir zu tun.
Ihr Zorn hatte natürlich eine tiefere Wirkung auf mich als der Stolz meiner Freundin auf ihre beginnende Menstruation. Viele Jahre lang erschien mir mein Körper während der Menstruation als von mir getrennt – ein separater Organismus, dessen seltsame Funktionen ich beobachten, aber nicht kontrollieren konnte. Die »Ausrüstung« der Menstruation behielt immer eine gewisse Fremdheit für mich. Bei den seltenen Gelegenheiten in meinem erwachsenen Leben, wo ich Binden gebraucht habe – zum Beispiel nach der Geburt eines Kindes –, war ich immer wieder von der seltsamen Weiße, von ihrer Reinheit überrascht. Aber so sind sie, bevor man sie benutzt. Danach umfangen mich Zorn und Abscheu, die meine Mutter an jenem so lange zurückliegenden Sommertag zeigte. Ich hasse das Blut. Ich hasse die Schweinerei, ich hasse den Geruch. Wenn ich menstruiere, so scheint mir jetzt, hasse ich mich selbst. Immer und immer wieder. Jedesmal.

Die Schande des Geschlechts

Natürlich gibt uns nicht nur die Mutter unsere negative Einstellung zu unserem Körper ein. Die ganze Kultur trägt zur Ambivalenz von Mädchen gegenüber der Sexualität bei. »Gesellschaftliche Reaktionen, die von religiösen Tabus bis zur Werbung für weibliche Hygieneprodukte reichen, suggerieren kontinuierlich, daß weibliche Sexualität wirklich unsauber ist«, schreibt die Psychoanalytikerin Elizabeth Waites.[1]
Anfang der achtziger Jahre untersuchten drei Psychiater von

der *Yale University School of Medicine* Mädchen zwischen neun und 18 Jahren, um zu sehen, was für Botschaften sie aus Filmen und anderen Werbeträgern beziehen, die die Hersteller von Hygieneprodukten verbreiten. Sie stellten fest, daß Mädchen zum Beispiel in mit Müttern oder Freundinnen geführten Gesprächen über Menstruation sich weitgehend auf Informationen stützen, die sie aus Broschüren wie »Deine ganz persönliche Angelegenheit« oder aus dem Film »Die Geschichte von der Menstruation« (der von 93 Millionen Frauen gesehen wurde) beziehen. Diese Materialien werden von Schulen, Kirchen, Pfadfindervereinen und Ärzten verbreitet. Aber obwohl sie von Institutionen benutzt werden, die die Absicht haben, Mädchen über die Menstruation aufzuklären, scheitern diese Materialien, weil, so die Psychiater, sie nicht klar beschreiben, was während der Menstruation wirklich passiert, »und sie betonen eher die Bedeutung der Hygiene, als daß sie auf die emotionalen Bedürfnisse und Ängste der jungen Mädchen eingehen«.[2]

Man möchte eigentlich annehmen, daß die Mütter auf die emotionalen Reaktionen ihrer Töchter bezüglich der Menstruation eingehen, aber viele Berichte besagen, daß manche Mütter diesem Thema immer noch völlig abgewandt sind oder daß ihre Bemühungen, der Tochter zu helfen, durch ihre eigene tiefsitzende Ambivalenz gemindert werden. In einer Untersuchung mit 103 Frauen befand die Psychiaterin Nathalie Shainess, daß von fünf Frauen eine von der Mutter überhaupt nicht auf die Menstruation vorbereitet worden war. 75 Prozent von denen, die tatsächlich aufgeklärt worden waren, sahen ihrer Menstruation »mit Angst und Schrecken« entgegen. Dr. Shainess stellt einen Zusammenhang zwischen dem Unbehagen, das die von ihr untersuchten Frauen hinsichtlich ihrer Menstruation empfanden, und der negativen Einstellung ihrer Mütter her. Nur 15 Prozent der Mütter hätten mit Freude auf die einsetzende Menstruation der Tochter reagiert, berichtet Shainess, 60 Prozent reagierten negativ und zehn Prozent »extrem destruktiv«.[3]

Dr. Maj-Britt Rosenbaum teilt uns mit, daß die Mädchen am Ende unter gewaltigen Ängsten litten, wenn die Mutter der Tochter keine Informationen über ihren Körper zuteil werden läßt. »Ich habe kluge, gebildete Mädchen gehört, die sich fragten, ob ihre erste Menstruationsblutung für den Rest ihres Lebens andauern werde, ob ein Tampon im Körper verloren gehen könne, ob Mädchen ejakulierten«, sagt sie. »Tatsächlich bin ich, zumindest in meinem beruflichen Leben, noch keinem in der Pubertät befindlichen Mädchen begegnet, das eine genaue Vorstellung davon hatte, wie seine innere geschlechtliche Anatomie funktioniert.«[4]

Selbst die »befreite Mutter«, sagt die britische Schriftstellerin Sheila Kitzinger, findet es unter Umständen schwierig, den richtigen Ton zu treffen, wenn es so weit ist, daß sie ihre Tochter auf die Menstruation vorbereiten soll. In ihrem Buch *A Woman's Experience of Sex* schildert sie die unbehagliche Erinnerung einer ihrer eigenen Töchter. »Ich erinnere mich, daß du mir Bilder zeigtest aus einem Buch, das du *Geburtsatlas* nanntest, und mir erklärtest, meine Vagina liege fast in einem rechten Winkel zu meiner Gebärmutter, und all so was. Ich ging ins Badezimmer und machte alles blutig bei dem angestrengten Versuch, den Tampon einzuführen, aber es ging nicht. Und du sagtest: ›Soll ich reinkommen und es für dich machen?‹ Ich fühlte mich entsetzlich. Ich hatte wirklich Angst, du könntest reinkommen.«[5]

Nathalie Shainess spricht davon, wie wichtig die emotionalen Umstände bei der ersten Periode eines Mädchens für seine weitere Entwicklung sind. Aber meistens erhält sie die detailliertesten Vorbereitungen auf dies Ereignis nicht zu Hause. »Wir mußten das von der Lehrerin aus machen«, sagte Rachel zu ihrem Bruder Conor, als er über die Mappe herzog, die mit Herzen und Blumen und den Worten »Meine Menstruation« geschmückt war und die sie eines Tages von der Schule mit nach Hause gebracht hatte. »Aber siehst du nicht, daß es lächerlich ist?« beharrte Conor. Sie war in der vierten Klasse, er in der

sechsten. »Jungs lassen sie keine Mappen anfertigen mit kleinen Helmen und Fußbällen und den Worten ›Meine Ejakulation‹.«
Natürlich hatte die Lehrerin die Hoffnung gehabt, Rachel und die anderen Mädchen ein positives Gefühl in bezug auf die künftigen Veränderungen in ihrem Leben zu »lehren«. Und doch war Conors Wahrnehmung von etwas Kindischem in diesen Herzen und Blumen richtig. Sie waren eine Leugnung der Schwierigkeiten, denen Mädchen unweigerlich gegenüberstehen, wenn ihr Körper gebärfähig wird.
Tatsächlich erwarten wir, daß junge Mädchen ihre Menstruation als belastend empfinden. Man bemüht sich, das Thema zu bereinigen – ganz zu schweigen von der Bemühung, die Mädchen dazu zu bringen, *sich selbst* zu be»reinigen«. »Sorgfältige Hygiene« laute die wesentliche Botschaft der Tamponbroschüren, sagen die Yale-Ärzte – ein Standpunkt, der, wenn er auch nicht unbedingt Halt gibt, geeignet ist, den Verkauf von Produkten zu fördern. Eine Broschüre teilte mit, daß »die meisten Mädchen sich wegen möglicher Peinlichkeit sorgten... wegen Geruch... verräterischen Spuren, plötzlichem Blutfluß«.[6] »Gepflegtheit« ist wesentlich. Wenn es nicht sorgsam ist, so wird dem Mädchen mitgeteilt, wird es diese Gepflegtheit »durch seine nachlässige Einstellung und seinen Mangel an guter Haltung verlieren«.
Eine andere Broschüre läßt wissen: »Es ist absolut unmöglich, daß irgend jemand weiß, daß du menstruierst, es sei denn, du verhältst dich albern zu der ganzen Angelegenheit.«
Die Psychiater kritisieren die Hersteller wegen ihrer »vagen und euphemistischen« Sprache, weil sie das Verbergen als so wichtig hinstellen und weil sie »die Aufmerksamkeit der Mädchen von ihrem Körper und jeglicher möglichen pubertären Erregung ablenken«. »Die Verleugnung oder übermäßige Vereinfachung erotischer und rekreativer Funktionen kann sich in der Tat wie eine gewaltsame Unterbrechung darauf auswirken, wie sich das Mädchen als Frau erlebt.«[7]

Clara Thompson, eine der ersten Psychoanalytikerinnen in Amerika, stellte vor 50 Jahren fest, daß die übermäßigen Warnungen an die Mädchen hinsichtlich möglicher Erniedrigungen aufgrund von Pannen, die zur Aufdeckung (der Menstruation) führen, seelischen Schaden anrichten. Es behindert die Fähigkeit der Mädchen, zuversichtlich und freudig in bezug auf ihre Sexualität zu sein, wenn man sie lehrt, ihre Menstruation zu verheimlichen, schrieb Thompson in ihrem Buch *On Women*. Es bringt sie in einen Zwiespalt hinsichtlich ihrer erotischen Empfindungen. Dieser Zwiespalt kann ihr gesamtes persönliches Identitätsgefühl untergraben. Die sexuelle Unaufrichtigkeit, zu der Frauen erzogen werden, »hat ohne Zweifel sehr zum verminderten Selbstwertgefühl von Frauen beigetragen«, sagt Thompson.[8]

Clara Thompsons Warnungen vor den Auswirkungen jener Erziehung, die die Mädchen lehrt, das Erleben ihrer Menstruation zu verbergen, ging den Beobachtungen der Yale-Psychiater 40 Jahre voraus. Aber in diesen 40 Jahren scheint wenig geschehen zu sein, um den Mädchen zu helfen, eine weniger zerrissene Einstellung zu ihrem Körper herzustellen und zu lernen, ihren Körper wirklich zu *mögen*. Das Nicht-Wissen, wie ihr Körper funktioniert, im Verein mit der ihnen beigebrachten negativen Einstellung beeinflußt das sich entwickelnde Selbst und Selbstwertgefühl der Mädchen zutiefst. Wie kann ein Mädchen ein gutes Gefühl in bezug auf einen Körper/ein Selbst haben, von dem man ihm immer sagt, es solle ihn/es ignorieren, verstecken oder sonstwie maskieren?

Die Entwicklung einer falschen Persönlichkeit

Als ich etwa 15 Jahre alt war und mir beim Vergleich mit meiner Freundin Marcy mager vorkam, überraschte meine Mutter mich mit den Worten: »Du hast hübschere Beine als Marcy.« Aber da war es schon zu spät für Mutters Beteuerung: Mein

Körperbild war schon geprägt. Ich war kein Mädchen, das hübsche Beine hatte, ich war groß und formlos und hatte zu kleine Brüste. Mein Gesicht sah aus wie das eines Eichhörnchens. Jungen mochten mich auf eine kameradschaftliche Weise, aber erotisch schienen sie sich nicht zu mir hingezogen zu fühlen. Warum wirkte dieser Mangel an sexueller Aufmerksamkeit, als ich 15 oder 16 war, wie ein schrecklicher Schlag?
Das Selbstbild umfaßt Körperliches ebenso wie Seelisches und wird auf der Basis der Internalisierung dessen errichtet, »wie wir wahrgenommen werden, was man zu uns sagt, welche Gefühle und Einstellungen von der ersten versorgenden Person vermittelt werden«, sagte Dr. Esther Menaker auf einer psychoanalytischen Tagung über weibliche Identität.[9] Die »erste versorgende Person« ist fast immer die Mutter. Aber wie wir gesehen haben, haben die meisten Mütter letztlich das Gefühl, nicht gut genug zu sein. Dann wird die Tochter »zur Empfängerin von Mutters verletztem Narzißmus«, teilt uns Menaker mit. »Wenn eine Mutter mit ihrem Dasein unzufrieden ist, wenn sie ihren Körper, ihren Geist, ihre Kompetenz, ihre Rolle im Leben... für geringer erachtet als dieselben Dinge bei einem Mann, dann werden diese Gefühle an ihre Tochter weitergegeben und werden zum Kern der weiblichen Identität (des Mädchens).«[10]
Die Unzufriedenheit der Mutter teilt sich früh schon mit und oft täglich. Diese Unzufriedenheit ist unter anderem in ihrer Präokkupation mit so sicher wirkenden Aufmerksamkeitsmagneten wie »Schönheit« und »Mode« zu finden.

»In bestimmten Kreisen ist der erste Schultag *der* Mode-Moment der Herbstsaison«, beginnt die *Labor-Day-Human-Interest*-Geschichte eines *New York Times*-Reporters, die in Herz und Seele der meisten Frauen, die sie lesen, eindringen wird. Ah, der »erste Tag«, seufzen wir und erinnern uns an das Schottenkleid, die neuen Schuhe, die Hefte und Radiergummis. Aber heute geht das alles viel weiter, da die Mädchen danach trachten, ihre Kindheit so schnell wie möglich hinter sich zu lassen, und sich die Frauen als Vorbilder wählen, die sie in »Miami Vice« oder anderen Fernsehserien sehen.

Die *Times*-Geschichte berichtete von der siebenjährigen Tiffany, die zum Schrecken ihrer Mutter beschlossen hatte, nun beim Kauf ihrer Kleidung selbst zu entscheiden. Mama hatte ein Paar weiße Schuhe ausgesucht und meinte, sie seien »ideal für den ersten Tag«, aber Tiffany würgte, als sie sie sah. Ein Paar pfirsichfarben und babyblau Gepunktete war das einzige, was sie an ihre zierlichen Füße lassen wollte. »Sie war in einem Freizeitlager in Lawrence«, erklärte die Mutter dem Reporter. »Es ist ein sehr modischer Ort. Ich denke, das hat etwas damit zu tun.«[11]

Ghislaine, ein Mädchen, das die Junior Highschool besucht, »fing an, für den Schulbeginn einzukaufen, kaum daß die Schule im letzten Juni beendet war«, erzählte ihre Mutter der *Times*. Außer ein paar Ausflügen zum Strand war Einkaufen Ghislaines Hauptbeschäftigung für den Sommer. Höhepunkt war ein Ausflug nach New York »wegen der großen Esprit-Kollektion bei Macy's« und einer zu Bloomingdale's »wegen silberner Schuhe«.

»Der erste Schultag ist eine große Sache«, sagt Ghislaine. Manche Mädchen legen sich eine Reihe möglicher Alternativen zurecht. »Ich habe nur einen Plan.«

»Ich hoffe, das Wetter kommt dir nicht in die Quere«, sagt ihre Mutter besorgt.

Ghislaine ist zuversichtlich. Sie wird, wenn nicht die Hölle oder ein Hochwasser sie hindern, die von langer Hand geplante Kombination anlegen: cremefarbene Leggings von Esprit, ein purpurfarbenes Turtleneck-Kleid von Esprit, eine cremefarbene Cardigan-Jacke und silberne Schuhe.

Es ist nicht überraschend, daß Mütter die narzißtischen Belange ihrer Töchter unterstützen, wenn man bedenkt, daß ihre Mütter das gleiche taten. Unter solchen Bedingungen finden

Mütter es schwierig zu sehen, daß *sie* es sind, die die Selbstbezogenheit der Mädchen fördern. Die Ferienlager, die sie besuchen, oder die Magazine, die sie lesen, haben weit weniger Einfluß. Die Mutter ist das weibliche Rollenvorbild par excellence. Wenn sie in Designer-Labels und silberne Schuhe verliebt ist, so wird die Tochter es wahrscheinlich auch sein.

»Mein Gott, du bist so darin verwickelt, ob ich gut aussehe und schöne Kleider trage«, sagte Rachel in jenem Sommer, in dem sie 19 wurde, zu mir.

Ich war verblüfft, da ich mich nie »für diese Sorte Mutter« gehalten hatte.

»Erinnere dich, wie ich zu Weihnachten die Baskenmütze von dir bekam und wie du sagtest, als ich sie aus meinem Strumpf nahm: ›Also, ich weiß nicht wie du sie findest, aber ich habe entschieden, daß du toll damit aussehen wirst, ob du es nun merkst oder nicht.‹«

»Wirklich?« Der Mutter-weiß-es-am-besten-Ton begehrte leise auf.

»Du kümmerst dich um meine Kleidung, wie sie an mir aussieht und für welches Teil ich mich entscheide, wie bei dir selbst.« Rachel kam mit ihrem Thema in Fahrt. »Ich kümmere mich nie darum, wie *du* dich kleidest. Vielleicht antworte ich, wenn du wissen willst, wie du in einem ganz bestimmten Pullover aussiehst, aber ich werde niemals danebenstehen und Meinungen äußern, während du etwas vor dem Spiegel anprobierst.«

Ich wurde an die vielen Male erinnert, wo ich dastand und »Meinungen äußerte«, völlig eingenommen vom Spiegelbild meiner Tochter, und der Gedanke, daß sie recht hatte, trieb mir die Röte ins Gesicht. Ob ich nun glaubte, ich sei »diese Sorte Mutter« oder nicht – ich war es. Das Aussehen meiner Töchter, ihre Attraktivität, ihre Kleidung – alles war Teil ihres *Weiblich*-Seins. Und ihre Weiblichkeit strahlte offensichtlich auf meine zurück.

Lange Zeit hielten Psychiater die extreme Beschäftigung mit der äußeren Erscheinung für einen normalen Teil der weiblichen Entwicklung. Freud meinte, das kleine Mädchen erlebe, da es den fehlenden Penis als Zeichen geringeren Wertes verstehe, eine permanente Erniedrigung seines Selbstwertgefühls. In seinem Aufsatz »Über die weibliche Sexualität« beschrieb er diese Situation als Kastrationskomplex. »In allen Fällen hält das Kind die Kastration zunächst nur für ein individuelles Mißgeschick, erst später dehnt es dieselbe auch auf einzelne Kinder, endlich auf einzelne Erwachsene aus. Mit der Einsicht in die Allgemeinheit dieses negativen Charakters stellt sich eine große Entwertung der Weiblichkeit, also auch der Mutter, her.«[12]

Was sollte ein Mädchen tun, wenn ihm ein solch schrecklicher Schlag zugefügt wurde? Freud meinte, daß es ihn kompensiere, indem es den Wert seines Körperselbst erhöhe. Sein ganzer Körper werde eine Art Penisersatz, was bedeute, es beziehe aus der Bewunderung seines Körpers Gefühle von Macht. Freud ging davon aus, daß alle Mädchen durch ihren »anatomischen Defekt« eine narzißtische Wunde erlitten haben und daß alle Mädchen infolgedessen ihrem Körper übermäßige Bedeutung beimessen. Dieser »Ersatz«-Hypothese bis zu ihrem unausweichlichen Schluß folgend, behauptete Freud, daß ein angemessenes Selbstwertgefühl bei Frauen wegen ihrer infantilen Überzeugung, sie seien »kastriert«, praktisch unmöglich sei. Sie können nicht darauf zählen, sich jemals als wertvoll zu empfinden – können, wenn sie heranwachsen und sich entwickeln und etwas zu leisten beginnen, ein starkes Selbstgefühl niemals fest verankern. Ihr Wert ist abhängig von der Laune – und Großzügigkeit – des Zuschauers, was Frauen zu einer Art emotionalem Waisentum verdammt. Blanche du Bois drückte es in »Endstation Sehnsucht« so aus: »Ich mußte mich immer auf die Freundlichkeit von Fremden verlassen.«

Die Vorstellung eines »Kastrationskomplexes«, den Frauen kompensieren müßten, ist von allen außer den extrem doktrinären Freudianern aufgegeben worden.

»Ich glaube, nicht die Erkenntnis, daß sie keinen Penis haben, ist der Grund für schwere Störungen des Selbstwertgefühls bei Frauen«, sagt Kohut. Vielmehr verlaufe »die Kausalkette in umgekehrter Richtung: das deprimierende Gefühl einer Frau, kastriert zu sein, nicht ebenbürtig zu sein, und ihre lebenslangen Attitüden der Wut und der Rachsucht wegen dieser narzißtischen Kränkung wachsen auf einem Boden umfassenderer und tieferer Deprivationen«.

Diese Deprivationen rühren von frühen Störungen in der Mutter-Kind-Beziehung her – Störungen, die zu der unbewußten Erfahrung führen können, von der Mutter mißverstanden zu werden. Diese Erfahrung wird von Psychiatern als »narzißtische Wunde« beschrieben – als eine Kränkung des kindlichen Selbstgefühls.

Wenn wir einmal verstanden haben, wie der Narzißmus funktioniert, so stellen wir fest, »daß es da keine geschlechtlichen Unterschiede gibt«, sagt der Psychiater Frank Lachman.[13]

Der Wunsch, bewundert zu werden, ist fundamental und im Bedürfnis eines jeden Kindes nach begeisterter Spiegelung seiner selbst durch die Mutter verwurzelt. Aber kleine Mädchen, die sich zur Schau stellen wollen, haben Glück, wenn sie die gleiche begeisterte Reaktion erhalten wie ihre Brüder. Wenn Jungen ihren Allmachtsgefühlen ungeniert Ausdruck verleihen, applaudiert die ganze Gesellschaft, man hält es für männlich. Von Mädchen dagegen erwartet man nicht, daß sie sich mächtig und übergroß fühlen – aus eben dieser Erfahrung erwächst aber das Selbstwertgefühl. Statt dessen lehrt man sie, Bewunderung für ihr Körperselbst zu erheischen. Diese Bewunderung ist das Opium des Geschlechts. *»Lerne, Aufmerksamkeit aufgrund deiner äußeren Erscheinung zu erlangen, und es wird weniger schwer sein, die fehlende Aufmerksamkeit in bezug auf alles andere zu akzeptieren«*, lautet die an die jungen Mädchen gerichtete Botschaft.

Die Tatsache, daß die Gesellschaft von Mädchen *erwartet*, daß sie mit ihrem Aussehen beschäftigt sind, trägt dazu bei, zu rechtfertigen, daß ihrem Körper überhaupt so viel Aufmerksamkeit zuteil wird. Die meisten Mädchen meinen, extremes Interesse an Äußerlichkeit sei Teil und Bürde der Weiblichkeit. In Wirklichkeit ist unter ihrer Beschäftigung mit »Schönheit« ein Bedürfnis nach Anerkennung verborgen, das viel weiter geht, als daß ihr Aussehen allein es jemals stillen könnte. Größe suchen sie, die Chance, Stars, Führerinnen, Macherinnen von Geschichte zu werden.

Narzißten sind immer in irgendeine private Phantasie über Reichtum oder Macht oder ideale Liebe verwickelt. Tatsächlich fordern sie beständige Verehrung. Das trifft auf Männer ebenso zu wie auf Frauen, und Unterschiede mag es in der Art der vom Selbstwertgefühl bestimmten Aktivitäten geben, die je nach Geschlecht bevorzugt werden. Das könnte man als den jeweiligen narzißtischen Stil bezeichnen. In gewissem Maß ändern sich die »narzißtischen Stile«, wenn die Parameter für das, was für Männer und Frauen als akzeptabel betrachtet wird, sich erweitern. Manche Frauen beziehen heute natürlich aus ihrer Arbeit, aus den Früchten ihrer schöpferischen, intellektuellen Leistungen narzißtische Befriedigung. Aber es besteht eine weibliche Präokkupation mit der äußeren Erscheinung fort, die fast universell ist. »Ich verbessere nur, was ich habe«, sagt eine Schauspielerin, die in dem Augenblick, da sie morgens das Bett verläßt, ihr Bühnen-Make-up auflegt und es beibehält, bis sie wieder schlafen geht.

Eine Freundin der Schriftstellerin Patricia Volk behauptet: »Ich schaffe es in 20 Minuten von *nada* zu prachtvoll.« Kürzlich habe ihre Freundin den »natürlichen Stil« gewählt bei ihren Bemühungen, nicht *nada* zu sein. Dieser Stil beginnt mit einer Grundierung. »Dann kommen Puder, umgekehrte Vs von Rouge, deckendes Make-up, zwei Töne Lidschatten, Eyeliner, Augenbrauenstift und natürlich Wimperntusche.« Die Wirkung des »natürlichen Stils« der Freundin ist für Volk nicht verschwendet. »Wenn Ellen einen Raum betritt«, sagt sie, »wenden sich die Köpfe, quietschen Bremsen.«[14]

Eines der Hauptsymptome bei narzißtischen Störungen ist das

Abgeschnittensein von den eigenen körperlichen Bedürfnissen und Empfindungen. Frauen haben immer schon ihren Körper eingesetzt, um die Aufmerksamkeit der Männer auf sich zu ziehen, und deren Bewunderung benutzt, um Verluste zu kompensieren, die sie in der frühen Beziehung zur Mutter erlebt haben, aber es liegt eine traurige Ironie darin, daß eine Frau um so weniger wirklichen Kontakt mit ihrem Körper haben wird, je mehr Energie sie für die Konzentration auf ihren Körper als Objekt der Bewunderung aufwendet.

Die weibliche Präokkupation mit der äußeren Erscheinung ist psychisch schädigend. Aber kulturelle Vorstellungen von Weiblichkeit – die diese Präokkupation stützen – machen es für Mädchen extrem schwierig, selbstbestätigendes Verhalten von dem zu unterscheiden, was zu einem falschen Selbst beiträgt. Jedesmal, wenn wir versuchen, ein Gefühl von »Weiblich«-Sein zu erschaffen, verwickeln wir uns in die Herstellung von etwas Künstlichem – in eine Inszenierung. Wenn wir zu uns selbst sagen: »Du mußt deine schlaffe Haut straffen«, verstärken wir unsere Wahrnehmung der eigenen Person als beschädigt.

Ich hatte nie viel übers »Weiblichwerden« nachgedacht, bis meine Freundin Tara in dem Sommer, als sie 14 wurde, aus ihren Strandferien zurückkehrte. In den zwei Monaten ihrer Abwesenheit hatte sie sich so sehr verändert, daß es mir schien, als hätte ich eine Spielgefährtin verloren. In jener kurzen Zeit war Tara zu einer Schauspielerin geworden, zu einem Teenager auf der Suche nach Publikum.

»Ist Tara zu Hause?« fragte ich am Ende jenes heißen Sommers.

»Sie ist oben und macht sich fertig zum Ausgehen«, antwortete Taras Mutter dann.

Die Tatsachen hielten, was der Satz versprach. Ich ging in jenem Alter selten »aus«, und wenn ich es tat, war das »Sich-fertig-Machen« nicht annähernd solch ein selbstversunkenes

Ritual wie jenes, von dem Tara beansprucht war, als ich sie oben vorfand; ich sah ihr bei der Vervollständigung der eineinhalbstündigen Prozedur zu, die mit einem Bad begann und mit einer zweifachen Schicht Nagellack »Gefrorener Pfirsich« auf ihren Zehennägeln endete. »Mein Gesicht anziehen« nannte sie es mit einer abgeklärten Miene, die mich einschüchterte. Keine von denen, die ich kannte, sprach von Gesicht anziehen, aber hier war meine alte, wilde Spielgefährtin, die ihre Pubertät mit etwas begann, das mir wie deren Endstadium vorkam. Sie war sorgfältig und methodisch geworden. In ihrem Ritual war etwas beinahe Irrationales, als hätte das Auslassen eines einzigen Schrittes bedeutet, daß man in etwas Magisches hineinpfuschte.

Wenn ich heute an diese ausgefeilten Riten zurückdenke, scheint mir klar, daß Tara als heranreifendes weibliches Wesen Probleme mit ihrem Selbstgefühl hatte. Ich glaube, wesentlich war vor allem, wie unklar sich Taras Eltern darüber zu sein schienen. Es war keine Frage, wie oft sie ausgehen durfte oder wie häufig sie einen Jungen treffen konnte. Auch die Zeit, wann sie abends nach Hause kam, schien kein Streitpunkt zu sein. Ich hatte das Gefühl, Taras Eltern meinten, ihre Tochter sei zum Ausgehen geboren.

Oder sie dachten überhaupt nicht darüber nach.

Taras Mutter machte sich auch zurecht, wenn sie »ausging«. Samstagabends pflegte sie sich mit dem Korsett, dem Büstenheber, dem Make-up, dem aufgebauschten Haar, dem Parfum und schließlich »dem Kleid« herauszuputzen. Sie schien für die Samstagabende zu leben. Am nächsten Morgen fand sie sich wieder in ihrem üblichen Hauskleid ein und war mit den Anforderungen des Haushalts beschäftigt, die ein kleines Haus und eine Menge Kinder an sie stellten. Ist es da ein Wunder, frage ich mich heute, daß Tara dieselben Methoden der Anpassung annahm wie ihre Mutter seit ihrer Mädchenzeit?

Anstelle des gesünderen Wunsches, ihre sinnlichen, erotischen Empfindungen zu genießen, haben Frauen nach dem Gefühl, attraktiv zu sein, zu streben gelernt. Mit 15 Jahren etwa sind wir überzeugt, daß grenzenlose Bewunderung das einzige ist, das unseren Mangel an Selbstwertgefühl ausgleichen kann.

Tara war die älteste von vier Geschwistern und zu kurz gekommen; ihre Bedürftigkeit färbte auf alles ab. Sie hatte nie das Gefühl, von den Erwachsenen in ihrem Leben *gesehen, anerkannt* zu werden. Letzten Endes fesselte ihre Bedürftigkeit ihr Selbst. Ihre Begabung zu malen, früher voller Spontaneität, verkümmerte in der Pubertät. Bei Tanzveranstaltungen war sie zu »scheu«, um sich auf die Tanzfläche zu stürzen, sich zu winden und zu drehen, wie sie es sich eigentlich erträumte. Ihr freudiger Selbstausdruck wurde mehr und mehr gehemmt.

Taras Problem war der tiefe Konflikt, den sie im Zusammenhang mit ihrem Wunsch erlebte, »sich freizumachen und anerkannt zu werden«. Der Wunsch, großartig zu sein, zusammen mit der Angst vor seiner Erfüllung machte sie gehemmt, scheu und unfähig, der Welt zu zeigen, wer sie wirklich war.

Der unterdrückte Drang, sich zur Schau zu stellen

Nur davon zu träumen, die eigene Meinung zu äußern, nur davon zu träumen, zu tanzen oder Opernlibretti zu schreiben, ohne jemals wirklich etwas zu *tun*, ist eine Art, den Deckel auf unserem ängstlichen Verlangen nach Exhibition zu belassen. »Scheu« fungiert als Deckmantel. Darunter liegt unser heimlicher Wunsch, gesehen zu werden.

R. D. Laing berichtet uns von einem »Mädchenspiel«, das eine Patientin erzählte. »Ich war ungefähr zwölf, und ich mußte, um zu dem Laden meines Vaters zu gelangen, durch einen großen Park gehen, es war ein langer, düsterer Weg. Ich gebe zu, ich hatte ziemliche Angst ... Um die Zeit zu verkürzen, erfand ich ein Spiel.« Ihr Spiel beinhaltete etwas, das vielen Mädchen vertraut ist: die köstliche Leere des Vor-sich-Hinstarrens, des... Verlorengehens im Raum. »Es fiel mir auf, daß ich, wenn ich lange genug in die Umgebung starrte, mit ihr verschmolz, und ich verschwand gerade so, als ob der Platz leer und ich nicht mehr da sei.«[15]

Bei dem Spiel dieses Kindes, unsichtbar zu werden, sagt Laing, ging es nicht so sehr um die Angst, allein im Park zu sein, als vielmehr um seinen Wunsch, sich abzuheben, »außerhalb des Normalen zu sein, unterscheidbar zu sein«, Aufmerksamkeit auf sich zu ziehen. Obwohl es sich wünschte, hoch aufzuragen, machte ihm dies Bedürfnis Angst. In dem großen, leeren Park war es fast wie auf einer Bühne zu sehen. Das erschreckte es. Sein Wunsch, Aufmerksamkeit zu fordern, verstörte es. So war es auch bei Tara gewesen.

In bezug auf die Frauen ist nie erkannt worden, daß sie das Bedürfnis nach Aufmerksamkeit als gefährlich empfinden. Es fängt mit dem normalen kindlichen Wunsch nach Gespiegeltwerden an. Später wird dieser Wunsch unterdrückt und dadurch überwältigend, so wie nicht geäußerter Zorn sich zu einem ganzen Kessel voller Wut ansammelt und dann überkocht. Das übersteigerte Bedürfnis nach Aufmerksamkeit ängstigt uns zutiefst. Keine von uns will, daß ihr Bedürfnis hervorbricht und sie bloßstellt. *Halte das gierige kleine Mädchen in deinem Innern eingeschlossen.*

Der Druck der Selbstübersteigerung

Daß jemand zu einem »Mauerblümchen« wird, *geschieht* nicht einfach. Es ist etwas, das wir in Situationen, in denen unser Wunsch nach Aufmerksamkeit uns Angst macht, aktiv betreiben. Um die Angst zu vermeiden, weichen wir in den Schatten zurück und trüben die leuchtenden Farben unserer Persönlichkeit. Wenn wir für ein großes Fest etwas zum Anziehen kaufen gehen, probieren wir vielleicht fünf tolle Kleider an und kaufen

schließlich doch noch ein »kleines Schwarzes«, weil wir keine Aufmerksamkeit auf uns ziehen wollen. Selbst in langweiligem Schwarz fühlen wir uns linkisch und befangen. Wir sind uns sicher, daß jeder zu uns herschaut. Unsere Schulterpolster verrutschen. Wenn wir etwas sagen, klingt es idiotisch. Oh, die Schande, wenn die anderen uns sehen, ihr Urteil über uns fällen, uns für blöde halten!
Aber welcher Glanz, wenn die anderen uns sehen, ihr Urteil fällen und uns zur Königin der Nacht krönen würden!

Kinder, die mit dem Gefühl aufwachsen, daß die Mutter sie nicht *sieht*, bleiben mit dem Verlangen nach Anerkennung sitzen. Dieser Wunsch wird in die zwanghafte Suche nach Aufmerksamkeit übertragen. Wenn wir uns selbst zur Schau stellen, *zwingen* wir die anderen buchstäblich, uns zu sehen. *Sieh mich an!* schreit das ungespiegelte Selbst auf. Es ist ein Schrei, der oft mißverstanden wird.
Aufmerksamkeit heischendes Verhalten verhüllt häufig tiefe Minderwertigkeitsgefühle, sagen die Psychiater. Das trifft zwar auf beide Geschlechter zu, aber Frauen haben Gefühle von Wertlosigkeit im Zusammenhang mit ihrem Geschlecht. Diese Gefühle sind es unter anderem, die den Wunsch, Königin der Nacht zu sein, hervorbringen – den Wunsch, über Aufmerksamkeit und Respekt zu verfügen. Ein Fehler, ein gesellschaftlicher Lapsus, alles, was nicht perfekt ist, wird als erniedrigend empfunden, weil es auf das überwältigende Bedürfnis weist, sich vom Rest der Menschheit abzuheben, die »Beste« zu sein. Vielleicht schauen wir die traurige Besitzerin von A-minus-Noten an und denken, sie sei verrückt, tatsächlich aber leidet sie, wie die Königin in »Schneewittchen«, bitter unter ihrem Bedürfnis, daß man sie für anderen überlegen hält.
Wer unter dem Druck, großartig sein zu müssen, leidet, kann nicht frei und offen denken oder fühlen. So jemand ist gewissermaßen immer auf der Bühne. Es ist, als »existierte jede Aktivität – jeder Gedanke, jedes Gefühl – nicht um ihrer selbst

willen, sondern ausschließlich zum Zweck narzißtischer Exhibition«, sagt die Analytikerin Annie Reich. Ein seltsam selbstbezogenes Tonband spult sich im Kopf ab. *»Guck, ich gehe, spreche, denke«*, sagt das Band. *»Guck, ich habe so schöne Empfindungen, so tiefe Interessen, so bedeutende Gedanken.«*

In unserer Befangenheit ist der Wunsch verborgen, daß die ganze Welt sich um uns drehen möge, daß die ganze Welt auf uns *achten* möge.

Aber dieser Wunsch verstört. *Oh, schau mich an!* beharrt das Selbst, auch wenn wir uns bei der Tanzveranstaltung an die Wand lümmeln, verfolgt von der Hoffnung und der Furcht, daß jeden Augenblick jemand vorbeikommen und uns davonwirbeln könnte. Wir haben Todesängste vor der strahlend erleuchteten Tanzfläche, weil wir vielleicht eine irre, flammende Zurschaustellung unserer selbst inszenieren könnten – unkontrollierbar, wild, gierig.

Das Bedürfnis des jungen Mädchens, sich mächtig zu fühlen

Damit ein kleines Mädchen sich schließlich stark und mächtig fühlt, ist es wichtig, daß die Interaktionen mit den Eltern seine ersten Allmachtsgefühle eher unterstützen als dämpfen. Ein zweijähriges Mädchen erwacht eines Nachmittags mit der Feststellung aus einem Schlummer: »Ich kann selbst entscheiden, ob ich schlafen muß!« Aufgeregt ruft es seine Eltern ins Zimmer und verkündet großartig, daß es nachmittags nicht mehr schlafen werde. »Machtvolle« Augenblicke wie dieser sind außerordentlich wichtig für das erstarkende Selbstgefühl des Kindes, teilt uns der jungianische Psychologe Jeffrey Satinover mit.[17] Wenn die Eltern die Ankündigung ernst nehmen, weil sie erkennen, daß ein inneres Ereignis stattgefunden hat, das genauso wichtig ist, wie die Kleine es empfindet, dann wird ihr

Gefühl von Macht bestärkt. Wenn Mutter und Vater aber über die großartige Ankündigung ihrer Tochter lachen, dann mindern sie ihr Selbst und schwächen – auch wenn es vielleicht nur geringfügig ist – ihr persönliches Gefühl von Macht, das sie braucht, um sich in ihrer Welt erfolgreich zu fühlen.
Was kleine Kinder brauchen, so Satinover, sind Erfahrungen »grandioser Vergrößerung«. Aus ihnen wird ein Selbstgefühl, »größer als das Leben selbst« zu sein, entspringen – Gefühle von Wichtigkeit, sogar von »Erhabenheit oder Gottähnlichkeit«. Dies große, übersteigerte kindliche Selbst wird Teil unserer Kernidentität. »Ein Kind, das dies Gefühl von Einheit und Größe zutiefst erlebt hat, weiß, daß es in Zeiten der Frustration und des Mißerfolgs den Blick immer nach innen wenden und an ein Gefühl des Wertvollseins rühren kann.«[18] Aber Mädchen haben es schwer, sich als wichtig zu empfinden in einer Gesellschaft, die sie der Chance beraubt, sich übergroß oder gar gottähnlich zu fühlen.
Ein Psychologe erzählte mir, daß er und seine vierjährige Tochter, ein Stadtkind, das von Bränden und Feuerwehrautos fasziniert war, ein kleines Zubettgeh-Ritual hatten. »Papa, bist du Spezialist für Psychologie?« fragte sie ihn jeden Abend, und er antwortete: »Ja. Und wofür bist *du* Spezialistin?« »Für Feuer«, antwortete sie jedesmal. Eines Abends änderte sie den Text. Sie interessierte sich nicht mehr für Brände, sondern sei Spezialistin für Blitz und Donner geworden. Ihr Vater fand später heraus, daß sie mit dem Kindergarten einen Ausflug zu einer örtlichen Feuerwehr gemacht hatte, wo man ihr erzählt hatte, daß Mädchen nicht bei der Feuerwehr arbeiten könnten. Dieser Schlag gegen ihr Ich rief offensichtlich ihr Gefühl von Grandiosität auf den Plan. Jetzt waren bloße Erdenfeuer unter ihrer Würde; nur als Spezialistin für Blitz und Donner konnte sie ihrem verletzten Stolz helfen.

Gesunder Narzißmus

»Du verwöhnst sie, Colette«, pflegte mich meine Schwiegermutter zu warnen, weil sie fürchtete, ich würde meine Tochter »ruinieren«, da ich sie essen ließ, wenn sie Hunger hatte, sie selbst entscheiden ließ, wann sie müde war, und sie sogar in wichtigen Dingen anderer Meinung sein ließ. Ich rebellierte gegen diese Vorstellung der älteren Generation, daß man Kinder »verziehen« könne, aber ich hatte auch Sorge, mich den Überzeugungen dieses mächtigen Doubles meiner eigenen Mutter entgegenzustellen. Meine Schwiegermutter sagte gern, ich sei zu »leichtherzig«. Würden meine Kinder deshalb als undankbare Personen enden, mit einem falschen Gefühl von Überlegenheit?

Heinz Kohut zufolge ist bei einem kleinen Kind das Gefühl von Größe gesund, normal und wesentlich für die Entwicklung seines Selbst.[19] Das Kind braucht die *Anerkennung* seiner Selbstübersteigerungen. »Guck, Mama, ohne Hände!« schreit es, wenn es zum erstenmal freihändig Fahrrad fährt. Und Mama guckt nicht nur, sie applaudiert. »Wunderbar! Was für ein tüchtiges Mädchen du bist!«

Es ist für Eltern normal und sinnvoll, ihre Kinder offen zu bewundern. Probleme narzißtischer Art gibt es, wenn Eltern dies *nicht* tun. Wenn wir, wissentlich oder nicht, die Seifenblase der kindlichen Grandiosität platzen lassen, so ist das Selbstwertgefühl des Kindes davon berührt. Der Psychiater Frank Lachman berichtet von einer Patientin, die als siebenjähriges Kind zum Ballettunterricht geschickt wurde, »damit sie von ihrem Übergewicht ›geheilt‹ und ›anmutig‹ würde«. Eines Tages kam sie in ihrem Ballettanzug vom Unterricht nach Hause und war ganz wild darauf, ihrem Vater zu zeigen, wie elegant sie durchs Wohnzimmer schweben konnte. Als er an jenem Abend nach Hause kam, begann sie sofort mit ihrer Vorführung. Dem Vater entschlüpfte später in ihrer Gegenwart die Bemerkung: »Es hilft alles nichts.«[20]

Ein Vorfall wie dieser produziert eine narzißtische Wunde. Die Kränkung läßt das kindliche Gefühl von Stolz zusammenbrechen und bewirkt, daß sich das Mädchen ausgesetzt und töricht fühlt. Um der Qual der Erniedrigung zu entkommen, schloß Dr. Lachmans Patientin ein »Vermeidungsabkommen« mit ihrem Vater. Sie »unterdrückte (als Kind) alle Anzeichen von Wut, Enttäuschung, Kritik oder allgemeinem Mißfallen« in bezug auf ihren Vater und hoffte, daß er im Gegenzug »es unterlassen würde auszusprechen, wie enttäuscht er von ihrem Aussehen war«.
Ein Kind, dessen Inszenierungen die Eltern enttäuschen, wird es immer schwieriger finden, sich selbst ungehemmt und mit Freude auszudrücken. Seine Not, Erniedrigung zu vermeiden, ist zu groß.

Eltern sollten der Versuchung widerstehen, aus der Selbstübersteigerung ihrer Kinder eine Streitfrage zu machen. Wenn ein kleines Mädchen sagt, es möchte nach New York ziehen und in einem Penthouse wohnen, braucht es nicht daran erinnert zu werden, daß die Stadt es so sehr ängstigt, daß es nicht einmal bis zur nächsten Ecke gehen würde, um Milch zu holen. »Kinderfüße müssen nicht die ganze Zeit fest auf der Erde stehen. Wenn ein kleines Mädchen fliegen möchte, sagen wir nicht einfach: ›Kinder fliegen nicht.‹ Nein, wir nehmen es hoch, heben es über unseren Kopf und setzen es auf den Schrank, damit es das Gefühl hat, es sei zu seinem Nest geflogen wie ein Vogel«, sagt Winnicott.[21]
»Ein Kind zurechtstutzen«, sagt die Schweizer Psychoanalytikerin Alice Miller, sei eine Philosophie der Kinderaufzucht, die von Eltern praktiziert wird, deren eigener gekränkter Narzißmus es ihnen schwer macht, Erfolge bei ihren Kindern zu ertragen. Solche Eltern halten es, »um den Charakter zu stärken«, für erforderlich, jede Unbeholfenheit des Kindes herauszustreichen. »Du hast die Linien nicht eingehalten!« sagen sie, wenn ihre Tochter ihnen voller Stolz zeigt, was sie auf die Tafel

geschrieben hat. Oft sind sich solche Eltern nicht bewußt, daß *sie* als Kinder genauso behandelt worden sind.

Wenn die Begeisterung der Kinder gedämpft wird, werden sie sich schließlich nach innen kehren. Je öfter sie veranlaßt werden, sich unpassend zu fühlen, desto wilder werden ihre Illusionen über die eigene Größe. Diese Dinge machen manche zu »Egomanen« mit einem Gefühl der eigenen Wichtigkeit, das völlig aus den Fugen ist. Der sich aufplusternde Angeber ist als Kind nicht genug gespiegelt worden, dessen kann man sicher sein.

Solange die Selbstliebe eines Mädchens von den Eltern akzeptiert wird, wird es eine starke Identität und ein gesundes Selbstwertgefühl entwickeln. Eltern brauchen sich darüber, daß sein Ich übergroß werden könnte, keine Sorgen zu machen. Die Einschränkungen, die seine körperliche Sicherheit schlicht erfordert, werden es lehren, daß es nicht besitzt, was man braucht, um auf dem Wasser zu wandeln. Wenn es älter wird, werden die Zusammenstöße mit den Bedürfnissen und Erwartungen anderer sein Gefühl, Grenzen zu haben, weiter entwikkeln. Gleichzeitig werden sich seine natürlichen Fertigkeiten und Begabungen herausbilden. Wenn es auf die 20 zugeht, sollten seine Erwartungen in bezug sich selbst mehr oder weniger mit seinen Fähigkeiten überstimmen, sagt Kohut. An diesem Punkt wird sich ein solides Selbstgefühl etabliert haben, eines, daß »realistisch und von Illusionen bereinigt«, aber noch großartig genug ist, um den Selbstwert zu erhalten. Dann wird eine junge Frau anstelle der Frustration, die sie als Kind empfand, da ihre Wünsche größer als ihre Fähigkeiten waren, die glückliche Erfahrung machen, ihr Selbst bei jedem Mal wachsen zu fühlen, wenn sie ein gestecktes Ziel erreicht hat. Wenn sie eine Herausforderung meistert, wird dieser Prozeß ihr Selbstwertgefühl kontinuierlich stärken. Dieser Aufbau des Selbst ist ein Projekt auf Lebenszeit.

In all seinen Schriften hat Kohut uns daran erinnert, daß, wenn niemand jemals den Kopf in den Wolken tragen dürfte, auf dieser Welt niemals etwas Außerordentliches geleistet würde. Kunst, Tanz, technische Leistungen, ein köstlich gebackener Kirschauflauf – alles rührt aus einer gewissen Übersteigerung her, die es uns ermöglicht, zu träumen und uns zu wünschen, Teil von etwas Größerem zu sein, als wir selbst es sind. Früher betrachteten die Psychiater den Drang eines Kindes, sich mächtig zu fühlen, als eine kindliche Abwehr gegen Gefühle der Hilflosigkeit. Kohut sah darin auch eine vitale Kraft der Persönlichkeit – faktisch den eigentlichen Grundstein der Kreativität. »Wir sollten unsere Ambitionen, unseren Wunsch zu dominieren, unseren Wunsch zu glänzen und unser Verlangen, mit omnipotenten Figuren zu verschmelzen, nicht verleugnen, sondern statt dessen lernen, die Rechtmäßigkeit dieser narzißtischen Kräfte anzuerkennen, wie wir ja auch gelernt haben, die Rechtmäßigkeit unserer (sexuellen) Triebe anzuerkennen«, schrieb er in *The Search for the Self.*[22]

Frauen können aus Kohuts Ideen darüber, wie das Selbst sich entwickelt, viel lernen. Wir haben versucht, unser Erbe des niedrigen Selbstwertgefühls durch »selbstbessernde« Mittel zu besiegen: Karrierefortschritte, verlorene Pfunde, eine schneller gelaufene Meile. Dabei sind wir einem Problem ausgewichen, dem man erhobenen Hauptes begegnen muß: der Tatsache, daß wir uns in jeder fundamentalen Hinsicht selbst nicht bewundern.

Bevor Frauen nicht die Quelle ihrer Selbstverachtung entdeckt – und sich davon befreit – haben, werden sie sich trotz glänzender Leistungen in ihrem Leben unglücklich fühlen. Wenn sie durch »Erfolg« die Aufmerksamkeit zu erregen suchen, die sie so verzweifelt fordern, werden sie der Pendelbewegung des Inszenierens ausgeliefert bleiben. Aber die Bewunderung der anderen wird nie ausreichen, um sie auszufüllen. Was Frauen brauchen, ist ein gesundes Gefühl der Selbstliebe. *Dies Gefühl ist nicht nur zulässig, es ist entscheidend, wenn wir uns jemals über die uns niederhaltenden verborgenen Minderwertigkeitsgefühle erheben sollen.*

8. Kapitel

Der Kampf mit der Königin um den Thron

Manchmal geschieht es, daß wir in Träumen auf Erlebnisse aus der frühen Kindheit stoßen, die vielleicht zu schmerzlich waren, als daß wir damals mit ihnen hätten umgehen können, die uns aber zu einem späteren Zeitpunkt, wenn wir stärker sind, wieder in den Sinn kommen.

Ich hatte schon lange nicht mehr von meiner Mutter geträumt und dann, als sei mein Unbewußtes bereit, etwas zu verkünden, kamen in zwei aufeinanderfolgenden Nächten Träume, die die ganze Geschichte meiner Beziehung zu ihr zu umfassen schienen.

Im ersten Traum stehe ich im Schlafzimmer meiner Mutter an der Tür. Es ist ein großer Raum, und sie liegt im Bett an der gegenüberliegenden Wand. Ich versuche, mit ihr zu sprechen, als sie plötzlich die Decke übers Gesicht zieht und mit dieser gebieterischen Geste zu verstehen gibt, daß sie schlafen will. Ungläubig, daß sie sich ohne Erklärung zurückziehen würde, erkenne ich in einem kurzen, schmerzhaften Augenblick, daß es nicht das erstemal ist. Aber diesmal bin ich wütend, anstatt mich schlecht und hilflos, wie ein dumpfes, wertloses Kind zu fühlen. *Wie kann sie es wagen, mich so zu behandeln? Was glaubt sie eigentlich, wer sie ist?*

Und doch gibt es Zweifel neben der Wut, Zweifel eines Kindes, das immer noch das Gefühl hat, es könnte verlassen werden. *Macht sie sich wirklich ohne ein tröstliches Wort einfach davon, um zu schlafen?* Am Ende des Traums fühle ich mich verloren und allein.

Im zweiten Traum besuchen mich meine Eltern in meinem neuen Haus. Meine Mutter geht umher und erzählt mir, was ich alles tun kann, damit es besser aussieht. »Dies Zimmer könnte irgendwie heller gemacht werden«, sagt sie. »Es ist nicht sehr hell hier.« Nach mehreren ihrer erhabenen Bemerkungen werde ich allmählich wütend. »Hör zu«, sage ich, »ich habe schwer gearbeitet, um dieses Haus zu bekommen, und ich habe es so eingerichtet, wie es mir gefällt. Rede nicht mit mir, als ob ich ein Kind wäre.« Meine Stimme zittert einen Augenblick lang, aber sie kippt nicht. Ich schaue meinen Vater an, der auf dem Küchentisch sitzt und mich wissend anlächelt.

Im ersten Traum war ich das unglückliche Kind, das sich nach der vollkommenen Mutter sehnt, der Mutter, die immer in Kontakt zu mir, immer verfügbar ist. Im zweiten Traum kämpfe ich um meine Autonomie und breche mit meinem alten Bedürfnis nach Übereinstimmung mit meiner Mutter, selbst um den Preis meiner Selbstachtung. Wenn ich mein eigenes Zuhause, mein eigenes Leben, mein eigenes *Selbst* haben will, muß ich Distanz zwischen uns bringen, und wenn nicht Distanz, dann eine Grenze. »Das ist mein«, muß ich sagen, »und was mein ist, ist nicht dein.«

Im zweiten Traum hatte ich schließlich begonnen, das lange entbehrte Gefühl meiner selbst als einer von der Mutter getrennten Person herzustellen. Wäre es passend für eine(n) Freund(in), mich in meinem neuen Haus zu besuchen und eine Litanei kritischer »Vorschläge« aufzusagen? Warum dann aber meine Mutter? Mein Vater erkennt die Veränderung, die stattgefunden hat, und lächelt anerkennend. Ich habe nur 45 Jahre dazu gebraucht.

Vor dem zweiten Traum hatte ich einen langen, zermürbenden Kampf gefochten – es war meine Anstrengung, mich von dem inneren Bild zu trennen, das ich von meiner Mutter und ihren Normen hatte. Erst, nachdem ich sie aus meinem Innersten herausgeschnitten hatte (oder zumindest mein normenträchtiges Bild von ihr), konnte ich mich mit einem Gefühl für mein eigenes Selbst füllen.

Ich nenne diesen Prozeß den »Kampf mit der Königin«, weil

er sich viele Jahre lang so angefühlt hat – als wenn man einen Feind hat, und das ist *sie*. Um was es bei dem Kampf wirklich geht – und mit wem er geführt worden ist –, verstehen wir oft erst, wenn wir schon eine gute Strecke unseres Lebens hinter uns haben.

Die Königin wird identifiziert

»Alles, was ich jemals tat – oder auch nur dachte oder fühlte –, schien meiner Mutter zu *gehören*«, sagte Patricia, eine Filmcutterin, die ich seit Jahren kenne, eines Abends zu mir, als wir bei einem Glas Wein in ihrer Wohnung in Chicago saßen. »Als ich heranwuchs, fühlte ich immer eine Art Sog, der von ihr ausging, als ob es etwas gäbe, das sie von mir *wollte*.«

Patricia, attraktiv, direkt, war mir immer als eine Frau erschienen, die ein interessantes, produktives Leben führte. Aber an diesem Abend erzählte sie mir, daß jahrelang alles, was sie erlebte, von den subtilen, unausgesprochenen Forderungen ihrer Mutter gefärbt war. »Sie drückte es nie mit vielen Worten aus, aber sie gab mir immer das Gefühl, daß ich nie wirklich wußte, was meine Mutter von mir wollte. Was immer es war, ich hatte das Gefühl, daß sie es nicht bekam. Es gab immer Schuldgefühle in der Beziehung zu ihr.«

Patricia erkannte Jahre später, daß der Sog, von dem sie sprach, eine Forderung an sie war, zu produzieren, die Leere im Leben ihrer Mutter zu füllen. Die Ansprüche der Mutter eskalierten, als Patricia in die Pubertät kam. »Sie prahlte immer, erzählte den Leuten von meinen Noten oder daß ich *Prom Queen*, Tanzkönigin in der Schule war – also, all diese kleinen Highschool-Triumphe. Meine Mutter machte immer viel Aufhebens von meinen Leistungen, wirklich zu viel. Es war, als ob sie versuchte, osmotisch durch mich zu leben.«

Eine Mutter, die die Leistungen ihrer Tochter übersteigert,

sucht Wege, um ihr eigenes Selbstbild aufzuwerten. In der Vorstellung der Tochter kann die Mutter leicht zur »Königin« werden.

Mütter werden von ihren Kindern, die sie idealisieren müssen, natürlicherweise zu »Königinnen« gemacht. Normalerweise entwachsen Kinder diesem Bedürfnis. Wenn die Mutter es aber dringend nötig hat, bewundert zu werden, macht sie es ihren Kindern schwer, eine realistische Sicht ihrer Person zu gewinnen. »Als Kind dachte ich immer, daß etwas Großartiges an meiner Mutter sei und auch an *ihrer* Mutter«, erinnert sich Patricia. »Sie spielten ihre allerprofansten Aktivitäten hoch. Ein simpler Ausritt auf dem Pony wurde, wenn *sie* ihn unternahmen, zu etwas ›Außergewöhnlichem‹.«

Eine Mutter, die für »großartig« gehalten werden möchte, wird in den Augen ihrer Tochter zu einer »großen« Königin. Vor lauter Selbsteingenommenheit beraubt sie letztlich ihre Tochter der Chance, ein Selbst zu entwickeln. *Sie* ist das Gestirn, das man sieht; die Tochter – überhaupt alle anderen – sind kleinere Sterne, die nur existieren, um mit ihrer Schönheit, ihrem Zauber, ihrem Glanz Licht auf sie, die Mutter, zu werfen.

Die »kleine« Königin ist Teil unserer normalen psychischen Entwicklung. Diese Königin ist das innere Bild, das ein Kind von seiner Mutter hat und bei dem es sich nur auf das konzentriert, was »gut« an ihm ist. Die Art, wie wir solch ein Geschöpf erschaffen, heißt *Idealisierung*. Mutters Schönheit, ihre Vollkommenheit – ihre Macht! - sind ungeheuer wichtig für uns. Als ganz kleine Kinder übersteigern wir diese Macht, so daß wir aus ihr unser Selbstwertgefühl beziehen können.

Die Psychologen sagen, die Entdeckung des Kindes, daß es nicht allmächtig ist, wäre zu verheerend, wenn es nicht die Mutter zu einer majestätischen Figur machen könnte – zu einer Königin. Mutters wunderbare Eigenschaften werden zu einem Teil von uns und tragen als Hauptsache zu unserem

Selbstgefühl bei. Schließlich entwickeln wir ein realistischeres Bild der Mutter und sehen sie als eine normale Mischung von »guten« und »schlechten« Eigenschaften. Aber zu Anfang ist die Mutter die Vollkommenheit selbst.

Alle Kinder idealisieren die Mutter, Söhne ebenso wie Töchter. Da es aber für Mädchen schwieriger ist, sich von der Mutter zu trennen, kann sich für Töchter mit einer narzißtischen Mutter das Problem verdoppeln. Dann haben wir es nicht nur mit unserem eigenen Bedürfnis, sie zu idealisieren, zu tun, sondern auch mit ihrem grandiosen Selbstbild, das zu absorbieren wir als kleine Mädchen nicht umhin können. Wenn Mutters Selbst unterentwickelt ist, macht sie zu viel Aufhebens von unseren »Highschool-Triumphen«; und wir tun dann unweigerlich dasselbe. Aber das alles bleibt verborgen. Weder Mutter noch Tochter wissen, daß die Mutter sich zu einer Königin gemacht hat, um sich gegen ihre Minderwertigkeitsgefühle zu wehren. Und die Tochter weiß nicht, daß sie genau die Abwehr, mit der die Mutter sich schützt, in sich hineingenommen hat.

Manchmal benutzt die Tochter eine große Distanz, um sich vor dem Eindringen der Königin zu bewahren. Als Patricia schon über 30 war, fühlte sie sich von den Bedürfnissen ihrer Mutter immer noch so unter Druck gesetzt, daß sie ihr Leben weitgehend vor ihr geheimhielt. »Ich wollte meine Mutter nie wissen lassen, was ich tat und besonders was ich fühlte, weil sie eine Art hatte, diese Gefühle an sich zu nehmen. Sie verhielt sich beinahe so, als ob es *ihre* wären«, erinnert sich Patricia. Patricia wurde 40, bevor sie schließlich erkannte, daß sie sich um eine realistische Sicht der Beziehung zwischen ihr und ihrer »großartigen«, fordernden Mutter würde bemühen müssen, wenn sie nicht den Rest ihres Lebens in schuldbewußter Unterwerfung verbringen wollte. Als sie zu akzeptieren begann, daß »Mutter ein bißchen verrückt ist« (wie sie es ausdrückte), konnte sie aufhören, auf etwas zu hoffen, das ihre Mutter ihr nicht geben konnte. Die Auswirkung war dramatisch. Plötzlich wurden die Bedürfnisse ihrer Mutter weniger wichtig. Nachdem die Krone der Königin einmal ein wenig Glanz eingebüßt hatte, sagte Patricia, »war ich tatsächlich glücklicher, wenn ich mit ihr zusammen war«.

Patricia stellte fest, daß sie einige der Illusionen erkennen konnte, die ihre Mutter zusammengehalten hatten – und daß sie ihr verzeihen konnte. An diesem Punkt wurde die Beziehung, die jahrelang klebrig und schwierig gewesen war, wenn auch nicht ideal, so doch wenigstens weniger verstörend. Patricia konnte ihr Leben weiter leben, ohne ständig abzuwägen, wie sehr das, was sie tat, ihre Mutter berühren würde.

Der Kampf mit den Normen der Königin

Es war 9 Uhr abends am Montag vor Thanksgiving. Ein paar Frauen, durch ein Computer-Support-Netz miteinander verbunden, unterhielten sich über ihre Mütter. Um mir Zugang zu ihren Gedanken zu ermöglichen, hatten sie mir als zeitweilige Eintrittskarte zu ihrer »Gruppe« ihre Code-Nummer gegeben.

»Ich tippe das hier zu Hause, und zu Hause bin ich, um Fußböden und Türrahmen zu schrubben – Vorbereitung ihres alljährlichen Thanksgiving-Besuches, der härtesten Feuerprobe des ganzen Jahres«, tippte Anne an Cathy, 1000 Meilen von ihr entfernt. »Kritisiert ist gar kein Ausdruck für das allerniedrigste Selbstbild, das meine Mutter mir vermacht hat«, hackte Anne aus der Tastatur heraus. »Als ich die Begrüßungsrednerin meiner Collegeklasse wurde, lautete ihre Reaktion: ›Und wer hält die Abschiedsrede?‹«

Annes Angst in bezug auf den bevorstehenden Besuch ihrer Königin traf bei den anderen Frauen ins Schwarze; sie sagten, daß auch sie sich ohne Ende Gedanken darüber machten, was ihre Mütter von ihnen dachten. Die Auswirkungen der unmöglich hohen Erwartungen beschreibend, die ihre Mutter an

sie stellte, fuhr Anne fort: »Obwohl ich erfolgreich bin und glücklich geschieden bin und zwei wundervolle Söhne habe, renne ich mich selbst permanent derart nieder, daß meine Beziehungen ernsthaft in Bedrängnis geraten.«
Sofort leuchteten mehrere Dutzend Erwiderungen auf Annes Bildschirm auf. Alle besagten auf die eine oder andere Art und Weise: Mutter ist die königliche Normhalterin, diejenige, die bestimmt, was perfekt ist und was nicht.
Was sie nicht sagten, war, daß dies Bild der Mutter sie immer noch überwältigt, daß sie bis heute von ihrer Königin unterjocht werden.

Wenn auch unbewußt, so ist der Prozeß, durch den die Mutter so verheerende Macht über ihre Kinder gewinnt, doch systematisch. Manche Frauen, die sich selbst für »hilfreiche« Mütter halten, belauern ihre Kinder erbarmungslos in der Erwartung, daß große Dinge geschehen mögen. »Ich besuche eifrig und erwartungsvoll jede Eltern-Lehrer-Konferenz, um zu hören, daß Ted, Jennifer und Caitlin an der Spitze der Klasse stehen. Ich gehe zu jedem von Teds Hockeyspielen in der Überzeugung, daß ich ihn ein Tor schießen sehen werde. Ich warte nach jeder Klavier- oder Eislaufstunde in der Hoffnung, die Lehrerin/den Lehrer schwärmen zu hören, wie gut Jennifer und Caitlin sind. Meistens warte ich vergebens«, sagt Carole Halmrest, der man den »Geduldige-Mutter-des-Jahres«-Preis verleihen sollte.
Halmrest diskutiert in einem Frauenmagazin wehmütig darüber, wie sehr sie sich wünscht, daß ihre Kinder etwas »Besonderes« sind, und wie sehr sie sich bemüht, ihnen den Glauben »einzuflößen« (wie sie es ausdrückt), daß sie es wirklich sind. »Mein zweites Kind, Jennifer, war solch ein begnadetes Baby. Ich dachte, sie würde vielleicht ein Athletik-Champion«, erinnert sich Halmrest. »Meine Hoffnungen zerschlugen sich, als sie eines Tages weinend vom Kindergarten nach Hause kam.«

»Was ist denn, Schatz?« fragte ich. »Was ist los?«
Das Kind hatte von seiner Lehrerin gesagt bekommen, daß es nicht richtig galoppiere. Halmrest ergriff sofort Rettungsmaßnahmen. »Jennifer und ich verbrachten die nächsten Wochen damit, galoppieren zu üben. Sie kriegte den Rhythmus schließlich hin, aber selbst ich konnte sehen, daß sie nie eine Olympia-Sportlerin werden würde.«[1]
Es überrascht nicht zu hören, daß auch Carole Halmrests Mutter hohe Erwartungen an ihre Kinder stellte. »Ich erinnere mich an die Erwartungen meiner Mutter und wie ich sie nicht erfüllte«, schreibt Carole. »Wenn ich ein Zeugnis mit vier A-Noten und einer C-Note nach Hause brachte, stürzte sie sich auf das C und fragte, wo es herkommt. Als Kind nahm ich das übel. Aber als ich heranwuchs, wußte ich, daß sie recht hatte – ich *hatte nicht* mein Bestes getan.«[2]
Der Mutter »recht« zu geben, ist eine übliche Abwehr, die wir gegen eine Mutter errichten, die fordernd und kritisierend ist. Es hilft uns, den Schmerz zu vermeiden, der mit dem Wissen einhergeht, daß ihr vielleicht nicht immer nur unser Bestes am Herzen lag. Aber es liegt noch ein anderer Gewinn darin. Mit Mamas großartiger Vision von uns können wir an unserem Traum der Vollkommenheit festhalten – selbst wenn es bedeutet, daß wir den Rest unseres Lebens damit zubringen, vor uns selbst den vagen, aber furchtbaren Verdacht zu verheimlichen, daß wir ungefähr so vollkommen sind wie die triumphierend daherstolzierende Jennifer.

Es ist das Bedürfnis, unsere eigene Vollkommenheit zu verteidigen, das uns dazu treibt, unseren Kindern so lächerliche Normen aufzuerlegen. Ich erinnere mich, wie Gabrielle in der 8. Klasse in Algebra eine B-Note bekam, die erste Note, die schlechter war als A, seit sie den Kindergarten verlassen hatte. Auch ich »stürzte« mich darauf (das ist das treffende Wort), überzeugt, daß sie nicht ihr »Bestes« getan hatte. »Es ist mir gleich, was für Noten du nach Hause bringst, solange du dein Bestes tust«, lautet die Predigt progressiver Eltern. Der Pferdefuß ist, daß die Mutter bestimmt, was das »Beste« ist. Infolgedessen ist das Kind in einer Falle gefangen. Wenn es eine B-Note bekommt, dann deshalb, weil es nicht sein Bestes getan hat. Wenn es eine A-Note bekommt, dann deshalb, weil es *selbstverständlich* eine A-Note macht, wenn es sein Bestes tut. In beiden Fällen hat die Leistung wenig mit dem Kind zu tun und reichlich mit den Phantasien der Mutter.

Ich konnte damals nicht verstehen, warum Gabrielle über meine Reaktion auf ihre B-Note so erbost war. Ich dachte wahrhaftig, sie fühle sich schuldig, weil sie nicht ihr Bestes getan hatte! Ich konnte die Falle nicht erkennen – die Unmöglichkeit der von mir geschaffenen Situation. Ich sagte ihr sogar, die B-Note könnte sie ein Stipendium fürs College kosten.

Gabrielle kaufte mir das Gott sei Dank nicht ab. Oder zumindest erkannte sie, daß meine Aufregung völlig unverhältnismäßig war. Aber rückblickend zweifle ich nicht daran, daß meine perfektionistischen Forderungen sie in eine Zwangsjacke steckten und daß sie zumindest ein Teil dessen waren, was zu ihrer wütenden Weigerung führte, mit der Inszenierung weiterzumachen.

Ein befreundeter Schriftsteller sagte kürzlich über seine fünfjährige Tochter zu mir: »Ich hatte neulich Phantasien in der Richtung, daß sie später einmal anorektisch wird.«

»Mach dir keine Sorgen«, sagte ich zu ihm. »Bis sie alt genug ist, um anorektisch zu werden, werden die Frauen neue Symptome entwickelt haben.«

»Danke für die Beruhigung«, erwiderte er.

Die Erfahrung mit meiner Tochter macht mich wütend auf andere Eltern, wenn ich sehe, wie sie ihren Kindern ihre »Normen« aufbürden. Mein Freund hatte seine kleine Tochter zu Interviews in private Kindergärten in New York gebracht – bestenfalls eine Quälerei für alle –, in der Hoffnung, ihr die

»besten Chancen« zu geben. Er wollte sie nicht irgendeines Vorteils »berauben«, den er ihr je bieten konnte. Das Kind hatte ihm schon gesagt, daß die Interviews es ängstigten, aber irgendwie schien er zu meinen, das liege an der Gegend. Wenn du willst, daß dein Kind eine Spitzenschule besucht, muß es ein bißchen Angst eben in Kauf nehmen.

»Du solltest es besser wissen«, sagte ich zu ihm.

»Du verstehst nicht«, sagte er. »Für ein weißes Mittelschicht-Kind heute in New York...«

Ich unterbrach ihn. Das hatte ich schon einmal gehört. In der Tat hörte ich mich selbst, wie ich mich auf eben diese Rationalisierung stürzte.

Freud durchschaute solche elterlichen Erfindungen. »Wenn man die Einstellung zärtlicher Eltern gegen ihre Kinder ins Auge faßt, muß man sie als Wiederaufleben und Reproduktion des eigenen, längst aufgegebenen Narzißmus erkennen«, schrieb er in seinem klassischen Aufsatz *Zur Einführung des Narzißmus.*[3] Es wertet die Eltern auf, sich vorzustellen, daß ihr Kind von den Beschränkungen frei ist, mit denen sie selbst so mörderisch hatten kämpfen müssen. Freud nannte das »Überschätzung«. »Krankheit, Tod, Verzicht auf Genuß, Einschränkung des eigenen Willens sollen für das Kind nicht gelten, die Gesetze der Natur wie der Gesellschaft vor ihm haltmachen, es soll wirklich wieder Mittelpunkt und Kern der Schöpfung sein. *His Majesty, the Baby.*«[4]

Die Überschätzung unserer Kinder muß viel mit unseren eigenen Sterblichkeitsängsten zu tun haben. Alle meine Träume werden von meinem grenzenlosen Kind erfüllt werden! *Ich* bin vielleicht nicht allmächtig, aber mein Kind ist es. Also fällt es dem ahnungslosen Sohn oder der Tochter zu, diese Träume und Wünsche, die außerhalb der Macht der Eltern lagen, in die Tat umzusetzen.

Was meinen Freund trieb, als er darum kämpfte, seine Tochter in einen Elitekindergarten zu bringen, hatte wenig mit den Problemen weißer Mittelschichtkinder in New York zu tun, jedenfalls weit mehr mit der Angst in bezug auf seine eigenen Grenzen. »Dies Kind soll es besser haben als seine Eltern«, sagte Freud, als er die Forderungen beobachtete, die selbst die aufgeklärtesten Eltern an ihre Kinder stellten.[5] Der Anspruch kann am Ende von den Kindern als unerträglich empfunden werden.

Der Plan: »Meine Tochter, der Star«

Dianna ist eine Frau, die ihr Leben lang versucht hat, sich von den versteckten Forderungen ihrer Mutter zu befreien. Begabt und klug, wie sie war, ging sie mit 18 Jahren von zu Hause fort, um in New York zu leben und Schauspielerin zu werden. Sie arbeitete hart, um ihre Karriere aufzubauen, aber sie hatte nie ein gutes Gefühl bei ihrer Schauspielerei. »Es hatte immer etwas Bestürzendes für mich«, erinnert sie sich, »die Bühne, die Lichter, das Publikum, das da im Dunkeln saß ... und mir *zuschaute*.«

Dianna verließ die Bühne und begann mit einer langen Serie von Werbesendungen beim Fernsehen. Zuerst war es befriedigend. Manchmal wurde sie von Leuten auf der Straße erkannt, und jedesmal, wenn sie einen »großen« Werbespot bekam, rief ihre Mutter sie voller Aufregung an, weil Freunde zu Hause Dianna im Fernsehen gesehen hatten. Im Lauf der Jahre fand Dianna, daß die Arbeit für die Fernsehwerbung stupide wurde. Aber sie sagte sich, die Bezahlung sei toll, besonders »für eine Frau«.

Sie sitzt mit gekreuzten Beinen auf dem Boden meines Arbeitszimmers, groß, dunkelhaarig, immer noch jung aussehend, eine Frau, die in ihrem Leben absolut erfolgreich gewesen ist. Wir sind seit vielen Jahren befreundet, aber die Geschichte, die zu erzählen sie sich anschickt, habe ich noch nie gehört.

Sie hatte, obwohl sie in vieler Hinsicht privilegiert aufgewachsen war, ihre Kindheit immer mit Schamgefühlen verknüpft – als ob etwas »Betrügerisches« vor sich gegangen wäre, sagt sie. »Wir lebten irgendwie über unsere Verhältnisse. Mein Vater hatte sein eigenes Geschäft, aber wir waren noch lange nicht wohlhabend«, sagt sie. »Jedenfalls schnappte meine Mutter sich periodisch die Kreditkarten und ging mit mir in die kleinen Eliteläden in Baltimore, wo die Kleider für einen herausgeholt und vorgezeigt wurden.«

Sie war für ein zauberhaftes Leben ausersehen. Als Jüngste und als einziges Mädchen würde Dianna es *schaffen* – für Mama! Mit sieben Jahren wurde sie in die Welt des Inszenierens eingeführt. Es begann mit Gesangsunterricht. »Es ist zu früh, im Alter von sieben Jahren mit der Ausbildung deiner Stimme anzufangen«, sagt sie, »aber nichtsdestotrotz fing ich damals an.« Die Lieder, die sie lernte, waren keine Kinderlieder oder Volkslieder; es waren Lieder, die das Interesse ihrer Mutter für hohe Kultur widerspiegelten.

Dianna machte es Spaß zu singen, aber ein Teil von ihr spürte, daß ihr Leben von der »Königin« infiltriert wurde. Die ausgesuchten teuren Kleider, die Schlafzimmertapeten, die alle zwei Jahre durch »modischere« ersetzt wurden (Mutter wurde jedesmal wie wahnsinnig, wenn sie ein Angebot »zwei Rollen zum Preis von einer« fand, und tapezierte dann bis 3 Uhr morgens), die Wahl dieser komischen, dicken, kleinen Gesangslehrerin mit dem entzückenden Haus im Ärzte-Block – alle »Privilegien« Diannas waren in Wirklichkeit für ihre Mutter. Da war das hochglanzpolierte große Klavier in ihrer allwöchentlichen Unterrichtsstunde, die Vase mit riesigen Pfingstrosen und ihre lauschende Mutter als Publikum – nicht nur lauschend, sondern den Unterricht praktisch *an ihrer Stelle* nehmend. »Ich stand hinter dem Klavier, und meine Mutter saß auf einem kleinen Stuhl direkt hinter mir, nicht mehr als zwei Fuß von mir entfernt. Ich drehte mich hin und wieder um und sah, wie sie die Noten, die ich sang, mit den Lippen formte!«

Als Dianna ihre Geschichte vor mir ausbreitete, fühlte ich mich an Daniel Sterns Beschreibung der in das Erleben ihrer Kinder hineinschlüpfenden, dies Erleben »stehlenden« Mutter erinnert.[6]

Jedenfalls sollte die übermäßige Verwicklung der Mutter Dianna ihr Leben lang beeinflussen. Vor allem das Auftreten vor einem Publikum war ihr verdorben. »Ich kam nie über das Gefühl der Befangenheit hinweg«, sagte sie zu mir. »Sobald ich von der Bühne war, hatte ich das Gefühl, ich sei nie *wirklich* dort gewesen, ich sei nie in der Bühnenfigur drin gewesen. Ich war immer außerhalb meiner selbst – und beobachtete mich.«

Die Tochter einer auf Inszenierung ausgerichteten Mutter ist niemals frei, sich in ihrer Schauspielerei oder im Schreiben oder im Lieben zu verlieren, denn sie hat nie die Chance gehabt, sie selbst zu *werden*. Dr. Glenn O. Gabbard berichtet im *Journal of the American Psychoanalytic Association* von einer erfolgreichen Sängerin, deren Mutter von Anfang an klar gemacht hatte, daß ihre Liebe davon abhängig war, wie gut die Vorführung des Mädchens ausfiel. Wenn sie als Kind bei Theateraufführungen sang, waren jene Augenblicke die Höhepunkte, da sie zu ihrer im Publikum sitzenden Mutter hinsah und sich »eins« mit ihr fühlte.

Gabbards Patientin setzte als Erwachsene dies Muster fort, nur projizierte sie jetzt auf ihr Publikum, was sie ursprünglich in bezug auf die Mutter erlebt hatte. »Sie hatte tatsächlich das Gefühl, als liebte sie ihr Publikum«, sagt Dr. Gabbard, »und bezog ungeheure Befriedigung aus dem Verschmelzungserlebnis während der Vorstellung.«[7] Ihre wonnevollen Gefühle waren jedoch kurzlebig, weil sie auf der Illusion beruhten, eins zu sein mit einer allbestätigenden Mutter. Da nicht wirklich *sie* es war, die die gute Vorstellung gab, konnte sie sich ihren Erfolg niemals aneignen, um so ihr Selbstwertgefühl zu stärken. Sobald sie gut ankam, begann sie sich zu sorgen, ob sie gut genug sei, um die Vorführung zu wiederholen. Jeder Erfolg, so teilte sie ihrem Psychiater mit, war von der Angst vergiftet, »die Seifenblase könnte jeden Augenblick platzen«. Die »Seifenblase«, sagt Gabbard, war die Bestätigung durch die Mutter.

Auch Diannas Schwierigkeiten, vor einem Publikum aufzutreten, hatten einen Zusammenhang mit ihrer Mutter. Als junge Frau versuchte sie ihre Konflikte zu lösen, indem sie sich von ihrer Mutter so weit wie möglich entfernte. Sie ging von zu Hause fort, sobald sie konnte, und schaute nie zurück – zumindest nicht bewußt.

Die Schauspielschule in New York war ein goldener Traum, die Gelegenheit, ihre verdummende Kindheit zu vergessen und ganz von vorn anzufangen. Mit Geld, das sie von ihrem Vater für ihre Ausbildung erhalten hatte, richtete Dianna sich im *Rehearsal Club* ein, einer Schauspielerresidenz in Greenwich Village. Bald begannen die Honorare für Werbesendungen zu fließen. Mit 24 Jahren war Dianna ein Erfolg. Sie heiratete einen Schauspieler, bekam zwei Kinder und wurde eine perfekte Hausfrau, eine perfekte Köchin, eine perfekte Gastgeberin – unterdessen immer berufstätig. 18 Jahre lang lebte sie das Leben einer perfekten Frau. Dann rasierte sie sich eines Tages ihr schönes schwarzes Haar kurz und punkig wie das ihrer 17jährigen Tochter und gab die Werbesendungen auf. Es drängte sie – Jesus, woher kam das nur? –, wieder zu studieren. Also begab sich Dianna – impulsiv, wie sie war – zu einem nahegelegenen College und schrieb sich ein.

Was ging hier vor sich? Waren die narzißtischen Befriedigungen, die sie all die Jahre in Gang gehalten hatten, ausgetrocknet?

Nun, die Kinder waren herangewachsen und fortgegangen. Und was die Arbeit mit den Werbesendungen anging, die war seit langem »gemeistert« worden und hatte seit langem aufgehört, ihr Ich zu befriedigen. Jeder kann Werbesendungen machen, meinte sie, jeder kann Kinder aufziehen und kochen und einen Haushalt führen. Wie auch immer: Wie war es um ihren Geist bestellt? Dianna hatte immer das Gefühl gehabt, daß ein Teil von ihr fehlte, ein ungenutzter Teil. Jahrelang übten Künstler und Intellektuelle große Anziehung auf sie aus, und zugleich hatte sie sich immer eingeschüchtert gefühlt. Jetzt, mit 42 Jahren, war die Zeit für eine Veränderung gekommen.

Der heimliche Zwang hervorzustechen

Auf dem College geschah etwas Verblüffendes. Nachdem sie jahrelang gefürchtet hatte, daß man sie für dumm hielt – nicht so sehr, weil sie dumm *war*, sondern weil »jeder glaubt, Schauspieler seien dumm« – und weil sie nie wirklich die Gelegenheit gehabt hatte, das Gegenteil zu beweisen, begann Dianna, sich intellektuell zu engagieren. Es war aufmunternd, aber auch quälend. Sie schrieb sich für die schwierigsten Kurse ein, die die Abteilung für Psychologie zu bieten hatte. Zeitweise fühlte sie sich in Panik versetzt; dann forcierte sie ihre Anstrengungen und las doppelt so viel Hintergrundliteratur wie alle anderen, um mit Sicherheit an der Spitze zu bleiben. Zeitweise hatte sie Lust auszusteigen, weil der Druck so stark war. Die A-Noten, die zu Anfang so erregend waren, schienen ihr Leben eingenommen zu haben. Bücher und Papier stapelten sich auf dem Boden ihres Arbeitszimmers. Sie blieb bis 2 oder 3 Uhr morgens auf, aber es war immer, als wäre sie im Rückstand. »Ich habe Bildungslücken«, rief sie einmal aus, als ich sie fragte, ob sie wirklich jedes Wort von Machiavellis *Fürst* gelesen haben müsse, um eine Arbeit über *König Lear* zu schreiben.

»Sicher, du hast Bildungslücken«, sagte ich. »Es wird immer Bildungslücken geben.«

Der Haken des Perfektionismus dringt tief ins Fleisch, und wer an ihm hängt, erkennt fast nie, wie tief er verwundet. Diannas unbewußte Verwicklung mit ihrer fordernden Mutter

trieb sie an, die »Beste« zu sein. Ihre Lehrerinnen folgten ihr auf ihrem Ruhmespfad, schlugen sie für Auszeichnungen vor, und meinten, die Arbeit, die sie geschrieben hatte, sei so gut, daß sie zu einer Magisterarbeit erweitert werden könnte. Vielleicht könnte sie zwei Hauptfächer machen, Englisch und Psychologie, meinten sie; sie könnte schreiben und lehren, was ihr eine noch bessere Zukunft sichern würde. Wie man sieht, waren alle in diesem selbstglorifizierenden Spiel gefangen. Dianna strahlte auf *sie* zurück, genauso, wie sie früher auf ihre Mutter zurückgestrahlt hatte.
Die Ziele wurden großartiger, höher. Dianna nahm zu, sie lernte die ganze Nacht und hielt sich mit Koffein auf den Beinen. Der Haushalt lief weiter, ebenso die raffinierten Mahlzeiten. Sie verbrachte ihre Zeit im freien Schlafzimmer ihres Sohnes und verließ ihren Schreibtisch nur, um sich gelegentlich zu einer verzweifelt notwendigen Runde Schlaf auf das Bett fallen zu lassen. Irgendwie hatte sie die Kontrolle verloren. Es war alles zu wichtig geworden – *kolossal* wichtig. Manchmal weinte sie spät nachts, voller Angst, daß sie nicht durchhalten könnte.

Wer kann sagen, wie früh in unserem Leben uns der Drang, »großartig« zu sein, einnimmt? Meine erste Erinnerung an diese besondere Verführung stammt aus der Zeit, als ich in der ersten Klasse war und an einer Schulaufführung teilnahm. Man hatte den Mädchen gesagt, daß sie etwas mit einem langen Rock anziehen sollten. Meine Mutter schickte sich an, mir ein festliches Kleid aus lachsfarbenen Organdystreifen zu nähen, die mit schwarzen Samtbändern verknüpft wurden. Als es nach vielen Anproben schließlich fertig war, gefiel es mir außerordentlich, aber ich fühlte mich darin befangen. Es war zu großartig für den Zweck, ein deplaziertes Aufleuchten von Eleganz in der muffigen Schulaula. Und es war zu großartig für *mich*. Da war eine niederträchtige Diskrepanz zwischen dem schönen Kleid und meinem mageren, sommersprossigen

Selbst. Meine Mutter, so schien es, hatte versucht, aus mir etwas zu machen, das ich nicht war. Und doch flehte ich innerlich um die Aufmerksamkeit, die mir vielleicht wegen des wundervollen lachsfarbenen Kleides zuteil würde. Mein Geheimnis – oder vielleicht das eines jeden Mädchens? – war, daß ich einerseits das schlichte Mädchen sein wollte, das die Leute einfach anerkannten, und andererseits auch blenden und glänzen wollte wie die Flügel eines Schmetterlings.

Das wahre »innere« Ich war vor der Welt verborgen, maskiert im Körper eines kleinen dünnen Mädchens. Nicht einmal meine Eltern kannten mein Ich, das Ich, das wirklich wunderbar war. Nur ich kannte es! Da es aber eine geheime Kenntnis war, war sie nicht zuverlässig. Könnte meine Überzeugung in bezug auf das blendende »wirkliche« Ich eine Übersteigerung gewesen sein, eher ein Produkt meiner Phantasie denn Wahrheit? Weil meine exaltierten Gefühle in bezug auf mich selbst ungeprüft waren, wußte nur *ich*, wie wunderbar ich war. Alle anderen sahen nur mein »äußeres« Ich – das gewöhnliche kleine Mädchen – und hatten also keine Chance, das, was im Innern war, schätzen zu lernen. Die Möglichkeit, daß ich hoch über dem Boden schwebte, also weitgehend außer Kontakt mit der Realität war, daß all meine expansiven Ideen über mich selbst falsch sein könnten – das war zu schrecklich, um es auch nur in Betracht zu ziehen.

Ich hielt dies geheime Wesen, das grandiose kleine Mädchen in meinem Innern verborgen und konnte auf diese Weise leugnen, wie allmächtig es sich selbst phantasierte. Im Innern versiegelt, also unberührt von der Realität, konnte mein Glaube an die eigene Unbegrenztheit im Lauf der Jahre wachsen. Äußerlich war ich sanft wie ein Lamm und konformistisch. Ich hatte Angst vor Menschen und versuchte sie dazu zu bringen, mich zu mögen, während ich sie insgeheim verachtete. Ein Teil von mir fühlte sich noch geringer als gewöhnlich und inadäquat.

Ein anderer Teil aber, der Teil, der den Narzißmus meiner

Mutter verinnerlicht hatte, glaubte, daß ich wirklich königlich sei. Eine vollkommene kleine Königin.

Ein Kind, das an Grandiosität leidet, schämt sich bei Mißerfolg entsetzlich. Es macht sich selbst erbarmungslose Vorwürfe. In seinem Innern ist eine Stimme, die es permanent anstachelt und jegliche Aktivität der Freude entkleidet. *Ich bin eine A-Schülerin, warum kann ich diese organische Chemie nicht packen? Wenn ich keine brillanten Gedichte schreiben kann, werde ich nie wieder ein Wort schreiben.* Selbstvorwürfe verstärken die Minderwertigkeitsgefühle, und das wiederum schafft das Bedürfnis nach Selbstübersteigerung. Die Ziele werden immer großartiger, denn sie funktionieren wie eine Droge, deren Wirkung nachläßt, wenn die Dosis nicht erhöht wird. Da sich dies alles auf einer unbewußten Ebene abspielt, hat das Mädchen keine Vorstellung, wie übersteigert es ist oder warum es, wenn es das Klassenziel nicht erreicht, das Gefühl hat, als wäre alles verloren.
Verborgene Grandiosität bleibt dem Mädchen wie eine Saat, die ihm ohne sein Wissen eingepflanzt wurde, bis in sein erwachsenes Frauenleben erhalten. Viele der Entscheidungen, die sie trifft, sind nun in dem unbewußten Bedürfnis verwurzelt, ihr übersteigertes Selbstbild zu bewahren. Sie mag zwar glauben, das Problem sei ihre Königin, aber so ist es nicht. Weil sie ihre Mutter internalisiert hat, findet der Kampf im *Innern* statt.

Die Schrumpfung

Eines Tages im Frühjahrssemester ging Dianna nicht zum Unterricht. Ein weiterer Tag verging, und dann noch einer. Sie verbrachte die meiste Zeit mit Tagträumen, saß am Fenster und ließ es sich gut gehen. Draußen lag dichter Schnee, und die Vögel scharten sich um das Futterhäuschen. Drinnen war das Haus wieder sauber, Kühlschrank und Speisekammer waren gefüllt. Es war Ende Februar, und alle anderen klagten über das Wetter, Dianna aber fühlte sich wieder wirklich und lebendig, wie jemand, der sich von einer langen, auszehrenden Krankheit erholt. Sie blieb drei Wochen zu Hause, und dann zwang sie sich dazu, die »Erwachsenenangelegenheit« zu regeln: Sie fuhr zum Immatrikulationsbüro am College und schied offiziell aus.

Warum? Das fragte ich mich, als ich davon hörte. Was mochte geschehen sein? Alles schien in den letzten Jahren so dramatisch, so ermunternd gewesen zu sein; und der Grund, den sie jetzt für ihren Ausstieg nennt, erscheint so platt, so... gewöhnlich.

»Ich weiß nicht, ob ich die nächsten fünf Jahre meines Lebens mit Studieren verbringen möchte«, beginnt sie tastend.

Als alles in Schwung kam, war ihr Plan, ihren Dr. phil. zu machen und Therapeutin oder vielleicht Psychoanalytikerin für Jugendliche zu werden, um zu unterrichten und auch zu schreiben. Es war ein ehrgeiziger, aber kein unmöglicher Plan. Ganz und gar nicht unmöglich.

»Also, was ist passiert?« fragte ich.

»Ich kam an einen Punkt, wo ich mir nicht sicher war, warum ich das alles tat. Ich verbrachte meine ganze Zeit damit, zwischen College und Arbeit hin- und herzufahren. Es war nicht genug Zeit zum Studieren. Ich war immer erschöpft. Und ich kann die Arbeit im Krankenhaus nicht aufgeben, weil ich das Geld brauche.«

»Aber was ist damit, daß dir der Kram *gefällt*? Was ist damit, daß du bei der Arbeit mit den Mädchen im Krankenhaus gut bist?« Sie arbeitete zwei Nächte pro Woche von Mitternacht bis 8 Uhr morgens mit Schizophrenen und anderen schwer gestörten Patienten in einer Privatklinik in Westchester County.

»Ich weiß nicht genau, wie gut mir die Arbeit gefällt. Ich glaube, hauptsächlich tue ich sie, weil ich muß.«

War dann alles also irgendwie erzwungen worden, innerlich gefordert? War das wie wahnsinnige völlige Eintauchen ins Studium ein weiteres Ventil für ihr inszenierendes Selbst gewesen?

»Was wirst du jetzt tun?« fragte ich.

»Ich überlege, ob ich ein Hotel garni eröffnen soll«, sagt sie. »Das heißt nicht, daß ich nie wieder studieren werde; vielleicht werde ich es. Aber ich weiß nicht, ob ich Therapeutin sein möchte. Ich weiß nicht, ob mir das ganze Zeug wirklich gefällt oder ob ich es nur tue, weil ich irgendwie damit angefangen habe. Wenn ich mit 43 Jahren studiere, muß ich wissen, warum ich es tue.«

Ich aber konnte nicht umhin zu denken: »Hotel garni?« Irgendwie schien das solch ein Abstieg. Was ging hier vor?

Unter anderem war die Rückkoppelung von seiten ihrer Lehrerinnen zu wichtig. Die Königin, die sie immer beobachtete, war zu wichtig. Hatte Dianna nicht erneut außerhalb ihrer selbst gestanden – hatte sich selbst beobachtet und sich gefragt, wer sie ist und wie gut sie ist und ob sie es wiederholen könnte oder nicht? War nicht jede Prüfung zu einer neuerlichen Vorführung geworden, nicht nur mit der Möglichkeit des Erfolgs, sondern auch mit der des Scheiterns?

Es gibt noch eine Seite in Diannas Geschichte – die Seite, die mit meiner eigenen diesbezüglichen Verwicklung zu tun hat. Dianna hatte das Leistungsförderband verlassen, und das erinnerte mich an Gabrielle. Einerseits konnte ich ihre Entscheidung verstehen. Aber eine Stimme in meinem Innern fragte fortwährend: *Und was ist mit ihrer glänzenden Karriere?*

Für mich lautete die Frage: Welcher Art war *meine* Investition bei ihren Entscheidungen? Warum waren *ihre* glänzenden Karrieren so wichtig für mich? Ich mußte schließlich erkennen, daß sie wichtig für mich waren, weil ich mit den beiden identifiziert war: mit meiner guten Freundin und meiner erstgeborenen Tochter. Auf sie hatte ich meine eigene Grandiosität projiziert. Wäre es nicht zum Erschauern aufregend: meine Freundin, die mit mehr als 40 Jahren wieder aufs College geht und dann promoviert? Meine Tochter, die, nachdem sie die Albert-Einstein-Universität absolviert hat, daran geht, die erste menschliche Gehirntransplantation durchzuführen? *Ich hatte es nötig, diese zwei Frauen, die mir so nahe waren, überzubewerten, weil es per Assoziation meinen eigenen Wert erhöhte.* Wenn sie etwas taten oder beschlossen, das meine Idealisierung von beiden durchkreuzte, so bedeutete das einen Schlag gegen mein Ich.

Menschen mit narzißtischen Problemen sind oft Hochleistungsarbeiter, intelligent und erfolgsorientiert. Ihre Kindheit war, wenn vielleicht auch schwierig, meistens wohl nicht von der schlimmen Qual und Vernachlässigung verdorben, die wir mit schwerem psychischem Elend assoziieren. Viele haben differenzierte und bemühte Eltern, von denen sie gefördert wurden, sagt Alice Miller.[8] Aber die Förderung hatte oft mehr mit den Bedürfnissen der Eltern zu tun als mit denen des Kindes. So ist es also der Wunsch der Königin, der hinter den end- und nutzlosen Imperativen, »besser« zu werden, steht. Hinter diesem Drang, sagt Dr. Miller, »lauern die Depression, das Gefühl der Leere, der Selbstentfremdung und der Sinnlosigkeit ihres Daseins«.[9]

Diese Depression versucht die Superperformerin abzuwehren. Als Strategie mag das Streben nach Erfolg für eine lange Zeit funktionieren, aber die Inszenierung bricht immer irgendwann zusammen. Wenn das geschieht, wird sie von Selbsthaß und Verachtung überflutet. Diese düsteren Gefühle tauchen auf, »sobald die Droge der Grandiosität ausfällt, sobald sie nicht ›on top‹ sind, nicht mit Sicherheit der Superstar oder wenn sie plötzlich das Gefühl bekommen, vor irgendeinem Idealbild ihrer selbst versagt zu haben«.[10]

Es ist schwierig für die Tochter einer »königlichen« Mutter, sich von dem Bedürfnis nach Ruhm zu befreien. Wir verinnerlichen Mutters Übersteigerung unserer selbst, weil sie immer

einen bedürftigen, abgespaltenen Teil von uns genährt hat, den Teil, der sich furchtbar nach der Mutter sehnte, der ihre Liebe, ihre Ermutigung, ihr Entzücken über unser eigenes separates Selbst erflehte und nicht bekam.
Oder nicht dann bekam, als es nötig war.
Oder nicht genug davon bekam.
Also finden wir uns ab. Wir finden uns ab mit Mutters Teilhabe an unserem Aussehen, an unseren Trompetenkonzerten, unserer Kunst des Blätterteigbackens. Wir werden zu dem, was sie nötig hat, und entwickeln *die* Aspekte von uns, die sie entwickelt haben will – nur so können wir sie kriegen. Der Handel, den wir mit unserer Königin machen, lautet: »Um dich zu kriegen, werde ich das Kind deiner Träume, wenn es auch bedeutet, daß ich mich selbst aufgeben muß.«
Mütter, die selbst Deprivationen erlitten haben, sind oft ganz ihren Kindern ergeben. Das Problem ist, daß ihre eigene Bedürftigkeit sie hindert, ein guter Spiegel zu sein: *ihre Kinder als getrennt und individuell zu sehen und sowohl das Einzigartige wie das ganz Gewöhnliche an ihnen zu lieben, sie mit ihren Ängsten, ihren unvermeidlichen Rückschlägen, ihren Fehlern zu akzeptieren.*

Die Entthronung der Königin

Im autobiographischen Roman der französischen Schriftstellerin Nathalie Sarraute, *Kindheit*, gibt es eine wunderschöne Geschichte, welche die Angst beschwört, die ein kleines Mädchen erlebt, als es zum erstenmal einen Riß im makellosen Image der Mutter bemerkt. Das Mädchen (Sarraute) ist etwa acht Jahre alt, und wie die meisten kleinen Mädchen hatte es den wonnevollen Zustand genossen, da es seine Mutter bewunderte und für vollkommen hielt. Als sie eines Tages mit ihr an einem Schaufenster vorbeikommt, sieht Nathalie zufällig eine Puppe mit einem feinen Porzellangesicht. Sie ist von der Schönheit der Puppe fasziniert und zieht ihre Mutter zurück zum Fenster, um die Puppe anzuschauen, wieder und wieder. Schließlich, in einem einzigen schrecklichen Augenblick, entdeckt sie, daß die Puppe schöner ist als ihre Mutter! Sofort fühlt sie sich gezwungen, diese erstaunliche Entdekkung – natürlich! – der Mutter zu offenbaren. »Es stand für mich ganz außer Frage, es nicht vor ihr zu verbergen, ich konnte mich nicht in solchem Maß von ihr entfernen.«

Da sich das Kind noch mit der Mutter identifiziert, ist die Feststellung, daß die Puppe schöner ist, sehr verstörend. Es muß seine Entdeckung mit jemandem teilen. »Wenn ich es in mir verschließe, wird es größer und schwerer werden, es wird immer stärker drücken, ich muß es sie unbedingt sehen lassen, ich werde es ihr zeigen... so wie ich ihr eine Schramme zeige, einen Splitter, eine Beule... Schau, Mama, schau, was ich hier habe... Ich finde, sie ist schöner als du.«

Nathalie will, daß ihre Mutter versteht, was mit ihr geschehen ist, daß »sie sich niederbeugt, darauf bläst, es tätschelt, nun komm, es ist doch gar nichts, so wie sie mit Gefühl einen Dorn herauszieht, so wie sie eine Münze aus ihrer Tasche holt und sie auf die Beule drückt, damit sie nicht größer wird... ›Ach, du Quatschkopf, natürlich ist sie schöner als ich‹, und es wird aufhören wehzutun, es wird verschwinden, wir werden ganz ruhig Hand in Hand unseren Weg fortsetzen.«

Die neuen und weniger idealisierten Eindrücke eines Kindes von seiner Mutter sind von Angst begleitet. Für Nathalie war die Erkenntnis, daß die Mutter nicht so schön ist wie die Puppe, ein erstes bewußtes Erlebnis der Trennung – die Erfahrung, daß sie ihre Mutter mit einer gewissen Objektivität sehen konnte. Es war beängstigend, und um mit der neuen Einsicht vertraut zu werden, brauchte sie Mutters Hilfe. Aber die gewünschte Hilfe kam nicht. »Mama läßt meine Hand los oder hält sie weniger fest, sie sieht mich mit ihrem Ausdruck des Mißfallens an und sagt: ›Ein Kind, das seine Mutter liebt, findet, daß niemand schöner ist als sie.‹«[11]

Nathalie Sarraute fängt jenen durchdringenden Augenblick ein, in dem das wahre Selbst eines kleinen Mädchens sich zu verstecken beginnt, gemartert von seiner stillen Entdeckung der Risse bei jemandem, den es für vollkommen gehalten hat. Die Mutter der kleinen Nathalie war zu selbstbezogen, um lachen zu können, ihr Kind in den Arm zu nehmen und den Augenblick vorübergehen zu lassen. Sie zog sich zurück und verteidigte die übersteigerte Sicht ihrer selbst, indem sie einen Fehler bei ihrer Tochter sah: *ein Kind, das seine Mutter nicht liebt*... Die Botschaft ist klar: »*Ich* bin nicht die Unvollkommene, *du* bist es.« Das ist das Motiv, das den Herausforderungen einer schuldeinflößenden Mutter zugrunde liegt. Die Schuld, die das Kind empfindet – die gleiche Schuld, von der Patricia sprach –, hat damit zu tun, daß Mutters Illusionen nicht genährt werden. Das kommt davon, wenn du der Mutter zeigst, daß du getrennt bist, daß du deine eigenen Vorstellungen hast, und daß sie nicht immer mit ihren Phantasien über dich – oder mit ihren Phantasien über sie selbst – übereinstimmen werden.

Wenn die Bedürfnisse einer Mutter in bezug auf ihr Kind unmäßig sind, wird jedes Zeichen von Trennung auf seiten des Kindes sehr verstörend für sie sein. Das Kind spürt, daß es zu viel Verantwortung für das seelische Wohlbefinden der Mutter hat. Wie Nathalie Sarraute so dramatisch in der Episode mit der schönen Puppe erfuhr, kann eine Tochter Mamas Gleichgewicht mit einem bloßen Wort, einem Blick stören. Mama ist in so vielem von ihr abhängig, Mama braucht ihre Unterstützung, ihre Hilfe, ihre ungebrochene Zustimmung. *Mama, diese törichte Frau, glaubt nicht an sich selbst!*

Dies Erwachen ist ein entscheidender Punkt in der Entwicklung des kleinen Mädchens: die »Entidealisierung« der Mutter. Es ist ein schmerzvoller Prozeß, denn wenn die Tochter erst einmal Mutters Fehler entdeckt, verliert sie ihre teure Königin – für immer. Da ist niemand mehr, der für sie perfekt und selbsterhaltend ist, mit dem sie sich identifizieren könnte.

Wenn die Mutter erst als verwundbar und ängstlich gesehen wird, als allzu menschlich, dann ist die Tochter auf sich selbst gestellt.

Wir alle fangen als Kinder an, eine der kunstvollsten Schöpfungen des Lebens zu erschaffen: die Königin, für uns die vollkommene, hilfreiche, identitätsspendende Göttin. Um diese Illusion, die für unser kindliches Gleichgewicht so wichtig ist, zu perpetuieren, idealisieren wir die Mutter und übersehen unbewußt ihre Schwächen, ihre kleinen Lügen und Feindseligkeiten, ihre eigenen Obsessionen – kurz, die Tatsache, daß *ihre* Bedürfnisse manchmal Vorrang vor allen anderen erhalten, unsere eigenen eingeschlossen. Um die Angst zu mindern, die Mutters Unvollkommenheiten auslösen, entwickeln wir Scheuklappen. Das kleine Kind sieht nur, was bei der Mutter zu sehen ihm erträglich ist.
Wenn aber das Kind sich zu einem unabhängigen Wesen zu entwickeln beginnt, muß sich das alles verändern. Wenn die Mutter gesund ist und ein starkes, separates Selbstgefühl hat, hilft sie uns, uns von unseren Illusionen über sie zu befreien. Schritt für Schritt beginnen wir ihre Unvollkommenheiten zu sehen, und das macht es uns möglich, daß wir uns selbst sehen – und akzeptieren. Ist Mutters Selbstwertgefühl aber gering, wird sie auf narzißtische Weise fordernd und strebt nach immer mehr, besteht auf immer mehr, weil ihr eigenes Selbst nie genügend gefördert oder entwickelt wurde. In solch einer Beziehung steigt die Königin niemals von ihrem Thron herunter. Sie kann uns nicht erlauben, ihre Fehler zu sehen, weil sie selbst sich ihnen nicht stellen kann.
Es ist entscheidend zu erkennen, daß es nicht die Mutter ist, die für die Erschaffung der Königin verantwortlich ist (wenn sie auch ihre eigenen Gründe haben mag, die Rolle zu spielen). *Wir* erschaffen die Königin. Die Idealisierung der Mutter ist eine Abwehrtechnik, die es uns ermöglicht, ihren Glanz zu »borgen«. Indem wir mit ihren Forderungen verschmelzen

und an der Illusion festhalten, daß sie und wir etwas »Besonderes« sind, versuchen wir, uns zu überteigern und uns gut zu fühlen. Aber wir erhalten auf diese Weise nur geborgten Wert, der auf einem »Selbst« beruht, das tatsächlich falsch ist.

»Es gehört zu den Wendepunkten der (Psycho-)Analyse, wenn narzißtisch gestörte Patienten zu der emotionalen Einsicht kommen, daß all die Liebe, die sie sich mit so viel Anstrengungen und Selbstaufgabe erobert haben, gar nicht dem galt, der sie in Wirklichkeit waren; daß die Bewunderung für ihre Schönheit und Leistungen der Schönheit und den Leistungen galt und nicht eigentlich dem Kind, wie es war.«[12]

Der Tendenz nach wollen wir uns vor der Einsicht schützen, daß Mutters Interesse an unseren Leistungen zu einem großen Teil wenig mit *uns* zu tun hatte. Es erfordert Mut, das zu sehen. Es bedeutet die Entthronung der Königin. Es bedeutet, der Tatsache ins Auge zu sehen, daß sie uns verletzt hat. Dann erst können wir um den Verlust all dessen trauern, was wir brauchten, aber nicht bekamen. Wenn wir uns diesem Verlust stellen, werden wir das Schlachtfeld verlassen können, wir werden unsere mächtige Königin aufgeben und mit unserem Selbst in Kontakt treten können.

9. Kapitel

Die Wut der Tochter

Ich werde mich immer an den Tag der Abschlußfeier an der Highschool erinnern, nicht wegen irgendeines Gefühls von großer Leistung, sondern weil ich so wütend auf meine Mutter war. Ihre Tat? Sie wollte mich mit der alten Brownie-Kamera fotografieren. Ihr Vergehen? Sie bat mich zu lächeln.

Die Grünanlagen der Schule waren prächtig an jenem Junitag in Baltimore, und alles war der langjährigen Tradition dieser privaten Mädchenschule geziemend hergerichtet. Ich trug ein langes, weißes Organdykleid, und alle anderen Mädchen der Abschlußklasse ebenso. Jede hatte einen Armvoll Blumen; ich glaube, es waren Rosen. Das Wetter war bestens, die Stimmung unter den Abgängerinnen und ihren Familien überschwenglich; aber nach der Zeremonie draußen auf dem Rasen fühlte ich mich gar nicht gut. Ich war furchtbar wütend. Ich wollte nicht mit meinem steif frisierten Haar, dem festlichen Kleid, das ich nicht ausgesucht hatte, und den prunkhaften Rosen mit dem Fotoapparat meiner Mutter eingefangen werden. Es glich sehr dem Gefühl, das ich damals als Erstkläßlerin in meinem lachsfarbenen Festkleid auf der Bühne in der Aula, linkisch auf einem Bein stehend, gehabt hatte. »Lächle«, flehte meine Mutter, und ich spürte, daß sie ein bestimmtes, von ihr bevorzugtes Bild von ihrer Tochter für immer einfangen wollte: aber das Bild, das sie im Sucher ihrer Kamera einrahmte, war nicht ich. Sie, das Farmmädchen, das nie eine bessere Schule besucht hatte, die für meine Ausbildung Opfer gebracht hatte, würde dies Foto an ihre Brüder und Schwestern im Westen schicken, von denen ich den meisten nie begegnet bin, und sagen: »Das ist Colette bei ihrer Abschlußfeier.«

Das bin nicht ich! wollte ich sagen, aber ich konnte es nicht, denn ich hatte keine Idee, woher meine Wut kam. Und deshalb zeigt das Bild, das meine Mutter in ihrem Album aufbewahrt, keine glühende Abiturientin, dankbar für die empfangenen Privilegien und glücklich, ihrer Mutter Freude zu bereiten. Es zeigt ein großes, dünnes, unbeholfenes Mädchen, das einen Strauß Blumen hält, auf seinem Eichhörnchengesicht den denkbar gemeinsten finsteren Blick. Es war ein Protest, eine Weigerung. Irgend etwas an der ganzen Geschichte hatte meinem Stolz eine gewaltige Wunde zugefügt; mein wahres Ich war nicht erkannt worden.

Die narzißtische Wunde

In Ovids Erzählung von Narziß und Echo zieht Echos körperlose Stimme, die Narziß' Worte durch den Wald zu ihm zurückwirft, ihn in ihren Bann. Als er Echo schließlich leibhaftig begegnet, findet er sie weit weniger faszinierend als sein Phantasiebild von ihr und wendet sich seinem eigenen Spiegelbild im Weiher zu. Echo fühlt sich von Narziß' Ablehnung ihres wahren Selbst so zerstört, daß sie in den Wald flieht und »ihr beschämtes Gesicht zwischen den Blättern birgt, bis ihr Körper, vom eigenen angstvollen Verlangen verzehrt, sich langsam auflöst«.[1]

Man könnte Echos Erlebnis mit Narziß als Prototyp der Erlebnisweise der ungespiegelten Tochter ansehen. Da sie von ihrem Geliebten mehr bedarf, als er fähig ist zu geben, mindert Echo die Bedeutung ihres Bedürfnisses, durch dessen Vorhandensein sie sich entwertet fühlt.

Zuerst tut Echo uns leid, und wir sind wütend auf Narziß, aber der jungianische Psychoanalytiker Donald Kalched untersucht den psychologischen Unterbau dieses Mythos und erkennt bei Echo das gleiche Grundproblem, das auch Narziß quält. Sie sucht bei ihm eine Spiegelung ihres Selbst, so wie er *sein* Spiegelbild im Weiher sucht.

»Na schön«, könnten wir sagen, »wenigstens hat sie ein Inter-

esse, sich selbst durch eine andere Person zu finden.« Aber in Ovids Geschichte lösen sich, erstickt von ihrer Selbstversunkenheit, der Mann *und* die Frau auf.
Die Narziß-und-Echo-Geschichte ist in vieler Hinsicht das Ehemodell der vierziger und fünfziger Jahre. In einer klassischen Narziß-und-Echo-Ehe sind die Partner wie Parasiten, die aus derselben Illusion heraus leben. Vater ist der Prinz, und Mutter unterstützt Vaters Selbstbezogenheit, weil dies Arrangement auch etwas für sie bereithält – sie wird zur Prinzessin. Die Tochter eines solchen Paares wird zwangsläufig Konflikten ausgesetzt sein. »Selbstverständlich gab es eine natürliche Identifizierung mit meiner Mutter, aber ich fühlte mich auch davon bedroht«, erinnert sich Gwendolyn, Professorin für Literatur; ihr Vater war das »Gehirn« und ihre Mutter die Hausfrau, für die er oft Verachtung zeigte. Für Gwendolyn schien es nur einen Ausweg aus dieser Bindung zu geben. »Ich wollte nicht, daß mein Vater mit mir sprach wie mit ihr oder daß er dachte, ich sei schwerfällig, geistig träge, unfähig zu ›kapieren‹. Um intellektuell ›wie Papa‹ zu sein, mußte ich die Bindung an meine Mutter leugnen.«
Papa war natürlich längst nicht so mächtig, wie er vorgab, und die Tochter, die am Ende niemanden hatte, mit dem sie sich identifizieren konnte, war außerstande, ihr weibliches Selbstgefühl zu konsolidieren. Die brillanten Vorträge, die er seiner Familie beim Essen hielt, waren im Grunde egozentrisch. Er lechzte nach Spiegelung; sein schreckliches Bedürfnis nach dem Beifall der anderen durchzog das ganze Familienleben. Ihre Mutter nahm es zwar übel, daß ihr Mann so viel Aufmerksamkeit erhielt, zugleich handelte sie aber wie seine Komplizin, erkannte Gwendolyn schließlich. Sie unterstützte seine Selbsterhöhungen, indem sie ihn als Pfeiler ihres eigenen unsicheren Selbstbildes benutzte. Aber es war, wie die Tochter schließlich entdeckte, ein nichtswürdiger Handel. »Das höchste Lob, das er für Mutter hatte, war, sie seinen ›Resonanzboden‹ zu nennen.«

Töchter von Narziß und Echo haben nicht nur Probleme, sich mit ihren Müttern zu identifizieren, es ist wahrscheinlich, daß sie Weiblichkeit schlechthin als narzißtische Wunde empfinden. Die Präsidententochter Patti Davis schrieb darüber in ihrem autobiographischen Roman *Home Front*. Eine Mutter zu haben, die ihr Leben voller Unterwürfigkeit ihrem Mann widmete, war eine schwere Enttäuschung für sie. Mutter war so von Ron (Reagan) absorbiert, daß sie nicht zur Stelle war, um ihre Tochter zu spiegeln, sagt Patti.
Die Echo-Mutter hat einen konformistischen Charakter und spielt eine »entmutigende Rolle« im Leben der Tochter, sagte die Familientherapeutin Peggy Papp auf einer Tagung zur Mutter-Tochter-Beziehung. Eine solche Mutter ist immer um Äußerlichkeiten besorgt, ist immer begierig, sich anzupassen. Eine Folge davon ist die Art des Aufbegehrens, wie Patti sie durch das Schreiben ihres Romans darstellte. Töchter von Echo »leben in ständiger Wut auf ihre Mütter, weil diese sie mit etwas beschenken, das die Töchter als unterwürfige, erniedrigende Rolle erkennen«, sagt Papp.[2]
In solch einer Familie wird der Grund dafür, daß die Tochter sich so machtlos und im Stich gelassen fühlt, in der Mutter gesehen.

Sich austoben

Verletztes Selbstgefühl und die dadurch hervorgerufene Wut sind das Erbe für Echos Tochter. Ihre Verwundbarkeit macht es ihr schwer, sich anderen zu öffnen. Sie neigt dazu, wachsam, auf der Hut, abwartend zu sein. Unbewußt glaubt sie, die geliebte Person werde sich jeden Augenblick zurückziehen und ihren Stolz verletzen.
Die ungespiegelte Tochter beansprucht die Aufmerksamkeit von anderen überreichlich, zugleich kann sie nicht glauben, daß andere ihr das geben, was sie von der Mutter nie bekom-

men hat. So werden ihre intimen Beziehungen zur Fortsetzung ihres nie endenden Kampfes mit der Königin. Sie forscht in der leisesten Bewegung nach Ablehnung, nach dem geringsten Abstumpfen im Tonfall eines Liebhabers – und sie *rast*, wenn sie etwas zu fassen bekommt.

Die Hausangestellte hat wieder einmal vergessen, den Küchenboden zu wischen, und Edwina ist verärgert. Sie beklagt sich bei ihrem Mann über die Nachlässigkeit der Frau, aber Jonathan, Kaffee trinkend, Zeitung lesend, zuckt nur mit den Schultern. Er interessiert sich mehr für die Baseballergebnisse. Plötzlich wird Edwina wütend. Für sie war das Schulterzucken wie ein Schlag ins Gesicht. Wie kann er es wagen! Da sie nicht weiß, warum sie so irritiert ist, stürzt Edwina sich in eine Schimpftirade gegen ihren Mann und seine Gleichgültigkeit gegenüber den Anforderungen des Haushalts. Kein Wunder, sagt sie, daß sie immer müde ist, schrecklich aussieht und Sex mit ihm langweilig findet. Als Jonathan sich tiefer in seine Zeitung zurückzieht, steigert sich ihr Gefühl der Kränkung, und sie fängt an, mit Töpfen und Pfannen zu knallen. Sie hat das Gefühl, daß *nichts* dieses ihr angetane Unrecht wiedergutmachen kann.

Was Edwina da erlebt, nennen die Psychiater narzißtische Wut – ein Bedürfnis zu explodieren, das wenig mit dem sichtbaren Auslöser zu tun hat. Sie kann zu jeder Zeit an jedem Ort ausbrechen. Edwina und Jonathan sind mit Freunden zum Essen ausgegangen und werden gebeten, den Wein zu bestellen. Als er gebracht wird, kostet Edwina ihn und erklärt ihn mit einer großen Geste für ungenießbar. Jonathan nippt und sagt: »Ist in Ordnung, finde ich.« Das erbost Edwina so unsäglich, daß sie ihre Serviette hinwirft und zur Toilette stapft.

Solche narzißtischen Ausbrüche erscheinen einem Außenstehenden, als kämen sie aus dem Nichts, aber jeder, der ein Paar wie Edwina und Jonathan näher kennt, weiß, daß das Debakel nur allzu vorhersehbar ist. Weil beide Partner narzißtische Probleme haben, gibt ihre Beziehung einem das Gefühl, als wären sie permanent in Bedrängnis, fortwährend von Selbstwertkrisen geschüttelt. Da beide in ihrer Kindheit unter mangelnder Spiegelung litten, sind beide immer in qualvoller Bereitschaft, sich verraten zu fühlen. Ihre unbewußte Abmachung, die sie praktisch am Tag ihrer Begegnung geschlossen hatten, lautete: Gib mir Rückhalt, dann will ich dir Rückhalt geben. Gibst du mir keinen Rückhalt, geht es dir an den Kragen.

Solche Paare sind »in Kollusion«, sagt der Psychiater Jürg Willi.[3] Jeder Partner hat insgeheim eine Forderung, die besagt, daß der andere jedes auftretende Image bestätigen muß, wie falsch es immer sein mag. Wenn sie die Rolle der Weinkennerin übernimmt, muß er diese Erhöhung unterstützen. Wenn er sich als der politisch Gewiefte aufspielt, muß sie jedem seiner Einblicke applaudieren. Diese »kindischen Lappalien«, bemerkt Dr. Willi, sind todernst für diejenigen, deren Selbstgefühl beschädigt ist.

Identität ist es, wovon wir hier sprechen. Der Großmeister der Politik denkt, seine hochfliegenden Meinungen seien das letzte Wort zum Thema, und jeden Widerspruch wird er als persönlichen Angriff auffassen. Die Önophile (Weinkennerin) findet jegliche Skepsis gegenüber ihrer Fähigkeit, blindlings zwischen Moët und Piper zu unterscheiden, unerträglich.

Psychologen erkennen bei Edwina und Jonathan jene Art der Beziehung, in der die Partner einander als Regler für ihr Selbstwertgefühl benutzen. Wenn es dem anderen nicht gelingt, diese Funktion zu übernehmen, sagt Jürg Willi, so wird das ursprüngliche Trauma mit der Mutter von neuem erlebt. Das läßt die narzißtische Wut aufflammen: Jede Wunde ist wie von der Mutter zugefügt. Das totenbleiche Gesicht, der Rückzug, das Schweigen oder der rachsüchtige Zornausbruch sind Zeichen dafür, daß ein vernichtender Schlag geführt worden ist. *Sie*, mehr als zornig, beginnt, ihm Anklagen entgegenzuschleudern. *Er*, verletzt und wütend, schleudert sie zurück. So beginnt, was für die beiden »der endlose Streit« geworden ist.

Jeder greift tiefer in das Faß der Ungerechtigkeiten, auf der Suche nach etwas, *irgend etwas*, das die Intensität der Wut rechtfertigen könnte. Du *bist* wirklich schlecht zu mir gewesen; du *hast* mich wirklich angegriffen. Wenn Jonathan seine Frau daran erinnert, daß er nur »Ist in Ordnung, finde ich« gesagt habe, wird sie blind vor Wut. Denn jetzt hat er die Diskrepanz zwischen dem, was wirklich geschehen ist, und ihrer wahnsinnigen Reaktion bloßgestellt. »Es geht darum, *wie* du es gesagt hast«, sagt sie, um ihren Zorn zu verteidigen. »*Herablassend*. Als stündest du über solch kleinlichen Unterscheidungen.«
Aber jetzt ist sie nervenzerfetzend dicht an die wirkliche Quelle des Aufruhrs gelangt – an seine Infragestellung ihrer Autorität als Weinkennerin und an ihre Angst, als etwas Geringeres bloßgestellt zu werden. Keine in der Wolle gefärbte Narzißtin will, daß irgend jemand erkennt, wie übersteigert sie ist, denn das würde ... *eine weitere Wunde* bedeuten!
Das Bewußtwerden dieser primitiven Zustände kann dazu beitragen, daß wir aufhören, unser Unglück fort- und fortzuführen. Wenn wir uns mit der ganzen Tiefe unserer kindlichen Sehnsüchte konfrontieren können, werden wir schließlich auch ein realistisches Gefühl dafür gewinnen, was wir von erwachsener Liebe erwarten können. Leichter gesagt als getan. Es ist die zwanghafte Suche nach Spiegelung, welche die narzißtische Liebhaberin auf ihre endlose, vergebliche Reise schickt. Das beraubte Kind will keine Veränderung, keinen Ausgleich, keinen Kompromiß; es will alles. Und so ist es auf dem Pendel – einmal manisch und übersteigert, einmal leer und vernichtet. Aus seiner verborgenen Bedürftigkeit heraus wird die Narzißtin versuchen, die Liebe »stattfinden« zu lassen, wenn sie nicht da ist, oder sie wird versuchen, die Liebe, die sie hat, in etwas zu verwandeln, das ihre früheren, unreifen Sehnsüchte befriedigt. Unerkannt verzerren sich ihre Sehnsüchte; weil sie sich immer beraubt fühlt, verlangt sie immer mehr.

Die Wut-Reaktion

Wenn unser übersteigertes Gefühl der eigenen Wichtigkeit bloßgestellt wird, kann die Reaktion darauf so heftig sein, daß sie der Überwältigung durch physische Kraft gleicht. »Ich wurde einfach immer zum Berserker – ich schrie, klagte an, lärmte und tobte«, schreibt Martha Woodworth in einem Artikel mit der Überschrift »My Anger/My Self«. »Einmal war ich so wütend, daß ich einen Kühlschrank halb durch das Zimmer zerrte. Ein anderes Mal kippte ich meinem Mann einen Teller voller Essen in den Schoß. Diese ›Anfälle‹, wie ich sie für mich nannte, waren traumartig. Ich war so erregt, daß ich mich hinterher an keine Einzelheiten erinnern konnte.«[4]

Edwina erzählte mir einmal, sie werde manchmal so wütend, daß sie durchdrehe. Sie wußte nicht, daß das, was sie da erlebte, nicht mehr bloßer Zorn war, sondern Raserei, Manie.

Raserei, erklärt Alexander Lowen in seinem Buch *Narzißmus*, ist eine Kategorie für sich. »Echter Zorn bleibt der Provokation angemessen«, sagt er.[5] Raserei tut das *nie*. Als Reaktion auf eine narzißtische Kränkung ist sie hoch übersteigert. Was der Raserei ihre besondere psychische Note gibt, ist, daß sie von »dem Bedürfnis nach Rache, nach Wiedergutmachung eines Unrechts«, nach Aufhebung einer Kränkung, mit welchen Mitteln auch immer, motiviert ist, sagt Kohut.[6] Einen Kühlschrank verschieben, einen Tisch mit Essen umkippen – in der Tat das ganze »zum Berserker Werden« ist durch Rache motiviert. *Du hast mich tödlich getroffen*, ist die unbewußte Aussage. *Deshalb will ich dich und deinen erniedrigenden Angriff auslöschen.*

Unsere Wut erlangt solche Intensität, weil unsere Gefühle Abkömmlinge unseres kindlichen Glaubens sind, wir seien allmächtig. Auf diese Weise erhalten wir unser Selbstwertgefühl aufrecht. Im Erwachsenenalter stören Frustrationen diese ursprüngliche narzißtische Phantasie, und wir werden von Schamgefühlen überflutet, wann immer unsere Illusion der Grandiosität kenntlich wird. Beschämt erhält das verletzte, rachsüchtige

Kind in uns die Oberhand, und plötzlich sind wir außer Kontrolle. Diese Raserei ist der Durchbruch von etwas lange Unterdrücktem. Weil die Wut auf unser ursprüngliches Gefühl, von der Mutter verraten worden zu sein, zurückgeht, drängt sie »wie ein Vulkanausbruch« an die Oberfläche.[7]

Ausgewachsene Raserei wird meistens mit Männern assoziiert, wenn sie natürlich auch nicht auf Männer beschränkt ist. Aber es gibt die gesellschaftliche Vorstellung, daß Raserei, wie Trunkenheit, bei Männern nicht nur akzeptabel, sondern auch ein Zeichen von Männlichkeit sei. »Mein Vater und mein Bruder wurden in ihren cholerischen Launen bestärkt, während fast jeder Ausdruck von Wut bei meiner Mutter oder mir verpönt war«, erinnert sich Martha Woodworth.[8] Diese »doppelte Moral« habe ihr Schuldgefühle wegen ihrer Wut gemacht, als wäre sie »unweiblich«, weil sie so oft voller Zorn war.

Das Problem war nicht, daß es Martha und ihrer Mutter nicht erlaubt war, ihre Wut geltend zu machen. Das Problem war, daß beide dann das Gefühl hatten, nicht *gesehen* zu werden. Dieses Kerngefühl, nicht verstanden zu werden, erzeugt rasende Wut, und es hat die Tendenz, denjenigen auszulöschen, der uns verletzt. Später erinnern wir uns vielleicht nicht einmal an die Einzelheiten dessen, was passiert ist. So tilgt die Wut die schreckliche Kränkung unseres Stolzes und läßt uns die Folgen unseres Verhaltens vergessen. Irgend etwas übermannt uns, und plötzlich sind wir »nicht verantwortlich« für das, was wir sagen oder tun. »Es ist so mächtig«, mag in dem Augenblick unsere Empfindung sein. Wir mögen sogar ein Gefühl des Triumphs haben, so als hätten wir gewonnen.

Aber auf einer tieferen Ebene hinterläßt die Raserei immer einen scheußlichen Rückstand. Sie läßt uns mit dem Gefühl zurück, bloßgestellt und außer Kontrolle zu sein, und reduziert unser Selbstgefühl noch weiter.

Rasende Wut manifestiert sich auf vielerlei Weise. Unterdrückt

»kann sie in Gestalt psychosomatischer Symptome auftauchen: Müdigkeit, Migräne, Magenbeschwerden«, berichtet Karen Horney in *Neurose und menschliches Wachstum.*[9] Manchmal erscheint sie als Kälte, Abgeschlossenheit, manchmal als Selbstmitleid. Eine Frau, die sich emotional mißhandelt fühlt, schreit: »Wie können sie mir das antun?« Und wenn ihr Schrei mitleiderregend ist, so ist er doch auch voller Wut.

Die Frau, die »schweigend rast«, kann erschreckender sein als die, welche schreit, besonders für kleine Kinder. Ominöse Signale der Unzufriedenheit aussendend, überläßt sie es den anderen herauszufinden, was los ist. »Mama war eine Schrankknallerin«, erinnert sich Terry Reilly. »Du kamst in die Küche, und sie knallte mit den Schranktüren, aber sie redete nicht. ›Ist was nicht in Ordnung, Mama?‹ sagtest du. ›Nicht in Ordnung?‹ antwortete sie dann, als ob du verrückt wärst.«

Was eine Frau auch als Ausflucht benutzen mag, um offene Wut zu vermeiden – ihre Selbstachtung wird dabei immer unterminiert. Harriet Lerner von der *Menninger Foundation* schreibt die Schwierigkeiten von Frauen mit der Wut der frühen Beziehung zur Mutter und der unvollständigen Trennung von ihr zu. »Frauen, die unbewußte Loyalitäten haben, Mutters Kind zu bleiben«, sagte sie auf einer Sitzung der *American Psychiatric Association*, »werden gehemmt sein, wenn es um den Ausdruck reifer Wut und reifen Protests geht.« Darüber hinaus wird jede Aktivität sie überfordern, die die »subjektive Erfahrung, allein zu sein und auf eigenen Füßen zu stehen«, zur Voraussetzung hat.[10]

Eine zerstörte Frau

Die Dichterin Sylvia Plath ist ein Beispiel für eine Frau, deren »Loyalität, Mutters Kind zu bleiben«, eine Wut erzeugte, die ihren schöpferischen Motor zum Stillstand brachte und sie selbst am Ende verzehrte.

Die Art, wie Plath aufgezogen wurde, war eine, die typischerweise narzißtische Störungen hervorbringt. Sylvias Vater, Professor für Insektenkunde, starb, als sie acht Jahre alt war. Die Bindung an ihre Mutter war außerordentlich stark. Aurelia Plath stand unter dem Zwang, ihren Kindern »von allem das Beste« zu geben, so Edward Butscher, der eine Aufsatzsammlung über sie herausgegeben hat. »Klavierstunden, literarische Abende, Tanzstunden, Pfadfinderlager, Segelunterricht, das richtige sportliche Training« waren einige der Begünstigungen, die Sylvia und ihr Bruder »von einer verwitweten Mutter (erhielten), die lange Stunden in verschiedenen schlechtbezahlten akademischen Anstellungen arbeitete«.[11]

Die Mutter »brachte Opfer«, sagte Butscher. Und als für die junge Dichterin die Zeit kam, ihre eigenen Identität geltend zu machen, war die Mutter nicht willens, das Produkt ihrer Investitionen herauszugeben. Aurelia hatte lange Zeit durch ihre Tochter gelebt. Sylvia wuchs mit dem Wissen auf, wie extrem wichtig ihre Leistungen für ihre Mutter waren. Die daraus resultierende »Besonderheit«, die sie erlebte, wurde Teil ihrer Identität und die wichtigste Quelle ihres Selbstwertgefühls. Um es aufrechtzuerhalten, mußte sie die übersteigerte Vision, die ihre Mutter von ihr hegte, Gestalt werden lassen.

Sylvia Plaths Kampf mit den Forderungen ihrer Mutter, wie er sich in ihrem Tagebuch, ihrem autobiographischen Roman *Die Glasglocke* und in ihren Gedichten enthüllt, hat viele von uns mitgenommen. Aber trotz ihrer besonderen Qual erscheint Sylvias Anstrengung, zu einer Frau heranzuwachsen, nicht so viel anders als unsere heute. Und doch war sie anders. Sie erlebte eine fast monolithische Herrschaft ihrer verinnerlichten Mutter. Ihre Königin hatte Macht über sie – eine Macht, die Sylvia sehr tief und voller Hilflosigkeit erlebte. In ihren verschiedenen Therapierunden (eine davon folgte einem Selbstmordversuch, als sie noch auf dem College war) entdeckte Sylvia, daß ihre Depression mit Selbsthaß zu tun hatte und daß der Selbsthaß das Ergebnis davon war, daß sie die rasende Wut, die sie eigentlich auf ihre Mutter hatte, auf sich selbst häufte. Die Wut rührte von dem erstickenden Gefühl her, sie müsse ihre »Königin« besänftigen – und von den narzißtischen Kränkungen ihres Selbstgefühls, wenn es ihr mißglückte.

Die Königin war immer in ihrem Kopf, predigend, erwartungsvoll, fordernd. »Sie schreiben nicht«, sagte ihre Therapeutin zu ihr, als sie eine Schreibhemmung hatte, »weil Sie das Gefühl haben, daß sie die Geschichte (Ihrer Mutter) übergeben müssen oder daß sie sie sich aneignen wird.«[12] Sylvia konnte nie dauerhaft stolz auf ihr Werk sein, aus dem einfachen, aber verheerenden Grund, daß sie ihre Gedichte nicht als *ihre* erleben konnte. Irgendwie gehörten sie der Mutter.

Was konnte einen rasender machen? Während ihres ganzen kurzen Lebens beschenkte Sylvia ihre Mutter mit endlosen Leistungen, konnte aber nie das Gefühl gewinnen, daß diese Leistungen – oder sie selbst – auf irgend etwas hinausliefen. In einem »Brief an einen Dämon«, den sie in ihr Tagebuch schreibt, schildert sie die verinnerlichte Kritik als »mörderisches Selbst«. »Seine stärkste Waffe ist und war das Bild von mir selbst als einem totalen Erfolg: im Schreiben, Lehren und Leben. Sobald ich Mißerfolg in Form von Zurückweisungen, von verwirrten Gesichtern im Unterricht, wenn ich Unklarheit erzeuge, oder ein kaltes Entsetzen in persönlichen Beziehungen wittere, werfe ich mir selbst Heuchelei vor, weil ich für besser durchgehe, als ich bin, wo ich im Grunde doch weiß, daß ich mies bin.«[13]

Sylvias Bedürfnis, bewundert zu werden, ließ sie niemals los, obwohl sie es intellektuell erkannte und fortwährend darüber schrieb. Und es änderte nichts, daß sie von Wellesley, Massachusetts, wo Aurelia lebte, über den Atlantik nach England floh. Sie hätte nach Sibirien gehen können. In ihrem Innern lebte ihre Königin weiter, stieß sie vorwärts, grub ihr das Wasser ab, kritisierte sie, saugte ihren Willen aus ihr heraus. Gegen

Ende schrieb Plath stolz und leicht, und in den letzten Monaten ihres Lebens konnte sie einen dicken Band mit guten Gedichten produzieren. Aber ihre Vision dessen, was sie leisten müßte, war zu großartig und ihr beraubtes Selbst zu schwankend und unsicher. 1959, im Alter von 30 Jahren, tötete Sylvia Plath sich selbst, indem sie den Kopf in den Gasherd steckte. Sie ließ ihren Mann, den Dichter Ted Hughes, der sich kurz zuvor von ihr getrennt hatte, und zwei kleine Kinder zurück.
Diese begabte junge Frau wurde schließlich von ihrer narzißtischen Wut zerstört. Um ihre mörderische »Königin« zu beseitigen, mußte sie ihr Selbst töten.

Das zornige Mädchen

Je stärker verletzend die Fehleinstimmungen – oder die fehlende Spiegelung – für uns als Kinder waren, desto stärker verzerrt wird unsere daraus resultierende Wut. In seinem klassischen Text *Das geteilte Selbst* berichtet R. D. Laing von einer jungen Patientin, deren hauptsächliche Klage, als sie ihn zuerst aufsuchte, lautete, sie fühle sich befangen wegen ihres »häßlichen« Gesichts. Um es zuzudecken, trug sie riesige Mengen weißen Puders und leuchtend roten Lippenstift. Diese Aufmachung, sagte Laing, gab ihr »einen bestürzend unangenehmen, clownhaften, maskenähnlichen Ausdruck, der ihre Gesichtszüge bestimmt nicht vorteilhaft betonte«.[14] Dennoch war etwas Faszinierendes in dem, was sie im Spiegel sah – faszinierend und abstoßend. *Eines Tages dämmerte ihr, wie sehr das Gesicht, das sie im Spiegel sah, dem ihrer Mutter glich und wie haßerfüllt es war!*
Es war ein schockierendes Erlebnis. Weil das Mädchen so mit seiner Mutter verhakt war, wenn es in den Spiegel schaute, war es, als sähe sie sie beide zugleich, Mutter und Tochter, und den Haß, der aus beider ertapptem, abhängigem Blick sprach. »Indem sie ihr Gesicht verdeckte, maskierte sie ihren eigenen Haß

und griff das Gesicht ihrer Mutter symbolisch an«, sagt Laing und sie gab »eine(r) höhnische(n), häßliche(n) Version ihres eigenen Gehorsams Ausdruck«.[15]

Die Geschichte von der Frau, die ihr Gesicht maskierte, um der furchtbaren Wut zu entkommen, die sie wegen ihrer Unfähigkeit, sich von der Mutter zu trennen, empfand, wurde in den sechziger Jahren veröffentlicht. Als ich sie kürzlich wieder las, wurde ich an die Punk-Bewegung erinnert und an den dick aufgetragenen »Madonnen-Look«, der unter jungen Frauen so weit verbreitet ist. Viele scheinen zutiefst die Verbindung zu dem, was sie sind, verloren zu haben. In gewisser Weise parodieren sie ein Bild der Weiblichkeit. Ich fragte mich, ob es einen Zusammenhang zwischen den oft grotesken Maskierungen dieser jungen Frauen und der rasenden Wut von Laings »häßlichem« Mädchen gibt. *Ist die Punk-Aufmachung unserer Töchter ein versteckter »Angriff« gegen uns, ihre Mütter – Frauen, auf die sie sich nicht verlassen können, wenn es um einfühlsame Reaktionen geht, auf die sie aber unerträglicherweise immer noch angewiesen sind?*
Rachel hat eine Freundin, die mit 14 Jahren Punk wurde. Sie schmiß sich haufenweise schwarzes Make-up ins Gesicht und stolzierte die 8. Straße in Greenvich Village hinunter, ein dünnes, kleines Stück Strandgut, in Leder und Ketten gekleidet. Als Margo (so will ich sie nennen) 14 Jahre alt war, nahm sie *Angel Dust*, ein Rauschmittel, und hatte eine kernige Hart-im-Nehmen-Haltung angenommen. Sie pflegte Leuten auf der Straße entgegenzutreten, wenn sie meinte, daß sie sie anstarrten, und zu fragen: »Was guckst du so?« Manchmal begann sie auch richtige Raufereien mit irgend jemandem, der sie anmachte. Aber Rachel erzählte mir, daß sie nachts weinte. Sie sei furchtbar befangen und habe das Gefühl, die Leute schauten nach ihr, weil sie sie »häßlich« finden. Zu Hause hänge sie schwarze Tücher über die Spiegel und sage zu ihren Eltern, sie wolle sich nicht anschauen müssen.

Als sie 15 war, legte Margo das Leder und die Ketten ab und begann Lacoste-Hemden und Benetton-Röcke zu tragen. Beinahe über Nacht, so schien es, wich der Wunsch aufzufallen dem ebenso mächtigen Drang, normal zu erscheinen. Hier war das »Mauerblümchen-Prinzip« wirksam: Margos Bedürfnis, bewundert zu werden, war so mächtig, daß sie aus Angst davor in den Hintergrund tauchte. Wenn sie ihren Bruder im Internat besuchte, ersetzte sie ihre neue Yuppie-Kleidung durch eine bodenständige Tracht, wie sie bei den Mädchen an jener Schule beliebt war. Wie alle anderen mit einem langen Baumwollrock und einem losesitzenden Männerhemd bekleidet, konnte sie sich der Menge anpassen und sich sicher fühlen.

Die dramatischen Wechsel in Margos Äußerem – die »Looks«, die sie nacheinander ausprobierte – schienen zum Stillstand zu kommen, als sie sich mit 17 Jahren mit einem Jungen anfreundete und bald darauf in der Anonymität von Bluejeans und Sweatshirts versank.

Die Abfolge von Margos Image-Wechseln mag typisch erscheinen – wieder ein junges Mädchen, das in seiner Pubertät »Phasen durchmacht«. Aber die Gefühle, die sich hinter solchen Phasen verbergen, sind destruktiv. Margo war jahrelang wütend, allein und offensichtlich unglücklich. Einmal ging sie von zu Hause fort, um Tausende von Meilen mit einem Mädchen zu reisen, das einige Jahre älter war als sie und an das sie nicht heranreichen konnte. Ihre Eltern waren außer sich. Wie konnte dies sanfte Mittelschichtmädchen aus einer sanften Mittelschichtfamilie so bitter, so geängstigt und so ängstigend werden? Die Mutter lag nachts wach und versuchte es herauszufinden.

Diese Wut auf die Mutter darüber, daß man die Verbindung zu seinem inneren Selbst verloren hat, ist zum Teil ein Aspekt der weiblichen Entwicklung. »Seit ich heranwachse, habe ich immer das Gefühl gehabt, mit Mama ist irgend etwas, das mich umbringen wird, wenn ich nichts dagegen mache«, sagte die junge Heldin in May Sinclairs Roman *Mary Olivier*. »Ich mußte

um jedes einzelne Stück, das ich je haben wollte, kämpfen.«[16]
Ihr Bruder schaut sie verwirrt an. »Gegen die kleine Mama kämpfen?« fragt er.
»Nein, gegen mich selbst«, erwidert Mary. »Das bißchen von mir, das sich an sie klammert und nicht loskommen kann.«
Margos Punk-Pose, mit Sicherheitsnadeln in den Ohren und oranger Farbe im Haar, war eine extreme Methode, um von der Mutter »loszukommen«. Hier befand sich ein Mädchen bei dem verzweifelten Versuch, sein verletzliches Selbst im Innern zu schützen. Da sie sich niemals offen zu ihren Bedürfnissen nach Spiegelung und Unterstützung bekannt hatte, glaubte sie schließlich, mit ihr stimme etwas nicht, weil sie diese Bedürfnisse hatte. Für sie waren dies deutliche Zeichen von Schwäche.
Falsche Reife, ein Erwachsenen-Image, das ein schlotterndes kleines Kind verbirgt, war die Abwehr, die Margo aufbaute – wie so viele junge Mädchen und Frauen. Die verborgene Wunde, die diese Abwehr erschafft, ist ein Erbe ihrer Mütter. Wie die Wunde von einer Generation auf die nächste weitergegeben wird, kann man in der Geschichte von Beth und ihrer Tochter Alice, einem Teenager, sehen.

Das zu kurz gekommene Mädchen

Beth, geschieden, 33 Jahre alt und die alleinige Versorgerin ihrer beiden Kinder, ist außerdem in der Kommunalpolitik tätig und hat sich selbst auferlegt, sich zu »verbessern«, indem sie Abendkurse an einem College nimmt. Aber unter ihrer Miene der Selbstgenügsamkeit, sagt ihre Therapeutin, habe sie »ihre eigenen Bedürfnisse so erfolgreich versteckt, daß, als sie gefragt wurde, wann und von wem sie denn Aufmerksamkeit und Liebe bekomme, sie die Frage fast nicht verstehen konnte«.[17]

Als Beth beschloß, Hilfe zu suchen, war es nicht wegen ihrer eigenen Probleme, sondern weil Alice in der Schule rebellisch wurde. Ihrer beider Beziehung innerhalb der Familie sei immer stürmisch gewesen. Paul, ihr Sohn, sei ein Traumkind, aber Alice sei von Geburt an anstrengend gewesen. Das Kind sei »schwierig«, sagte Beth. »Nichts, was ich tat, stellte sie je zufrieden. Sie weinte die ganze Zeit und sorgte dafür, daß ich mich völlig unzulänglich fühlte.«

Als Teenager gab Alice ihrer Mutter immer noch dies Gefühl. »Sie hat schreckliche Freunde, die nur an den Straßenecken herumhängen«, klagt Beth. »Zweimal wurde sie fast von der Schule gewiesen.«

Beth hat sich in bezug auf ihre Tochter immer schuldig gefühlt.

Das ließ sie nachgeben, wann immer es Konflikte gab. Alice, die keine Grenzen kannte, bekam das Gefühl, ihre Mutter schicke sie fort. Und Beth dachte: »Ich gebe Alice so viel – aber wofür?« Alles, was sie tue, klagte Beth gegenüber ihrer Therapeutin, sei, »die Scherben aufkehren«, wenn Alice etwas angestellt habe.

Viele Mütter schwingen mit dem Pendel der mütterlichen Schuld. Zuerst taucht ein Schuldgefühl auf, weil sie eines der grundlegenden emotionalen Bedürfnisse der Tochter nicht recht beachtet haben. Dann kommt die Überkompensation, ein Bemühen »aufzuholen«. Der Kreislauf von Schuld und Nachgeben ist schlecht für die Töchter, aber es ist schwierig, daraus auszubrechen. Die Mütter fürchten, daß, wenn sie zu streng sind, ihre Töchter aufhören werden, sie zu mögen. Aber wenn sie zu nachgiebig sind, treiben die Töchter sie zum Wahnsinn – sie bekiffen sich, lassen ihr Diaphragma herumliegen, greifen hier und da Geld ab für wer weiß was für Dinge. Für Kokain, fürchtet die Mutter (mit gutem Grund), oder Alkohol. Je wilder das Mädchen wird, desto ängstlicher wird die Mutter. Schließlich zieht sie sich zurück, voller Angst, ihrer Tochter entgegenzutreten und dann vielleicht das über alles wichtige

Band zwischen beiden zu verlieren. Und die Tochter hat das Gefühl, die Mutter sorge sich nicht wirklich, weil sie über nichts mit ihr *spricht*. Weil Mutter irgendwie einfach dasteht *und sie hochgehen läßt!*

Was eine Mutter veranlaßt, die Bedürfnisse ihrer Tochter zu vernachlässigen, ist eher, daß sie keine Verbindung zu ihrem eigenen wahren Selbst hat, als daß sie »sich nicht sorgt«. Einmal mehr ist der Schlüssel zu ihrem Problem in der Beziehung zu ihrer eigenen Mutter zu finden. Beth, so stellt sich heraus, hat eine rigide, fordernde Mutter. Um sie sich vom Leib zu halten, wurde Beth widerspenstig. Mutter wollte in jedes Erlebnis von ihr eindringen? Dann würde Beth einfach aufhören, ein Kind zu sein. *Halte dich zurück, Mama, ich kann selbst für mich sorgen.* Das war eine Strategie, die Beth der Freude und der Sicherheit beraubte, sich beim Aufbau der Fundamente ihrer Identität auf ihre Mutter zu stützen. Ihre selbstgenügsame Fassade war ihre Art des Widerstands gegen jeden Versuch der Mutter, ihr zu helfen.

Die Therapeutinnen Susie Orbach und Luise Eichenbaum, die diesen Fall in ihrem Buch *Feministische Psychotherapie* diskutieren, sagen, daß ihre Abwehrmaßnahmen zunichte wurden, als ihr Mädchen geboren wurde. Ihre »unbewußte Identifizierung mit ihrer kleinen Tochter weckte ihre eigenen Gefühle der Abhängigkeit, ihre Sehnsüchte und den inneren Schrei nach Sorge, Liebe und Aufmerksamkeit«, schreibt Orbach. Jedesmal, wenn das Baby schrie, geriet Beth aus der Fassung. Jedesmal, wenn das Baby emotionale Zuwendung brauchte, hatte Beth das Gefühl, die Forderung sei »zuviel«. Sehr früh schon hatte die Mutter im Leben der kleinen Alice die schreckliche und deprimierende Überzeugung, sie könne dies Kind *nie* zufriedenstellen. »Ein erschöpfender Kreislauf begann, als das Baby die Spannung, Wut und Ablehnung auf seiten der Mutter spürte und seinerseits immer mehr in bestürzte Verwirrung geriet.«[18]

Wie Gabrielle lernte Alice ihre Bedürfnisse verleugnen. Aber in der Pubertät kamen ihre unbewußten Gefühle der Deprivation an die Oberfläche. Deshalb brach in der Schule die Hölle los. Lange Zeit hatte sie mehr gebraucht, als sie bekam, und das machte sie wütend; wütend und traurig. Hinter ihrer streitsüchtigen Fassade waren die Tränen über ihr verlorenes Selbst – die gleichen Tränen, die Margo spät nachts vergoß.

Und es waren die gleichen ungestillten Bedürfnisse wie die, die Gabrielles Eßproblemen zugrunde lagen. Der versteckte Angriff der Frauen aufs Essen – und auf ihren eigenen Körper – ist ein Ausdruck der Wut. Um Liebe und Zustimmung zu erlangen, sagt Susie Orbach, »müssen die Mädchen und Frauen in unserer Gesellschaft sich von einer besonderen Seite zeigen« – von der »starken«. Ihr »emotionales Verlangen, ihre Enttäuschungen und ihre Ärgernisse« erscheinen ihnen, da nicht angemessen auf sie reagiert wurde, schließlich als gefährlich. Sie werden »selbstgenügsam«, um die Mutter irrezuführen. Und sich selbst natürlich.

Abgetrennt vom Kern seines Selbst, wächst so ein Mädchen heran, heiratet und hat vielleicht schließlich selbst eine Tochter. Und in der Folge wird ihre *Tochter* wiederum unfähig, feste Grenzen zu errichten. Sie versucht sich abzustoßen, aber die Trennung, die sie erreicht, ist nur oberflächlich. Innerlich kleben Mutter und Tochter nach wie vor aneinander. Sie können ihre Beziehung nicht *sehen*, denn es ist fast so, als hätten sie keine; sie sind eins. Zuletzt kämpft die Tochter schweigend mit ihrem Gefühl der Fragmentierung. Außerstande, die verschiedenen Teile ihrer selbst in einem vereinigten Ganzen zusammenzubringen, fragt sie sich: *Warum fühle ich keinen Mittelpunkt in mir, kein Selbst?*

Das ist die Frage, die die meisten Mädchen durch ihre Kindheit bis weit ins Erwachsenenalter verfolgt.

Das Aufgeben der Wut

»Um ihrer Tochter zu ermöglichen... eine eigenständige, unabhängige Person zu werden, muß eine Mutter sich psychisch von ihrer eigenen Mutter trennen«, sagt Signe Hammer.[19] Vivian Gornick, eine brillante Schriftstellerin und Gesellschaftsanalytikerin, die die Grenzen ihrer Kindheit in der *Lower Eastside* hinter sich ließ, als sie aufs City-College ging, ist immer noch gewaltig mit ihrer streitsüchtigen, wenig gebildeten Mutter verwickelt. Am Ende ihrer Memoiren, die *Fierce Attachment* betitelt sind, schildert Gornick den Augenblick, da sie ihre neurotische Bindung an ihre Königin zu zerreißen begann und in Berührung mit ihrem eigenen Mittelpunkt kam.

Trotz der alten Kränkungen und der Wut hatten sie seit jeher die Gewohnheit, gemeinsam spazierenzugehen. Zwei stolze Frauen, von denen keine gewillt war, auch nur einen Zentimeter nachzugeben in dem narzißtischen Kampf, der sie seit dem Tag in Anspruch nahm, an dem Vivian geboren worden war, gingen sie meilenweit durch die Straßen von Manhattan, wenn sie sich auch höchst uneins miteinander fühlten. Aber eines Tages passierte etwas mit der Wut – und mit der Schlinge, die ihrer beider Liebe füreinander eingeschnürt hatte.

Die Mutter war es, die mit dem Wortwechsel begann.

»Jetzt lese ich also die Biographie, die du mir gegeben hast«, sagt sie. Ich schaue sie verwirrt an, und dann erinnere ich mich. »Oh!« Ich lächle voller Entzücken. »Gefällt sie dir?«

»Hör' zu«, beginnt sie. Das Lächeln fällt mir aus dem Gesicht, mein Magen zieht sich zusammen. Dies »Hör' zu« bedeutet, daß sie sich daran macht, das Buch, das ich ihr zu lesen gegeben habe, zu zerpflücken. Sie wird sagen: »Was? Was ist das hier? Was ist denn dabei, was ich nicht schon kenne? Ich habe es durchgemacht. Ich kenn' das alles...« Immer so weiter wird sie reden, wie sie es tut, wenn sie meint, sie verstünde etwas nicht, und sie deshalb Angst hat.«[20]

Das Buch, das Vivian ihrer Mutter gegeben hatte, war eine

Biographie über eine Schrifstellerin der dreißiger Jahre, Josephine Herbst, »eine eigensinnige, willensstarke, zornige Frau«, sagte Gornick, eine Frau, die sich in ein Leben von Politik, Liebe und Schreiben gestürzt hatte. Gornick bewunderte Herbst und hoffte, daß auch ihre Mutter sie bewundern würde. Aber sie weigerte sich. »›Hör' zu‹, sagte meine Mutter nun in dem gönnerhaften Ton, den sie für versöhnlich hielt. ›Vielleicht ist das für dich interessant, aber nicht für mich ... Was kann ich daraus lernen? Nichts.‹«
Immer, wenn ihre Mutter so mit ihr spricht, sagt Vivian, steige ihr das Blut in den Kopf, »und noch ehe die Sätze aufgehört haben, ihrem Mund zu entströmen, schlage ich um mich«.
Nicht aber dieses Mal. Diesmal hält sie sich zurück und reagiert nicht mit voller Wucht auf die narzißtische Abgeschlossenheit ihrer Mutter. Irgend etwas in ihrem Innern hat sich verändert, und sie fühlt sich nicht mehr gezwungen zu vergelten, indem sie versucht ihre Mutter zu verletzen, wenn diese sie verletzt hat. Endlich, im Alter von 45 Jahren, kann sie die Königin manchmal als getrennte Person erkennen – und sogar als eigene innere Konstruktion! Heute verhält sich Vivian bewundernswert. »Ich wende mich meiner Mutter zu, lege meinen linken Arm um ihren immer noch starken Rücken, lege meine rechte Hand auf ihren Oberarm und sage: ›Mama, wenn dies Buch für dich nicht interessant ist – in Ordnung. Das kannst du ruhig sagen. Aber sage nicht, es hätte dir nichts mitzuteilen. Daß nichts drin steckt. Das ist deiner unwürdig und wird mir nicht gerecht und dem Buch auch nicht. Du erniedrigst uns alle, wenn du das sagst.‹«
Die Luft ist ganz still. Vivian und ihre Mutter gehen weiter. Die Mutter schweigt noch immer, und Vivian beschließt, nicht auf sie einzudringen. »Sie schaut in eine unbestimmte Nähe oder Ferne. Ich verlangsame meinen Schritt und passe mich ihrem an.« Schließlich sagt Vivians Mutter: »Diese Josephine Herbst, sie hat sicher so weitergemacht, oder?«
Erleichtert und glücklich umarmt Vivian ihre Mutter mitten auf

der Straße. »Sie wußte auch nicht, was sie tat, Mama. Aber, ja, sie hat weitergemacht.«

»Ich bin neidisch«, platzt Vivians Mutter heraus. »Ich bin neidisch darauf, daß sie ihr Leben lebte. Ich habe meins nicht gelebt.«[21]

Das Selbst akzeptieren

Als Vivian Gornick über die Wut hinausgelangte, hatte sie einen wesentlichen Wendepunkt in der Beziehung zu ihrer Mutter erreicht. Das Heraustreten aus ihrer üblichen Rolle des wütenden Kindes ermöglichte es ihr, die Schwierigkeiten, die ihre Mutter hatte, zu begreifen. Ihre festen, spiegelnden Worte an die Mutter durchbrachen die zerstörerische Fessel, die sie beide gefangenhielt. Jetzt konnte auch ihre Mutter anders reagieren. Mit Vivian hinter sich konnte sie sogar eine bestimmte Wahrheit über ihr Leben ins Auge fassen: *Sie konnte den Wunsch anerkennen, daß sie es gern anders gelebt hätte.*

Eine zornige Frau hat selten Verbindung zu der Wut, die sie zu Recht empfindet. Infolgedessen sitzt sie in einer Vorhölle fest und ist gehindert, ihr inneres Leben oder die Bedingungen zu ändern, die von außen auf sie einwirken. Wenn Aggression verdrängt wird, haben wir nicht die Energie, um unser Leben neu zu strukturieren, Lösungen zu finden, unsere Träume zu träumen. Die zornige Frau ist in einem Gefängnis eingeschlossen, außerstande, Phantasien zu haben, außerstande, eine andere Arbeit, eine andere Liebe, ein anderes Leben herbeizuzaubern. Ohne diese Möglichkeit ist sie dazu verdammt, ihre Vergangenheit zu leben, wieder und wieder. Sie ist neidisch, sie ist enttäuscht, sie ist narzißtisch gekränkt – und sie ist rasend. Es ist eine nichtswürdige, lebensfeindliche Situation.

Andererseits aber ist Wut eine gesunde menschliche Emotion, die nur entstehen kann, wenn wir in liebevollem Kontakt mit unserem Selbst sind. »Echte Wut entsteht im legitimen Protest für unsere eigenen Rechte«, sagt Dr. Teresa Bernardez-Bonesatti. Wenn wir in der Lage sind, angemessen wütend zu sein – was von rasendem Zorn zu unterscheiden ist –, wird unser Selbstgefühl nicht geschwächt. Im Gegenteil, »der persönlichen Würde wird ein Dienst erwiesen«, sagt die Psychiaterin.[22]

Normalerweise kann eine Tochter erst, wenn sie einen erheblichen Grad der Trennung von ihrer Mutter erreicht hat, begreifen, wie wichtig das Band zwischen beiden für die Mutter war. Und wie sehr es die Mutter ängstigt, es loszulassen. Nach der Veröffentlichung des *Cinderella-Komplex* hielt ich mehrere Jahre lang überall in den Staaten Vorträge. Als ich eingeladen wurde, an einem College in Columbia, South Carolina, zu sprechen, wo meine Eltern leben, war ich aufgeregt, denn es bedeutete, daß meine Mutter die Gelegenheit haben würde, mich zum erstenmal in der Öffentlichkeit sprechen zu hören. Das Gespräch verlief gut, aber ich war begierig, die Reaktion meiner Mutter zu erfahren. »Nun, was meinst du?« fragte ich sie hinterher. Sie überlegte einen Augenblick und antwortete dann: »Es hat mir sehr gut gefallen, wie das Licht auf dein Haar schien, als du auf dem Podium warst.«

Ich war platt. Es war ein Erlebnis, das mich früher in jene Art Wut gestürzt hätte, die ich empfand, als meine Mutter mich bei der Abschlußfeier fotografieren wollte. Was ich wollte, war nicht nur eine Reaktion auf mein *Aussehen*, sondern auf meine Ideen, meine Art des Vortrags – mein ganzes Selbst!

Diesmal aber war ich in der Lage, ruhig zu bleiben, und nach einer Weile verstand ich, was mit meiner Mutter geschehen war. *Es war ihr schwergefallen, eine Verbindung zu ihrer Tochter dort oben auf dem Podium herzustellen. Es hatte ihr das Gefühl gegeben, anders zu sein, getrennt, beinahe, als wären sie und ich... Fremde füreinander.* Dies Gefühl der Entfremdung hatte ihr Angst gemacht, und so hatte sie getan, was sie konnte, um es in Schach zu halten. Als sie ihre Tochter in ihrem teuren Karriere-Anzug dort oben auf dem Podium unter den Spotlights anschaute, konzentrierte sie sich auf etwas Vertrautes, etwas Beruhigendes, etwas, an das sie sich erinnern konnte, mit dem sie ein Gefühl von Nähe und Wohlbehagen verband: das schöne, weiche, blonde Haar ihres Babys.

In den Kampf mit der Königin verstrickt zu bleiben, ist eine Art, die Illusion, die in früher Kindheit ihren Anfang nahm, weiter auszuleben – das tröstliche Gefühl, Mutter und wir wären eins. Solange diese Illusion die Oberhand behält, sagt Harriet Lerner, werden unsere intimsten Beziehungen entarten zu »endlosen Kreisläufen von Schuld und Scham gegenüber dem Menschen, der es nicht schafft, dafür zu sorgen, daß wir glücklich sind«.

Als ich erkannte, was während meines Vortrags mit meiner Mutter geschehen war, konnte ich endlich anfangen, mich frei von der Fessel zu fühlen. Ich hatte sie als getrennte Person gesehen und konnte mich in sie einfühlen. Ich glaube, erst in diesem Augenblick war ich bereit, mein Selbst zu akzeptieren.

10. Kapitel

Die sich selbst bewundernde Frau

Frauen wie Männer haben ein legitimes Bedürfnis, sich selbst, ihre Talente und besonderen Fähigkeiten zu zeigen. Frauen mit verzerrtem Narzißmus schämen sich wegen dieses Bedürfnisses. Manche verdrängen es vielleicht und werden »demütige« Selbstauslöscherinnen oder sie entwickeln eine übersteigerte Vorstellung von sich selbst, eine heimliche Überlegenheit. Das sind diejenigen, die fortwährend inszenieren, um die Aufmerksamkeit der anderen zu erlangen: die »Beste« in der Schule oder bei der Arbeit, die Beliebteste, die Attraktivste, die Dünnste. Sie können die eigene Existenz nur dann spüren, wenn sie bemerkenswert sind.

»Ich war immer voller Vorsätze, trieb mich selbst dazu an, mehr zu tun – mehr Bücher zu lesen, Sprachen zu lernen, mehr Leute zu treffen, nichts zu versäumen«, schreibt Joanna Field in *A Life of One's Own*, einem in den zwanziger Jahren erschienenen wundervollen Buch darüber, wie man mit dem Bedürfnis, vollkommen zu sein, fertig wird. Nichts konnte für Joanna Field einfach *sein*. Sie stand zu sehr unter Druck. »Immer muß ich ›weiterkommen‹«, sagt sie und benennt damit den neurotischen Zwang, auf der Suche nach Ruhm jeden Augenblick zählen zu lassen. »Selbst die normale Art von Unterhaltung, Nachtclubs, Tanz, war für mich ›weiterkommen‹ – ›weiterkommen‹ in meinem Wissen über die Welt, ein gieriges Greifen nach Erfahrungen, ein Anhäufen von Erfahrungen...«[1]

Joanna hatte schon ein gutes Stück ihres Lebens hinter sich, als sie entdeckte, daß ihr Erwerbstrieb sie unglücklich machte. »Wegen ihm sollte ich das beste, klügste, schönste Geschöpf sein, er gab mir das Gefühl, daß, wenn dies alles nicht, ich das genaue Gegenteil war, der Abschaum der Menschheit und für immer verloren.« Natürlich war ihr Bedürfnis nach Vollkommenheit unbewußt. Das Streben nach Ruhm »spann das Netz glühender Bilder immer weiter, Bilder dessen, wie ich heroische Dinge tat und selbst heroisch war... und ich arme Närrin hatte mich selbst dazu verführt, diese Dinge für reale, vernünftige Ziele zu halten, so daß alles, was dem nicht entsprach, irgendwie enttäuschend war«.[2]

Für die Frau, die von der Angst verfolgt ist, von den anderen nicht genug Anerkennung zu erhalten, wird Inszenieren zur Hauptsache. Auf ihr lastet die Aufgabe, ihren Fertigkeiten Schliff zu geben, zu üben, frühere Erfolge zu wiederholen in dem Bemühen, die Bewunderung strömen zu lassen. Aber jede Inszenierung, die geringer als triumphal ist, stört ihr überzogenes Selbstbild und bewirkt, daß sie sich deprimiert und wertlos fühlt.

Der Perfektionismus der Leistungsfrau erzeugt auch Angst – Angst, daß sie ihre Ankerplätze verliert, und daß sie am Ende steuerlos und ankerlos zurückbleibt. »Ich habe so viel Zeit in meinem Leben in dem Glauben verbracht, ich könnte alles kontrollieren«, erinnert sich Mary Taylor Moore, die darum gekämpft hat, ihre zerstörerische Rigidität loszuwerden. »Wenn der Verschluß der Zahnpastatube herunterfiel, nahm ich das als persönlichen Affront – ich meinte, ich sei dafür verantwortlich, daß so etwas nicht passierte. Wenn ich mich beim Telefonieren verwählte, fühlte ich mich wie ein ›schlechtes Mädchen‹.«[3]

Ein solcher Perfektionismus kann zu süchtigem, schmerztötendem Verhalten führen. »Ich hatte eine Menge Methoden, mich selbst gegen Schmerz und gegen den Druck, den ich selbst auf mich ausübte, zu betäuben«, sagte Moore. Bevor sie im *Betty Ford Center* behandelt wurde, schloß ihre Betäubung reichliche Mengen Alkohol mit ein. Sie war über 40, als sie feststellte, daß sie eine »kontrollierte Alkoholikerin« war (was unter anderem bedeutete, daß es ihr gelang, niemals betrunken in der Öffentlichkeit zu erscheinen). Außer mit der Trinkerei (Wein, sagt sie, »meistens beim Baccarat serviert«) betäubte sie sich mit zwanghafter Aktivität. Jeder freie Augenblick mußte ausgefüllt werden. Sobald ihr Selbstwertgefühl drastisch sank, wurde ihre Stickwut grenzenlos. »Ich habe in vier Jahren 23 riesige Kissen gestickt. Es war eine weitere Methode, Gefühle niederzuhalten, eine Methode, nicht mit mir selbst zu tun zu haben.«

Wenn wir Gefühle niederhalten, schneiden wir uns selbst von der heilsamen Kraft ab, die im Erleben von Seele, Körper und Geist als Einheit steckt. So suchte die kleine Harriet in Mahlers Spiegel-Studien ein Gefühl für sich selbst als etwas Ganzes – sie war bemüht, nach Art kleiner Kinder, es in den Augen ihrer Mutter zu finden. Weil sie es von der Mutter nicht bekam, akzeptierte sie die Reflexion ihrer selbst im Spiegel als Ersatz. Wenigstens war das, was sie im Spiegel sah, zuverlässig, sie konnte »machen«, daß es geschah, so als würde sie praktisch die Reaktion, die sie brauchte, selbst »erzeugen«.[4]

Das ist es im wesentlichem, was alle Mädchen und Frauen tun. Aus unserem Spiegelbild und der Spiegelung in den Augen anderer versuchen wir ein Gefühl von Sicherheit, eine Basis für unser Selbstwertgefühl abzuleiten. Wir können unser äußeres Selbst verändern, es »verbessern« und uns auf diese Weise die Aufmerksamkeit sichern, nach der wir so verzweifelt verlangen. »Körpernarzißmus« heißt das bei den Psychiatern. Unser Gesicht, unser Körper, unser Haar werden übermäßig wichtig. Eine Frau, der immer gesagt wurde, sie habe schönes Haar, verläßt sich schließlich bei der eigentlichen Definition ihrer selbst auf ihr Haar. »Sie hatte zwei Friseur-Termine pro Woche, dienstags und freitags«, sagte Betty Fords Assistentin, als sie die zerbrechliche Schale des Perfektionismus beschrieb, welche die First Lady umgab, bevor sie wegen ihrer Süchte – und ihrer Selbstwertprobleme – behandelt wurde. Betty »ging nie zur vorderen Tür hinaus, wenn auch nur ein Haar verrutscht war oder wenn irgend etwas mit ihrer Kleidung nicht stimmte oder ihre Handtasche nicht zu den Schuhen paßte«, berichtete Chris Chase in *A Glad Awakening*.[5]

Aber Betty fand das Selbst in ihrem Innern und mußte sich nicht länger auf Äußeres verlassen, um durchzukommen. »Als sie letztes Jahr zum *Bob Hope Classic Ball* ging«, sagte ihre Assistentin, »trug sie wahrhaftig ein verknittertes Kleid. Zu einem großen gesellschaftlichen Ereignis! Das war der größte Durchbruch.«

Für jemanden, der früher verzweifelt damit beschäftigt war, was für einen Eindruck sie auf andere machte, *war* Bettys Entschluß, ein verknittertes Ballkleid zu tragen, ein Zeichen dafür, daß eine wesentliche Veränderung stattgefunden hatte. Wenn man sich selbst schätzt, werden die Reaktionen der anderen sehr viel weniger wichtig. In erster Linie ist es wichtig, zu dem verdammten Ball hinzukommen, dort zu *sein*. »Meine Prioritäten sind jetzt andere«, sagte Betty, »und ich nehme an, daß sich mit deinen Prioritäten zugleich deine Persönlichkeit ändert.«

Die Besonderheit aufgeben

»Es war so wunderbar, die Erleichterung, nichts Besonderes zu sein«, sagt Mary Taylor Moore, als sie ihre Erfahrung im *Betty Ford Center* für die Behandlung von Alkohol- und Drogensucht beschreibt.[6] Eine Zeitlang nach ihrer Ankunft wurde Mary als Berühmtheit behandelt. Später wurde sie »einfach Mary Levine«. Sie stellte fest, daß ihr das gefiel. Die Suchtbehandlung hatte ihr geholfen, ihr Bedürfnis, etwas »Besonderes« zu sein, aufzugeben, und sie konnte zum erstenmal seit Jahren die Freude genießen, eine gewöhnliche Frau, eine Frau wie alle anderen zu sein.

Der normale Narzißmus, der in der Kindheit aus der Bahn geraten ist, wird wiederhergestellt durch das allmähliche Akzeptieren des tiefen Wunsches nach Anerkennung, nicht der Schale, der Oberfläche, sondern Anerkennung der Person im Innern, sagt Kohut. Um sie zu erreichen, müssen wir auf das pompöse, allmächtige, von sich selbst entzückte kleine Kind zurückgreifen, das einst aufgrund der Bedürfnisse der Mutter ausgelacht, ignoriert oder überschätzt wurde. Wir schließen das kleine Kind wieder in die Arme und sagen: *Ich kenne dich. Ich weiß, für wie großartig du dich hältst, wie sehr du dich nach Lob und Anerkennung sehnst. Ich sehe das in dir, und ich akzeptiere es.*

Wenn wir dies alte Kindheitsbedürfnis nach Akzeptiertwerden endlich anerkennen, sagt Kohut, verändert es sich. Was einst ein überwältigendes und deshalb beschämendes Bedürfnis war, ist zu einem normalen Bedürfnis geworden, einem, das man nun mit normalen Beziehungen stillen kann. Wir können das Streben nach Ruhm aufgeben, den fehlgeleiteten Glauben an unsere Fähigkeit, vollkommen zu werden, und wir können uns entspannen – und, wie Betty Ford, die Knitter in unserem Abendkleid und die Schnörkel in unserer Persönlichkeit akzeptieren. Ich kann also nicht zum Essen ausgehen, ohne mich zu bekleckern. Na und? Ich werde auf Parties also still und in mich gekehrt. Wen kümmert es? Der Trick ist, daß man den Glauben aufgibt, man könnte das alles kontrollieren. »Ich dachte immer, also gut, wenn du 30 Probleme hast, mußt du an ihnen *arbeiten*«, sagt Mary Taylor Moore ernsthaft. »Dann sind zehn erledigt, und dir bleiben noch 20; und dann sind sie alle erledigt, und du bist perfekt. Ich habe gelernt, daß... keines Menschen Leben nur glücklich oder nur traurig ist. Deins nicht und meins nicht.«

Wenn wir endlich fähig sind, uns selbst zu schätzen, besteht das der Abwehr dienende Bedürfnis, sich selbst als eigenständig und getrennt zu fühlen, nicht mehr. Im Gegenteil, meinte Karen Horney, wenn wir erst einmal zu dem so lange verleugneten wunderbaren Selbst zurückgekehrt sind, werden wir unweigerlich das Interesse gewinnen, über bloß persönliche Belange hinauszugehen, um uns als Teil eines größeren Ganzen zu erleben. Und was wir tun, wird nicht mehr von unserem Bedürfnis, dies Tun »wichtig« zu machen, verzerrt sein, sondern wird in der Demut wurzeln, die daraus erwächst, daß wir unser eigenes unvollkommenes Selbst akzeptieren und lieben. *Dieses Selbst, voller Brüche, aber auch voller Energie, ist in der Tat die integre Person, die wir immer sein wollten.* Wir haben uns der Menschheit angeschlosssen.

Die so erworbene Demut kann nicht fabriziert werden. Wir können nicht »machen«, daß wir Interesse an anderen haben, wie uns die Nonnen in der Schule oder die Lehrerinnen in der Bibelstunde vielleicht glauben ließen. Demut erwächst aus einem Selbst, das nicht wegen seiner besonderen Begabungen geschätzt wurde, sondern einfach wegen seiner Menschlichkeit. Ohne dies Selbst gibt es keine Möglichkeit, Teil der Menscheit zu werden – und es zu genießen –, weil all unsere Energien in dem verzehrenden Bemühen aufgehen, das, was uns genommen wurde, zurückzubekommen. Um die Leere zu füllen, nehmen wir unweigerlich anderen etwas fort, benutzen sie, versuchen sie nach unserem Willen zu biegen. Aber die anderen sind nie genug, also wenden wir uns Ersatzmaßnahmen zu. Wir trinken, wir narkotisieren uns mit Drogen, wir leben in sozialer Isolation und nehmen nur mit denen Beziehungen auf, die für uns als Alter ego fungieren. Unsere Arbeit mag unsere materiellen Bedürfnisse decken, sie mag andere beeindrucken, aber es wird ihr immer an Tiefe und Menschlichkeit fehlen.

Die Freiheit des Ausdrucks

Erst wenn wir unser Bedürfnis, gesehen zu werden, akzeptieren – und es zulassen, daß es zu einem bekannten, bewußten Teil von uns wird –, können wir die Freude des Selbstausdrucks entdekken. Die Schrifstellerin Naomi Bliven erzählt uns, wie ihr diese

Fähigkeit als Kind ausgetrieben worden war und wie sie sie später auf wundervolle Weise zurückgewann.
»Mein Kampf mit dem Klavier begann früh und war zäh, weil es mir an Geschicklichkeit fehlte (und noch fehlt). Als ich Kind war, dachte kein Erwachsener in meiner Umgebung an diese Möglichkeit; man glaubte, Übung macht den Meister.«[7]
Wenn die Übung sie auch nie perfekt machte, so half sie doch ihren »unbeholfenen Fingern«, gewandter zu werden. Aber was sie wirklich wollte – die große Kraft, die May Sinclairs Heldin spürte, als sie ihre *Polonaise* spielte –, schaffte sie nicht. »Meine Vorführungen waren ohne Inspiration; erledigt; gemacht wie ein Bett. Man hörte zu viel Anstrengung heraus... Ich konnte immer meine schreckliche Vorsicht hören – der Tod jeder Vorführung.«
Als Naomi heiratete, erhielt sie ein wundervolles Geschenk von ihrem Mann. Er brachte ihr bei, die Normen der Königin fallenzulassen und zu *genießen*. Er halte es für selbstverständlich, sagte er, daß sie vierhändig spielten, aber er sei verwundert über ihre Idee, »daß wir getrennt üben würden, daß jeder für sich an primo und secondo arbeiten würde und wir es dann, wenn jedes Stück im Alleingang ›perfekt‹ eingeübt worden sei, zusammenbringen würden«. Die Idee ihres Mannes, sagte sie, sei eine für alles offene Ehe gewesen: »Jeder hörte beim anderen das Klirren der Töne, falsche Arpeggios, schwache Triller; wir spielten zusammen von jedem erstmals aufgeschlagenen Notenblatt und hatten kein höheres Ziel, als das musikalische Gesamtbild zu erfassen.«
Kein höheres Ziel... Welche Herausforderung – und welche potentielle Freiheit – für die Perfektionsbesessenen. Naomi gewann nicht nur größere Freiheit, sich in ihrem Klavierspiel auszudrücken; die Tatsache, daß sie sich ihr Bedürfnis, vollkommen zu sein, anschaute, ermöglichte es ihr, in näheren Kontakt mit dem *Komponisten* zu kommen. »So viel musikalische Freiheit – ganz zu schweigen von so viel Offenheit in der Ehe – schockierte mich zuerst, aber sehr schnell fand ich an beidem

Gefallen. Indem ich mich weniger darum kümmerte, was ich alles falsch machte, konnte ich immer öfter entdecken, was Komponisten alles richtig machen; und das Erlebnis des Spielens wurde zu einem direkten Erlebnis musikalischer Form.«[8]

Es ist interessant zu sehen, wie bereitwillig wirkliche Künstlerinnen ihren Drang, sich zu zeigen, akzeptieren. Ich denke zum Beispiel an Susan Rothenberg mit ihren kühnen schwarzen Linien, ihren machtvollen, expressiven Pferden, ihrem Werk, das mehr als einmal auf dem Umschlag des *New York Times Magazine* gefeiert wurde. Oder an Georgia O'Keeffe. Oder an Louise Nevelson. Wenn die Leute ehrfurchtsvoll von diesen Künstlerinnen sprechen, denken sie nicht an ihre reizenden Nasen oder ihre gut entwickelte Trizepse, sondern sie denken an den umfassenden, unbezähmbaren Geist, von dem ihre Werke durchdrungen sind. Von diesem Geist, dieser Ganzheit sind die meisten von uns abgeschnitten. Die genannten Künstlerinnen haben es geschafft, weil sie darum gekämpft haben, sich von den eher verzerrenden gesellschaftlichen Einflüssen zu befreien – und von ihrem kindlichen Bedürfnis nach Bestätigung. Sie haben gelernt, daß Bestätigung und Anerkennung zweierlei sind. Bestätigung hat mit dem zu tun, der sie gibt – ursprünglich mit Mutters Bild von uns. Anerkennung hat mit dem Selbst zu tun.

Die Erlösung von dem Bedürfnis, großartig zu sein

Eine Frau erzählte Alice Miller einmal, sie habe das Gefühl, ihr Leben lang auf Stelzen gegangen zu sein. »Muß ein Mensch, der ständig auf Stelzen läuft, nicht dauernd auf diejenigen neidisch sein, die beim Laufen ihre eigenen Bein gebrauchen, auch wenn ihm diese Menschen kleiner und ›mittelmäßiger‹ vorkommen als er selbst?« fragt Dr. Miller. Unvermeidlich (antwortet sie sich selbst) sind Menschen mit übersteigertem

Selbstgefühl neidisch auf denjenigen, der »sich nicht ununterbrochen anstrengen muß, die Bewunderung zu verdienen, weil er nichts tun muß, um so oder so zu wirken, sondern in Ruhe sich erlauben kann, ›durchschnittlich‹ zu sein«.[9]

Jahrelang war ich voller Verachtung für Frauen, deren Ambitionen nicht meinen Normen entsprachen. Sie trieben sich selbst nicht hart genug an, wählten den Weg des geringsten Widerstands, begnügten sich mit niederen Rängen. »Wir haben nichts miteinander gemein«, so dachte ich hochmütig. Heute weiß ich, daß das, was ich empfand, in Wirklichkeit maskierter Neid war. Was gab jenen Frauen das Recht, sich zu entspannen und guter Dinge zu sein, während ich mich selbst bis an den Rand der Erschöpfung trieb?

Auch ich mußte von den Stelzen herunter, aber ich erkannte es nicht – und wenn, wäre ich sicher nicht motiviert gewesen, deswegen irgend etwas zu unternehmen –, bis meine Tochter buchstäblich aufhörte, mit mir zu sprechen. Durch ihre furiose Weigerung, sich an die Tagesordnung der Königin zu halten, zwang mich Gabrielle, mich selbst anzuschauen. Das letzte, was ich mir damals für uns alle wünschte, war, gewöhnlich zu sein. Es brauchte den Aufruhr und das Chaos, die Gabrielles Protest folgten, um mir die Augen zu öffnen. Sie verließ Harvard, weil die Entscheidung für Harvard nicht ganz und gar ihre gewesen, sondern übermäßig von der Prioritätenliste der Königin beeinflußt war. Sie ging von zu Hause fort und zog in eine Wohnung, weil unser Haus nicht ihr, sondern mir gehörte. Kurz, sie war es müde, »die Perle in der Krone der Mutter« zu sein. Während ihrer ganzen Kindheit hatte Gaby ihre Talente bis an ihre Grenzen vorangetrieben. Dann hatte sie eines Tages beschlossen, vom hohen Roß herunterzusteigen und mit dem Inszenieren aufzuhören. Ich begriff schließlich, daß sie sich *nicht* erhoffte, die Spitzenstudentin, die gefeierte Athletin zu sein. Sie war von ihrer eigenen und meiner Hingabe an Leistung – und genaugenommen der der ganzen Familie – sabotiert worden. Was Gabrielle wollte – und, so glaube ich, verzweifelt brauchte –, war, sich gewöhnlicher, wirklicher fühlen. Und wissen, ohne den Schatten eines Zweifels wissen, daß sie einzig um ihrer selbst willen geliebt wurde.

Gabrielle ist älter geworden, ist immer noch empfindlich, aber viel flexibler in ihrer Fähigkeit, das Leben zu handhaben. Mit ihren 25 Jahren hat sie eine verantwortungsvolle Arbeit, und sie verdient gut. Ihre Zukunftsvorstellungen sind weit entfernt von denen, die ich in meinen frühen New Yorker Zeiten hatte. Sie erlebt sich selbst nicht als eine von Abermillionen, deren Ziel das dunkle Traumland der Ehe ist. Sie ist kein »perfektes Mädchen«, wie ich es immer nötig hatte zu glauben. Sie ist viel komplizierter, eine junge Frau, die sich noch unsicher ist, wohin ihr Weg im Leben sie führt und was sie am Ende machen will. Kinder, ja, Ehe nein, sagt sie (wenigstens sieht sie es jetzt so). Was ihr Lebenswerk angeht, nun, sie überlegt, ob sie wieder studieren soll. Sie sagt, sie möchte sich ein umfassenderes Bild machen, aber der Gedanke an vier oder fünf Jahre Studium, um den Magister zu kriegen, macht sie nervös. »Wenn ich fertig bin, bin ich 29!«

»Und ich bin 49«, sage ich, »und bin mir auch nicht immer sicher, was ich will. Ich habe nicht das Gefühl, als ob ich einen Weg gefunden habe. Ziemlich oft entscheide ich mich sozusagen unterwegs.«

Sie lächelt. Sie weiß das von mir, hat es immer gewußt. Es beruhigt sie irgendwie, daß ich aufgehört habe, es zu leugnen. Wir *alle* entscheiden uns unterwegs, und es ist befreiend, das zu erkennen. Dr. Carola Mann erklärt es so: »Die Vorstellung allmächtiger Kontrolle aufzugeben mit ihrer zwanghaften Forderung nach Sicherheit, erlaubt paradoxerweise mehr Kontrolle in Gestalt freierer Wahl« – einer Wahl, die nicht mehr mit inneren Konflikten beschwert ist.

Sein

Was ich heute empfinde, vielleicht zum erstenmal in meinem Leben, ist ein Gefühl von Wohlbehagen, das daher kommt, daß ich die schlichte, alte Colette akzeptiere. Das Leben ist voll von Freuden, die befriedigend, aber weit kleiner sind, als ich es mir je hätte vorstellen können. Ich habe ein Gefühl von Sinn, von Ruhe. Ich mag die Ordnung in meinem Leben. In der Bibliothek sind meine Bücher, in meinem Arbeitszimmer ist mein Schreibcomputer. Draußen in einer kleinen Hütte sind die Gartengeräte. Am Fuß der Pinien ist Holz gestapelt; die Auffahrt ist von niedrigen Wällen aus Flußsteinen eingefaßt. Ich mag das, die Steinwälle, die Apfelbäume auf dem Hügel, den Fluß. *Zum erstenmal habe ich das Gefühl, nicht fehl am Platz zu sein, sondern dort, wohin ich gehöre. Ich habe die richtige Größe, das richtige Alter, das richtige Geschlecht.*
Die Dinge, die ich heute tun will, sind andere als die, die ich am Ende tat, als ich stärker getrieben war. Ich kaufe Bücher über ganzjährige Pflanzen, über Bodenbewirtschaftung, darüber, wie man Vögel ansiedelt. Ich möchte Land für eine neue Wiese bearbeiten lassen, und Spottdrosseln und Mauerschwalben sollen sich zu der stimmlosen Vogelschar gesellen, die in unseren Beerensträuchern nistet. Der Hügel sollte mit Pfennigkraut bepflanzt und die Wassergräben sollten ausgebaggert werden, damit das Land, auf dem wir hier am Fuß eines quellenreichen Berges sitzen, stabil bleibt.
Ich bin an Stabilität interessiert, ja! Sie geht für mich Hand in Hand mit Produktivität. *Ich kann tun, ich kann machen, ich kann mich ändern:* Diese Einstellungen, die so lange im Werden waren, sind nun Teil des Prozesses.
Und ebenso sind es die profanen Tätigkeiten des Alltags. Zu lernen, wie ich Textpassagen auf dem Bildschirm meines Schreibcomputers verschieben kann, ist ein Teil von ihm. Ebenso tapezieren zu lernen oder zu kochen ohne Cholesterin oder im Gesundheitsclub meine Pulsfrequenz zu senken. Ich

stelle fest, daß ich keinen Schmerz mehr erwarte (obwohl ich manchmal natürlich davon erfüllt bin). Statt dessen erwarte ich ein sicheres Ansteigen der Energie, das Gefühl, angeregt und engagiert zu sein.

Ich habe gelernt, daß es nicht Erfolg oder Arbeit oder eine besondere Liebesbeziehung ist, die das Gefühl von Wärme und Erregung erzeugten, das wir so sehr schätzen. Dies Gefühl kommt tief aus dem Innern, aus der Existenz eines Kerns, der solide genug ist, daß wir durch ihn ein gleichmäßiges Strömen des Selbstwertgefühls aufrechterhalten können. Meine Aktivitäten müssen nicht mehr erhöht werden, um befriedigend zu sein. Ich dachte immer, ich hätte keine Zeit für die Gartenarbeit oder, Gott bewahre, für Aerobic-Tanz. Ich dachte, ich müßte Ablagerungen in meinen Arterien und Lungen mit geringer Leistungsfähigkeit hinnehmen, weil die Zeit mir davonlief, und wenn ich nicht hocken blieb und mich krummlegte, würde ich nie durch Leistung Erlösung finden. Das Leben war nicht etwas, das man lebte, sondern ein Hindernislauf mit zahllosen zu vermeidenden Gefahren und an dessen Ende höhnend die schwache, aber verlockende Chance öffentlicher Auszeichnung und der Tod. Was für eine Art, seine Tage hinzubringen!

Es ist etwas Paradoxes an dem neuen Gefühl von Macht, das ich jetzt erlebe, weil es nicht von dem Gefühl, grenzenlos zu sein, herrührt, sondern daher, daß ich in die zweite Lebenshälfte gestolpert bin und erkannt habe, daß das Leben nicht ewig dauert. Ich bin dankbar für diese Erkenntnis. Es liegt etwas spektakulär Befreiendes darin anzuerkennen, daß man Ressourcen und Grenzen hat, und daß beides dem Leben Gestalt gibt. Nichts ist lähmender als der entsetzliche Wahn, die Möglichkeiten seien unbegrenzt, der Wahn, daß man alles tun kann – oder könnte. Nichts ist frustrierender – oder destruktiver – als Träume von unerreichbarem Ruhm.

Die Freundin, die einen spiegelt

Diese verführerischen Träume aufzugeben, heißt aber nicht, daß wir das Bedürfnis nach Anerkennung aufgeben. Dies Bedürfnis, so erinnert uns Kohut, wird immer da sein. Es ist gesund, normal, ein Teil des menschlichen – sozialen – Lebens. Es besteht ein Unterschied zwischen der extremen Abhängigkeit davon, daß andere uns spiegeln, und der Befriedigung, die wir empfinden, wenn jemand uns gut genug kennt, um uns wirklich zu sehen. Diese Erfahrung machte ich vor kurzem, als Dianna auf einen neuen Plan von mir reagierte. Die Einfühlung, die sie zeigte, schockierte mich wegen des darin aufleuchtenden Widerscheins.

»An meinem nächsten Geburtstag werde ich 50«, verkündete ich ihr am Telefon. Sie ist inzwischen mit ihrem Mann weit hinaus aufs Land gezogen, hat die Hotel-garni-Idee aufgegeben, hat eine Farm gekauft, und hat sich auf die Herstellung von Ziegenkäse gestürzt. Sie arbeitet von morgens um 8 bis abends um 11 und liebt ihre Tätigkeit. Ich denke, es ist irgendwie unvermeidlich, daß sie den besten Ziegenkäse im ganzen Land macht, aber das scheint für sie jetzt weniger wichtig zu sein als andere Aspekte ihres Lebens. »Ich habe beschlossen zu schauen, ob ich an ein Institut gehen und mich zur Therapeutin ausbilden lassen kann«, erzähle ich ihr. »Bestimmt werde ich auch weiterhin schreiben, aber vielleicht über andere Dinge. Wer weiß?«

»Das finde ich großartig«, sagt meine Freundin. »Es ergibt Sinn. Es ist fast so, als wäre alles darauf hinausgelaufen.«

»Es freut mich, daß du es so empfindest, aber mir ist ein bißchen mulmig.«

Sie lacht. »Das ist aufregend. Mir ist auch ein bißchen mulmig.«

Es ist ein alter Spaß zwischen uns, daß Sich-Krankfühlen ein Barometer ist, das uns anzeigt, daß etwas *Ernstes* – etwas potentiell Gutes, aber dennoch Angsterregendes – stattfindet.

Was dann kommt, ist das Beste, ihre schnelle Zusammenfassung dessen, was ich in den letzten paar Jahren gedacht und gefühlt habe. »Du hast seit langem auf die eine oder andere Art davon gesprochen. Ich erinnere mich, daß du vor drei Jahren am Zappeln warst. Du sagtest: ›Ich weiß nicht, ob ich mit meinem Leben glücklich bin, so wie es ist.‹«
Meine Freundin kennt mich, dachte ich. *Sie respektiert mich. Und ich sie. Wir sind wie Spiegel füreinander.* Das war die Substanz unserer Beziehung, seit ihre Tochter zwei war und meine Töchter vier und acht, vor 18 Jahren.
Wie es so geht, änderte ich meinen Plan, ein analytische Ausbildung zu beginnen, aber das minderte für mich nicht die Wichtigkeit von Diannas spiegelnder Reaktion. Bedeutungsvoller als ihre Zustimmung zu meinem Plan war ihr Gefühl für die Kontinuität in *mir*, für die Entfaltung von *mir*, so daß ich meine Selbstenthüllung, als ich offenbarte, daß ein neues Stück von mir aufgetaucht ist, nicht ins Leere fallen ließ, daß ich sie keinem Neid aussetzte. Vielmehr wurde sie aufgefangen und festgehalten von jemandem, der mich *kennt*. Und das war eine große Freude für mich. Es half mir, mich selbst zu erkennen – und zu schätzen.

Ohne Zweifel hat die Frau, die zu einem gesünderen narzißtischen Zustand zurückkehren will, angefangen, ihre Illusion über ihre Besonderheit zu durchschauen. Sie hat eine Verbindung zwischen ihrem Bedürfnis, sich selbst als überlegen anzusehen, und ihren Gefühlen der Leere hergestellt. Wie kann sie nun das falsche Bild, auf das sie sich verlassen hat, ersetzen? Wie kann sie ein wahrhaftigeres und befriedigenderes Selbstgefühl gewinnen?
Als erstes wird sie ihr idealisiertes Bild der Mutter aufgeben, wird ihre Mutter realistischer sehen müssen. Das wird schmerzlich sein, da sie ihre Königin für ihre Identität benutzt hat.
Sie wird ihre Grandiosität aufgeben müssen und deren äußeres »Symptom«, ihren Perfektionismus. Das ist vielleicht nicht

einfach, weil sie in vielfältiger Weise ihrem falschen Bild zu verhaftet war, um sehen zu können, wie übersteigert es ist.

Sie wird eingestehen müssen, daß sie insgeheim andere entwertet, auch die, die sie am meisten liebt, um ihren eigenen Selbstwert zu erhöhen.

Sie wird erkennen müssen, wie sehr sie getrieben ist, sich selbst »besser« zu machen. Für jemanden, der von dem Bedürfnis getrieben ist, vollkommen zu sein, ist nichts hassenswerter als das Ansinnen, sie solle ihre Normen und Ziele ändern. Aber bevor wir nicht die extremen Normen als das erkannt haben, was sie sind, und wir nicht die übersteigerte Vorstellung von uns selbst aufgegeben haben, können wir nicht entspannte Kreativität und echte Einfühlung für andere empfinden. Sobald wir uns endlich selbst akzeptieren, können wir auch andere akzeptieren. Wenn wir Respekt und Wertschätzung für uns selbst gewinnen, können wir auch andere schätzen. Die Mutter, die ihre eigene emotionale Deprivation angeschaut hat, kann ihre Kinder eher respektieren, wird sie nicht als Nahrung für ihre ungestillten Bedürfnisse, sondern als getrennte, einzigartige Personen schätzen.

Wenn wir mit unseren eigenen Unvollkommenheiten im Reinen sind, werden tiefere und befriedigendere Beziehungen zu anderen möglich. Die Frau, die sich schließlich selbst »gesehen« hat, führt keine heimliche Strichliste mehr für die Unvollkommenheiten ihrer Freundinnen, stellt sich nicht mehr gleichzeitig vor, sie wären stärker und »perfekter« als sie. Sie sind, wer sie sind, weder größer noch kleiner als sie, aber separat... anders. Jetzt kann sie den Unterschied genießen. Er bedroht ihre Identität nicht.

Die Frau, die ihr Bedürfnis zu inszenieren aufgibt, gibt auch ihr Publikum auf. Jetzt steht niemand neben ihr und bietet mögliche Bestätigung – *oder* mögliche Verachtung. Da sie kein Publikum mehr braucht, das sie stützt, kann sie beschließen, mit ihrem Leben etwas anderes anzufangen. Sie kann die Arbeit wechseln oder wieder studieren. (Menschen mit einem Publikum können den Applaus nicht lange genug entbehren, um sich in etwas Neuem auszubilden.) Was immer sie wählt, es wird leichter für sie sein, ihre Zeit so zu verbringen, daß es befriedigender für sie ist, als es war, ein Image zu bestärken. In bezug auf Freundschaft wird sie auf Menschen schauen, die auf *sie* reagieren und nicht auf eine großartige Illusion, die sie zum besten gibt.

Die Frau, die sich mit ihrem ungesunden Narzißmus konfrontiert, wird schließlich ihr Aussehen akzeptieren. Sie wird auch ihren Körper akzeptieren, seine Empfindungen und Forderungen. Ihr Körper ist nicht länger eine Quelle möglicher Erniedrigung, denn sie hat ihre Bindung an die idealisierte Mutter gelöst – die Königin, die den Körper ihrer Tochter erst verleugnete und dann kritisierte.

Wenn sie schließlich, frei von allen Stützen, die falschen Versprechungen, die ihr gemacht wurden, klar zur Kenntnis genommen hat, wenn sie ihren Anspruch auf Besonderheit und ihr Bedürfnis nach Beziehungen, die nur ein falsches Bild ihrer selbst bestärken, aufgegeben hat, wird sie auf eigenen Füßen stehen. Jetzt endlich kann sie sich selbst sehen, wie sie wirklich ist.

Es ist das Ende einer Illusion, aber vielleicht der Anfang ihres Lebens.

Anmerkungen

Einführung

1 Gornick: »The World and Our Mothers«, S. 1.*

Kapitel 1

1 Menaker: »The Ego Ideal«.
2 Ebd.
3 Peggy Papps Vorstellungen darüber, was Töchter von ihren Müttern brauchen, wurden auf der 2. Jahreskonferenz des *Women's Project in Family Therapy* in New York im Februar 1981 vorgetragen.

Kapitel 2

1 Goleman: »Some Sexual Behavior Viewed as an Addiction«, S. 61.
2 Brozan: »Women and Cocaine: A Growing Problem«, S. B 3.
3 Ebd.
4 Wiley: »The Mystique of Money«, S. 34.
5 Plath: *The Journals of Sylvia Plath*.
6 Bordo: »Anorexia Nervosa...« Bordos Arbeit war eine der ersten durchschlagenden Analysen der Art und Weise, wie die Gesellschaft zu dieser neuen (hauptsächlich) weiblichen Krankheit beiträgt.
7 Fallon und Rozin: »Sex Differences in Perceptions of Desirable Body Shapes«, S. 103.
8 Goleman: »Dislike of Body Found Common Among Woman«, S. C 1.
9 Fallon und Rozin, a. a. O.
10 Sandza: »A Daughter's Father«, S. 59.
11 Daly: »Sex Bias Lingers in Firehouses of New York«, S. A 1.
12 Hymowitz und Schellhardt: »The Glass Ceiling«, S. 5 D.

* Genauere bibliographische Angaben *s.* Literaturverzeichnis.

13 Chodorow: »Family Structure and Feminine Personality.« In dieser Arbeit, die noch vor Chodorows hervorragendem Buch *Das Erbe der Mütter* erschienen ist und die manche Wissenschaftler für wegweisend halten, wird die Hypothese entwickelt, Frauen hätten ein Interesse daran, daß ihre Töchter infantil bleiben, weil sie selbst in unserer Gesellschaft infantil gehalten werden.
14 Weber: »Alone Together: The Unromantic Generation.«
15 Ebd.
16 Morrisroe: »Forever Single«, S. 24.
17 Levine-Shneidman und Levine: *Too Smart for Her Own Good*, S. 173.
18 Ebd.
19 Gabbard: »Further Contributions to the Understanding of Stage Fright: Narcissistic Issues«, S. 423.
20 Morrisroe, a. a. O.

Kapitel 3

1 Sheehy: *In der Mitte des Lebens*.
2 Horney: *Neurose und menschliches Wachstum*, S. 352.
3 Ebd., S. 351.
4 Walker: »Falling Off the Fast Track«, S. 86.
5 Ebd.
6 Horney, a. a. O., S. 38.
7 Lowen: *Narzißmus*, S. 125.
8 Levine-Shneidman und Levine, a. a. O.
9 Gordon: »The Trade-Off: Salary for Influence.«
10 Horney, a. a. O.
11 Wooley und Wooley: »Ambitious Bulimics: Thinness Mania«, S. 68.
12 McBroom: *The Third Sex*.
13 Walker, a. a. O.
14 Ebd.
15 Horney, a. a. O., S. 359.
16 Ebd., S. 356.
17 Ebd., S. 352.
18 Bach: »Narcissism, Continuity and the Uncanny«, S. 77.
19 Ebd.
20 Ephron: »Revision and Life: Take It from the Top – Again«, S. 7.
21 Bach, a. a. O.
22 Gross: *New York Times Magazin*.

Kapitel 4

1 Chernin: *The Hungry Self*, S. 75.
2 C. H. Deutsch: »The Dark Side of Success«, S. C 1.
3 Ebd.
4 Wooley und Wooley, a. a. O., S. 71.
5 Statistische und epidemiologische Daten zu Eßstörungen bei Frauen in westlichen Kulturen werden in Lazersons Artikel »Voices of Bulimia...« zitiert. Der Text wurde auf dem *Canadian Psychological Association Annual Meeting* 1983 in Montreal vorgetragen. Lazerson sagt: »Bei Untersuchungen wurde festgestellt, daß 19 bis 25 Prozent der (College-)Studentinnen exzessiv aßen und erbrachen oder fasteten. Andere Untersuchungsergebnisse besagen, daß zwei Drittel der College-Studentinnen unter solchen Eßstörungen litten.« Lazerson zitiert u. a. P. A. Onderin, »Compulsive Eating in College Women«, *Journal of College Student Personnel*, 1979, S. 153–157, und R. C. Hawkins und P. T. Clement, »Development and Construct Validation of a Self-Report Measure of Binge-Eating Tendencies«, *Addictive Behaviors* 5/ 1980, S. 219–226.
6 Chernin, a. a. O., S. 6.
7 Ebd., S. 20.
8 Ebd., S. 4.
9 Ebd., S. 5.
10 Rosenbaum: »Gender-Specific Problems in the Treatment of Young Women.«
11 Ebd.
12 Ebd.
13 Wooley und Wooley, a. a. O.
14 Chernin, a. a. O., S. 53.
15 Ulanov: »Fatness and the Female.«
16 Lazerson: »Voices of Bulimia...«
17 Bordo, a. a. O.
18 Druss und Silverman: »Body Image and Perfectionism of Ballerinas«, S. 115.
19 Bordo, a. a. O., S. 88.
20 Woodman: *Addiction to Perfection*, S. 61.
21 Binswanger: »The Case of Ellen West«, S. 288.
22 Bruch: *Eating Disorders*, S. 50.
23 Ebd., S. 56.
24 Ebd., S. 54.
25 Ebd.

26 Ebd., S. 57.
27 Bordo, a.a.O., S. 90.
28 Ulanov, a.a.O., S. 20.
29 Ebd.

Kapitel 5

1 Gornick, a.a.O., S. 52.
2 Ebd.
3 Chodorow: *Das Erbe der Mütter.*
4 Morrisroe, a.a.O., S. 30.
5 Cohler und Grunebaum: *Mothers, Grandmothers, and Daughters*, S. 23. Die beiden Sozialwissenschaftler waren von der Feststellung überrascht, wie viele Frauen früher oder später ganz in der Nähe ihrer Mütter leben. Sie zitieren eine über zehn Jahre laufende Untersuchung, die zeigte, daß die meisten verheirateten Frauen in der Nähe ihrer Eltern, nicht der des Mannes leben. Besonders Frauen aus der Arbeiterschicht halten enge Verbindung zu ihren Eltern, wenn auch ungeachtet der Schichtzugehörigkeit die geographische Nähe zwischen der Familie einer Tochter und deren Mutter die Regel ist. Eine vergleichende Studie vom Leben in einem Londoner und einem kalifornischen Vorort zeigte, daß in beiden Fällen mehr als 40 Prozent der interviewten Frauen täglich Kontakt mit ihren Eltern – vor allem ihren Müttern – hatten, sei es telefonisch oder persönlich.
6 Ebd., S. 22.
7 Deutsch: *Psychologie der Frau*, Bd. 1. Deutsch wurde zwar von feministischen Wissenschaftlerinnen kritisiert, weil sie stark von Freud beeinflußt war, aber sie leistete einen wichtigen Beitrag zur Weiterentwicklung psychologischen Denkens. Ihr zweibändiges Werk, das Anfang 1940 beendet wurde, war ein systematischer Versuch, die Theorie der weiblichen Psychologie weiterzuentwickeln; es ist voll von faszinierenden Fallgeschichten und zahlreichen nützlichen, stichhaltigen Einsichten.
8 Hammer: *Töchter und Mütter.*
9 Gornick, a.a.O., S. 166.
10 Cohler und Grunebaum, a.a.O., S. 20. Die Autoren meinen, die bei Töchtern festgestellte Abhängigkeit von ihren Müttern sei so durchgängig und vorhersehbar, daß man sie als normal »redefinieren« sollte. Es überrascht mich, daß diese zwei Sozialwissenschaftler von Harvard und von der Universität von Chicago noch in den achtziger Jahren den

alten Fehler begehen, daraus, daß etwas sehr weit verbreitet ist, den Schluß zu ziehen, es sei normal. Häufig liegt solchem Denken letztlich Frauenfeindlichkeit zugrunde.

11 Chodorow, a. a. O.

12 Eichenbaum und Orbach: *Feministische Psychotherapie*

13 Ebd.

14 Cohler und Grunebaum, a. a. O., S. 17.

15 Hanley: »Baby M Case Etches a Study in Contrasts«, S. B 2.

16 Hanley: »Three Experts Say Baby M's Mother Is Unstable«, S. B 4.

17 Ebd.

18 Ebd.

19 Bernstein: »The Female Superego: A Different Perspective«, S. 187.

20 Ebd.

21 Stabiner: »A Courtship with Fame«, S. 39.

22 Ebd.

23 Collins: »Pains and Perils of Growing Up Too Fast«; S. B 7. David Elkind, Kinderpsychologe und Professor für Kinderforschung an der *Tufts University*, hat sich zum Fürsprecher der Kinder und besonders der Teenager gemacht, die, wie er sagt, das Gefühl haben, die Gesellschaft erwarte von ihnen, daß sie zu schnell erwachsen werden. Einige Collegestudentinnen, die Elkinds Buch *The Hurried Child* im Rahmen ihrer Seminararbeit gelesen haben, sagten mir, daß sie sein Konzept des »Patchwork-Selbst« für wichtig hielten – Elkind versteht darunter eine künstlich aufgebaute Identität, die Kinder entwickeln, wenn sie von ihren Eltern in eine Pseudoreife gedrängt werden.

24 Ticho: »Female Autonomy and Young Adult Women.«

25 Davis und Wallbridge: *Boundary and Space*. Davis und Wallbridge haben ein ausgezeichnetes Buch zusammengestellt, in dem sie die Entwicklung der Ideen Winnicotts auf dem Gebiet der Kinderpsychologie und -psychoanalyse nachzeichnen. In *Boundary and Space* wird Winnicott, dessen Sprache originell und oft poetisch, wenn auch nicht immer systematisch ist, großzügig zitiert. Alle Winnicott-Zitate in diesem Buch sind in *Boundary and Space* zu finden. Ursprünglich stammen sie aus Winnicotts Buch *Reifungsprozesse und fördernde Umwelt* (s. Bibliographie).

26 Miller: *Das Drama des begabten Kindes*, S. 80f. Dr. Miller hat mit ihrem lebendigen Schreiben darüber, wie sich die Erziehung durch Eltern, denen es an Einfühlung mangelt, auf die Kinder auswirkt, in den Vereinigten Staaten viele Anhänger gefunden. Dort war ihr Buch zuerst als Hardcover-Ausgabe mit dem Titel *Prisoners of Childhood* erschienen. Die Taschenbuchausgabe erhielt einen hoffnungsvolleren (den Original-)Titel. Es ist manchmal schwierig, dem *Drama des be-*

gabten Kindes zu folgen – in ihm sind Gespräche und wissenschaftliche Artikel zusammengefaßt –, aber es ist frappierend mitfühlend und zugleich kritisch in bezug auf verschiedene therapeutische Praktiken, wie sie heute üblich sind.

27 Chernin, a. a. O., S. 42.
28 Ebd., S. 87.
29 Moulton: »The Effect of the Mother on Daughter's Success«, S. 166.
30 Gornick: »A Fierce Attachment«, S. 27. Dieser Artikel ist ein Auszug aus Gornicks Memoiren *Fierce Attachment* (1987). Diese und alle folgenden Zitate sind dem *Village Voice*-Artikel entnommen.
31 Moulton, a. a. O.
32 Ebd.
33 Die Zitate aus May Sinclairs Roman *Mary Olivier* stammen aus Vivian Gornicks oben angeführtem Artikel »The World and Our Mothers«.
34 Bernay: »Competence Loss«, S. 293.
35 Lerner: »Internal Prohibitions Against Female Anger.«

Kapitel 6

1 Kohut: *Narzißmus*, S. 141.
2 Trotter: »You've Come a Long Way, Baby«, S. 36.
3 Ebd.
4 Ebd., S. 40.
5 Flax: »The Conflict Between Nurturance and Autonomy...«, S. 62.
6 Mahler et al.: »Thoughts on the Emergence of the Sense of Self...«
7 Lacan: *Ecrits*, S. 1–7.
8 Mahler et al., a. a. O., S. 841.
9 Davis und Wallbridge, a. a. O., S. 121.
10 Mahler et al., a. a. O., S. 844.
11 Ebd.
12 Bauman: »Physical Aspects of the Self.«
13 Kohut: »Forms and Transformations of Narcissism.«
14 Stern: *The Interpersonal World of the Infant*, S. 140.
15 Ebd., S. 141.
16 Davis und Wallbridge, a. a. O., S. 116.
17 Stern, a. a. O., S. 196.
18 Davis und Wallbridge, a. a. O., S. 39.
19 Bach: »On the Narcissistic State of Consciousness.«
20 Davis und Wallbridge, a. a. O., S. 108.
21 Stern, a. a. O., S. 197.

22 Ebd., S. 213.
23 Ebd.
24 Davis und Wallbridge, a. a. O., S. 51.
25 Laing und Esterton: *Sanity, Madness and the Family*, S. 78.
26 Laing: *The Politics of the Family*, S. 78.
27 Ebd., S. 122.
28 Balint: »On Being Empty of Oneself.«
29 Chodorow, a. a. O., S. 133. Chodorow zitiert Balints Fallbericht über Sarah und ihre Mutter, um zu zeigen, wie der Mangel an Einfühlung seitens der Mütter den Töchtern das Gefühl gibt, »es werde ihnen weder eine eigenständige Realität gewährt noch eine aktive eigene Auslegung der Welt«.
30 Kohut: *The Search for the Self*, Bd. 2, S. 789.

Kapitel 7

1 Waites: »Female Self-Representation and the Unconscious.«
2 Whisnant et al.: »Implicit Messages Concerning Menstruation...«
3 Shainess: »A Re-evaluation...«
4 Rosenbaum, a. a. O., S. 216.
5 Kitzinger: *A Woman's Experience of Sex*, S. 179.
6 Whisnant et al., a. a. O.
7 Ebd.
8 Thompson: *On Women*.
9 Menaker: »Female Identity in Psychosocial Perspective.«
10 Ebd.
11 Winerip: »Attire for School...«, S. B 2.
12 Freud: »Über die weibliche Sexualität«, S. 526.
13 Lachman: »Narcissism and Female Gender Identity...«, S. 49.
14 Volk: »Hers« column.
15 Laing: *Das geteilte Selbst*, S. 136.
16 Reich: »Pathologic Forms of Self-Esteem Regulation«, S. 58.
17 Satinover: »Puer Aeternus...«, S. 80.
18 Ebd.
19 Kohut: *Narzißmus*.

Kapitel 8

1 Halmrest: »Mother Knows Best«, S. 24.
2 Ebd.
3 Freud: »Zur Einführung des Narzißmus«, S. 157.
4 Ebd.
5 Ebd.
6 Stern, a. a. O., S. 213.
7 Gabbard, a. a. O., S. 430.
8 Miller, a. a. O., S. 19.
9 Ebd., S. 20.
10 Ebd.
11 Sarraute: *Kindheit.*
12 Miller, a. a. O., S. 32f.

Kapitel 9

1 Kalched: »Narcissism and the Search for Interiority«.
2 Papp, a. a. O.
3 Willi: *Die Zweierbeziehung.*
4 Woodworth: »My Anger/My Self«, S. 60.
5 Lowen, a. a. O., S. 110.
6 Kohut: »Thoughts on Narcissism and Narcissistic Rage«, S. 360.
7 Lowen, a. a. O., S. 111.
8 Woodworth, a. a. O., S. 60.
9 Horney, a. a. O., S. 61.
10 Lerner, a. a. O., S. 146.
11 Butscher, *Sylvia Plath.*
12 Hughes und Mc Cullough (Hg.): *The Journals of Sylvia Plath*, S. 279.
13 Ebd., S. 176.
14 Laing: *Das geteilte Selbst*, S. 127.
15 Ebd., S. 128.
16 Gornick: »The World and Our Mothers«, S. 1.
17 Eichenbaum und Orbach, a. a. O.
18 Ebd.
19 Hammer, a. a. O., S. 29.
20 Gornick: »A Fierce Attachment«, S. 27.
21 Ebd.
22 Bernardez-Bonesatti: »Women and Anger ...«

Kapitel 10

1 Field: *A Life of One's Own*, S. 90.
2 Ebd., S. 132.
3 Harrison: »Not a Nice Girl Anymore«, S. 71.
4 Mahler et al., a. a. O., S. 844.
5 Ford und Chase: *A Glad Awakening*, S. 208.
6 Harrison, a. a. O.
7 Bliven: »Divertimento«, S. 3.
8 Ebd.
9 Miller, a. a. O., S. 71.

Literaturverzeichnis

Bücher

Boskind-White, Marlene, und William C. White, Jr.: *Bulimarexia*. New York 1983.

Bruch, Hilde: *Eating Disorders*. New York 1973.

Butscher, Edward: *Sylvia Plath*. New York 1985.

Chernin, Kim: *The Hungry Self*. New York 1985.

Chodorow, Nancy (1978): *Das Erbe der Mütter. Psychoanalyse und Soziologie der Geschlechter*. München 1985.

Cohler, Bertram J., und Henry U. Grunebaum: *Mothers, Grandmothers, and Daughters*. New York 1981.

Davis, Madeleine, und David Wallbridge: *Boundary and Space*. New York 1981.

Deutsch, Helene (1944): *Psychologie der Frau*. 2 Bde., Bern/Stuttgart 1954.

Dinnerstein, Dorothy: *The Mermaid and the Minotaur*. New York 1970.

Eichenbaum, Luise, und Susie Orbach: *Feministische Psychotherapie. Auf der Suche nach einem neuen Selbstverständnis der Frau*. München 1985.

Erikson, Erik (1950): *Kindheit und Gesellschaft*. Stuttgart 1984.

Field, Joanna: *A Life of One's Own*. Los Angeles 1981.

Ford, Betty, und Chris Chase: *A Glad Awakening*. Garden City, New York 1987.

Freud, Sigmund, und Joseph Breuer (1898): *Studien über Hysterie*. Ges. Werke Bd. 1, S. 75ff. S. Fischer, Frankfurt a. M.

Goldberg, Arnold (Hg.): *The Psychology of the Self*. New York 1978.

Gornick, Vivian: *A Fierce Attachment*. New York 1987.

Greenberg, Jay R., und Stephen A. Mitchell: *Object Relations in Psychoanalytic Theory*. Cambridge, Mass. 1983.

Hammer, Signe: *Daughters and Mothers: Mothers and Daughters*. New York 1976.
Horney, Karen: *Neurose und menschliches Wachstum*. Fischer Taschenbuch 42143.
Howell, Elisabeth, und Marjorie Bayes: *Women and Mental Health*. New York 1981.

Jacobson, Edith (1964): *Das Selbst und die Welt der Objekte*. Frankfurt a. M. 1978.

Kagan, Jerome: Die Natur des Kindes.
Kernberg, Otto (1975): *Borderline-Störungen und pathologischer Narzißmus*. Frankfurt a. M. 1978.
Kitzinger, Sheila: *A Woman's Experience of Sex*. New York 1985.
Kohut, Heinz (1971): *Narzißmus. Eine Theorie der Behandlung narzißtischer Persönlichkeitsstörungen*. Frankfurt a. M. 1973.
– (1977): *Die Heilung des Selbst*. Frankfurt a. M. 1979.
– : *The Search for the Self*. Bd. 2. Hg. von Paul H. Ornstein. New York 1970.

Laing, R. D. (1960): *Das geteilte Selbst*. Köln 1983.
– : *The Politics of the Family*. New York 1972.
– , und A. Esterton: *Sanity, Madness and the Family*. New York
Levine-Shneidman, Conalee, und Karen Levine: *Too Smart For Her Own Good*. New York 1985.
Lichtenberg, Joseph D., und Samuel Kaplan: *Reflections of Selfpsychology*. Hillsdale, N. J. 1983.
Lowen, Alexander (1983): *Narzißmus. Die Verleugnung des eigenen Selbst*. München 1984.
Lu, Aimee: *Solitaire*. New York 1979.

McBroom, Patricia: *The Third Sex*. New York 1986.
Mahler, Margaret S.: *The Selected Papers of Margaret S. Mahler*. New York 1979.
– , Fred Pine und Anni Bergman (1975): *Die psychische Geburt des Menschen*. Fischer Taschenbuch 6731.
Masterson, James F.: *The Narcissistic and Borderline Disorders*. New York 1981.
Miller, Alice: *Das Drama des begabten Kindes*. Frankfurt a. M. 1979.
Morrison, Andrew P. (Hg.): *Essential Papers on Narcissism*. New York 1986.

Ornstein, Paul H.: *The Search for the Self*. Bd. 2. New York 1978.

Plath, Sylvia: *The Journals of Sylvia Plath*. Hg. von Ted Hughes und Frances McCullough. New York 1982.

Sarraute, Nathalie (1984): *Kindheit*. Köln 1986.

Schwartz-Salan, Nathan: *Narcissism and Character Transformation*. Toronto 1982.

Sheehy, Gail (1974): *In der Mitte des Lebens*. Fischer Taschenbuch 3405.

Spignesi, Angelyn: *Starving Women*. Dallas 1983.

Stepansky, Paul E., und Arnold Goldberg (Hg.): *Kohut's Legacy*. Hilldale, New York 1984.

Stern, Daniel N.: *The Interpersonal World of the Infant*. New York 1985.

Tabin, Johanna Kraut: *On the Way to the Self*. New York 1985.

Thompson, Clara: *On Women*. New York 1988.

Willi, Jürg: *Die Zweierbeziehung*. Reinbek 1978.

Winnicott, D. W. (1965): *Reifungsprozesse und fördernde Umwelt*. Fischer Taschenbuch 42255.

Woodman, Marion: *Addiction to Perfection*. Toronto 1982.

Artikel

Bach, Sheldon: »Narcissism, Continuity and the Uncanny.« *International Journal of Psychoanalysis* 56/1975, S. 209–235.

– : »On the Narcissistic State of Consciousness.« *Int. J. Psa.* 58/1977.

Balint, Enid: »On Being Empty of Oneself.« *Int. J. Psa.* 35/1954.

Bauman, Sherry: »Physical Aspects of the Self.« *Psychiatric Clinics of North America* 4(3).

Bernardez-Bonesatti, Teresa: »Women and Anger: Conflicts with Aggression in Contemporary Women.« *Journal of the American Women's Association* 33(5), S. 215–219.

Bernay, Tony: »Competence Loss.« *The American Journal of Psychoanalysis* 42/1982.

Bernstein, Doris: »The Female Superego: A Different Perspective.« *Int. J. Psa.* 64/1983.

Binswanger, Ludwig: »The Case of Ellen West.« In: Rollo May (Hg.): *Existence*. New York 1958.

Bliven, Naomi: »Divertimento.« PEN *Newsletter*, Juni 1987.
Bordo, Susan: »Anorexia Nervosa: Psychopathology as the Crystallization of Culture.« *Philosophical Forum* 17(2).
Brozan, Nadine: »Women and Cocaine: A Growing Problem.« *New York Times* vom 18.2.1985.
Bruch, Hilde: »Developmental Considerations of Anorexia Nervosa and Obesity.« *Canadian Journal of Psychiatry* 26/1981.

Chodorow, Nancy: »Family Structure and Feminine Personality.« In: Michelle Simbaldo Rosaldo und Louise Lampere (Hg.): *Women, Culture and Society*. Stanford 1974, S. 43–66.
Collins, Glen: »Perils and Pains of Growing Up Too Fast.« *New York Times* vom 24.9.1984.

Daly, Suzanne: »Sex Bias Lingers in Firehouses of New York.« *New York Times* vom 20.2.1986.
Deutsch, Claudia H.: »The Dark Side of Success.« *New York Times* vom 10.9.1986.
Druss, Richard G., und Joseph A. Silverman: »Body Image and Perfectionism of Ballerinas.« In: *General Hospital Psychiatry*. Nord-Holland 1979.

Ephron, Nora: »Revision in Life: Take It from the Top – Again.« *New York Times Book Review* vom 9.11.1986.

Fallon, April, and Paul Rozin: »Sex Differences in Perceptions of Desirable Body Shapes.« *Journal of Abnormal Psychology* 94(1).
Flax, Jane: »The Conflict Between Nurturance and Autonomy in Mother-Daughter Relationships and Western Feminism.« In: Elizabeth Howell und Marjorie Bayes, 1981, S. 62.
Freud, Sigmund (1914): Zur Einführung des Narzißmus. Ges. Werke Bd. 10, S. 137. S. Fischer, Frankfurt a. M.
– : Über die weibliche Sexualität. Ges. Werke Bd. 14, S. 515. S. Fischer, Frankfurt a. M.

Gabbard, Glen O.: »Further Contributions to the Understanding of Stage Fright: Narcissistic Issues.« *Journal of the American Psychoanalytic Association* 31/1983.
Goleman, Daniel: »Some Sexual Behavior Viewed as an Addiction.« *New York Times* vom 16.10.1984.
– : »Dislike of Body Found Common Among Women.« *New York Times* vom 19.3.1985.

Gordon, Meryl: »The Trade-Off: Salary for Influence.« *Savvy*, Juni 1986.
Gornick, Vivian: »A Fierce Attachment.« *Village Voice* vom 17.3.1987.
– : »The World and Our Mothers.« *New York Times Book Review*, 1987.
Gross, Jane: *New York Times Magazine* vom 2.2.1985.

Halmrest, Carole: »Mother Knows Best.« *Good Housekeeping* 4/1986.
Hanley, Robert: »Baby M Case Etches a Study in Contrasts.« *New York Times* vom 17.2.1987.
– : »Three Experts Say Baby M's Mother Is Unstable.« *New York Times* vom 11.2.1987.
Harrison, Barbara Grizutti: »Not a Nice Girl Anymore.« *McCall's*, Januar 1986.
Hawkins, R. D., und P. T. Clement: »Development and Construct Validation of a Self-Report Measure of Binge Eating Tendencies.« *Addictive Behaviors* 5/1980, S. 219–226.
Hymowitz, Carol, und Timothy D. Schellhardt: »The Glass Ceiling.« *Wall Street Journal*.

Kalched, Donald: »Narcissism and the Search for Interiority.« Unveröff. Diss., Bibliothek des C. G. Jung-Instituts in New York.
Kohut, Heinz: »Thoughts on Narcissism and Narcissistic Rage.« *The Psychoanalytic Study of the Child* 27/1973.

Lachman, Frank M.: »Narcissism and Female Gender Identity.« *Psychoanalytic Review* 69/1982.
Lax, Ruth: »Some Aspects of the Interaction Between Mother and the Impaired Child: Mother's Narcissistic Trauma.« *Int. J. Psa.* 53/1972.
Lazerson, Judith S.: »Voices of Bulimia: Experiences in Integrated Psychotherapie.« Vortrag auf der Jahrestagung der Canadian Psychological Association, Montreal 1982.
Lerner, Harriet E.: »Internal Prohibitions Against Female Anger.« *Am. J. Psa.* 40/1980, S. 137–148.

Mahler, S., und John B. McDevitt: »Thoughts on the Emergence of the Sense of Self.« *J. Am. Psa. Ass.* 30/1982, S. 827–848.
Menaker, Esther: »Female Identity in Psychosocial Perspective.« *Psa. Rev.* 6 (1).
– : »The Ego Ideal: An Aspect of Narcissism.« In: Marie Coleman Nelson: *The Narcissistic Condition*. New York 1977, S. 248–264.
Morrisroe, Patricia: »Forever Single.« *New York* vom 20.8.1984.

Moulton, Ruth: »The Effect of the Mother on Daughter's Success.« *Contemporary Psychoanalysis* 21(2).

Reich, Annie: »Narcissistic Object Choice in Women.« *J. Am. Psa. Ass.* 1/1953.
– : »Pathologic Forms of Self-Esteem Regulation.« In: Andrew P. Morrison (Hg.): *Essential Papers on Narcissism.* New York 1986.
Rosenbaum, Maj-Britt: »Gender-Specific Problems in the Treatment of Young Women.« *Am. J. Psa.* 37/1977, S. 215–221.

Sandza, Richard: »A Daughter's Father.« *New York Times Magazine* vom 1.2.1987.
Satinover, Jeffrey: »Puer Aeternus: The Narcissistic Relation to the Self.« *Journal of the C. G. Jung Foundation for Analytic Psychology*, Frühjahr 1980, 75.
Shainess, Natalie: »A Re-evaluation of Some Aspects of Femininity Through a Study of Menstruation: A Preliminary Report.« *Comprehensive Psychiatry* 2/1961, S. 20–26.
Smith, Dinita: »The New Puritans.« *New York Times* vom 11.6.1984.
Stabiner, Karen: »A Courtship Without Fame.« *New York Times Magazine* vom 2.2.1986.

Taylor, Alex: »Why Women are Bailing Out.« *Fortune* vom 18.8.1986.
Ticho, Gertrude: »Female Autonomy and Young Adult Women.« *J. Am. Psa. Ass.* 24/1976, S. 139–155.
Trotter, Robert: »You've Come a Long Way, Baby.« *Psychology Today*, Mai 1987.

Ulanov, Ann Belford: »Fatness and the Female.« *Psychological Perspectives* 10 (Herbst 1979).

Volk, Patricia: »Hers« Column. *New York Times* vom 8.10.1987.

Waites, Elizabeth: »Female Self-Representation and the Unconscious.« *Psa. Rev.* 69 (1), S. 30–41.
Walker, Kelly B.: »Falling Off the fast Track.« *Savvy*, August 1986.
Weber, Bruce: »Alone Together: The Unromantic Generation.« *New York Times Magazine* vom 5.4.1987.
Whisnant, Lyn, Elizabeth Brett und Leonard Legans: »Implicit Messages Concerning Menstruation in Commercial Educational Materials Pre-

pared for Young Adolescent Girls.« *American Journal of Psychiatry* 132(8), S. 815–820.

Wiley, Kim Wright: »The Mystique of Money.« *Savvy*, April 1987.

Winerip, Michael: »Attire for School: Where You Are, What You Wear.« *New York Times* vom 1. 9. 1986.

Wooley, Susan, und O. Wayne Wooley: »Ambitious Bulimics: Thinness Mania.« *American Health*, Oktober 1986.